Oberitalien
mit dem Wohnmobil

Unterwegs in Südtirol

Thomas Kliem

OBERITALIEN MIT DEM WOHNMOBIL

Die schönsten Routen vom
Lago Maggiore bis in die Toskana

BRUCKMANN

Fahrt durch Cervo an
der Ligurischen Küste

INHALT

Die landschaftliche Vielseitigkeit
in Oberitalien ist grenzenlos!

» OBERITALIEN – LAND UND LEUTE

Colico am Comer See

Das Reiseland »Bella Italia« ist vielbesucht und sehr beliebt. Eine lange Reisesaison von den frühsommerlichen Osterferien bis zu spätsommerlichen Herbstferien, mediterranes Flair, herrliche Landschaften, grandiose Städte, erholsame Strände, gute touristische Infrastruktur für Camper und schließlich die vorzügliche Küche und die guten Weine sind Garanten für einen schönen Urlaub – v.a. auch mit dem Reisemobil. Denn das Netz von Campingplätzen ist in Oberitalien flächendeckend und die Anzahl der Stellplätze wächst stetig.

Ratsam ist es, sich vor Reiseantritt eingehend mit den Facetten des Landes zu befassen, denn man sieht im Urlaub bekanntlich nur, was man auch weiß!

EIN ERSTER ÜBERBLICK

Die Republik Italien zählt rund 61 Millionen Einwohner und ist ein junges Land, das erst 1946 gegründet wurde. Geografische Kennzeichen sind die lange Nord-Süd-Erstreckung über zehn Breitengrade und immerhin 1100 Kilometer sowie die markante Stiefelform. Eine Küste von 8000 Kilometern Länge, eine faszinierende Bergwelt, einige große Inseln wie Sardinien, Sizilien und Elba sowie viele wunderschöne mittelalterliche Städte prägen das beliebte Land.

Die meisten Menschen leben in der Hauptstadt Rom (rund 2,9 Millionen Einw.), gefolgt von Mailand, Neapel, Turin, Palermo und Genua. Umgerechnet leben 200 Einwohner auf einem Quadratkilometer. Die Landesfläche beträgt immerhin 302 073 Quadratkilometer. Über das Land erstrecken sich 20 Regionen, die über eigene Verwaltungen und Parlamente verfügen. Jedoch ist die Kompetenz der Regionen stark eingeschränkt. Das Parlament tagt in Rom, Regierungschef ist Ministerpräsident Paolo Gentiloni (Partito Democratico, PD), der 2016 Matteo Renzi ablöste.

Der Nationalfeiertag wird am 2. Juni gefeiert. Er erinnert an den Tag der Ausrufung der Republik am 2. Juni 1946. Die Sprache ist Italienisch. Allerdings wird auf der Insel Sardinien Sardisch und in Südtirol Deutsch gesprochen. Rund 89 Prozent der Italiener sind Katholiken. Am Rande sei nur erwähnt, dass der Vatikanstaat inmitten von Rom liegt.

Italien gehört zur Europäischen Währungsunion und so wird mit dem Euro bezahlt. Die Einnahmen durch Exportgüter liegen über den Ausgaben für Importwaren. Zu den wichtigsten Handelspartnern gehören Deutschland und Frankreich. Die Wirtschaft ist leider auch geprägt von einer hohen Arbeitslosigkeit, die im Jahr 2015 bei 11,9 Prozent lag.

BELIEBTES REISEZIEL

Italiens größte Besuchergruppe stellen die Deutschen. Laut Umfrage des ADAC im Jahre 2015 liegt bei ihnen Italien auf Platz 3: Nach Reisen in Deutschland (31 %) und Spanien (12 %) unternehmen deutsche Urlauber ihre Hauptreise am liebsten in Italien (10 %). Sie kennen und lieben das Land. Zu den vielen anziehenden italienischen Urlaubsregionen gehören die oberitalienischen Seen (insbesondere der Gardasee), Südtirol, die Toskana, die Metropolen Venedig und Rom sowie die Insel Sizilien. Die vielen Reisenden erfreuen sich am gastfreundlichen Italien, in dem vielfach Deutsch gesprochen wird. In Südtirol ist Deutsch auch die Amtssprache.

DIE REGIONEN OBERITALIENS

Der Italiener fühlt sich als Italiener, wenn z. B. die Fußballnationalmannschaft spielt, und unvergessen ist der nationale Freudentaumel im Jahre 2006, als die Mannschaft Weltmeister wurde. Ansonsten fühlen sich Italiener kulturell eher ihren Regionen und Städten verbunden.

Zu Oberitalien werden insgesamt acht Regionen gerechnet. Im Norden stößt man auf die deutschsprachige autonome Doppelregion Südtirol-Trentino (*Trentino-Alto Adige*) mit der Regionalhauptstadt Trient. Im Nordwesten des Landes verfügt die flächenmäßig kleine Region Aosta-Tal (*Valle d'Aosta*) ebenfalls über eine Teilautonomie und wird von der Stadt Aosta aus verwaltet. In der Region Lombardei (*Lombardia*) befinden sich die landschaftlich reizvollen oberitalienischen Seen. Hauptstadt ist die vielseitige Metropole Mailand, in der inzwischen rund 1,4 Millionen Menschen leben.

Piemont (*Piemonte*) im Nordwesten Italiens zählt rund 4,3 Millionen Einwohner. Regierungssitz ist die Automobilmetropole Turin (885 000 Einw.). Die Region Ligurien (*Liguria*) erstreckt sich entlang der ligurischen Küste am Mittelmeer und Sitz der Regionalregierung ist in der lebendigen Hafenstadt Genua (580 000 Einw.). Im Nordosten des Landes grenzt die Doppelregion Friaul-Julisch Venetien (*Friuli-Venezia Giulia*) an

Venedig gehört zu den Highlights in Oberitalien.

Im Herzen der Altstadt befinden sich herrliche Plätze, wie hier die Piazza del Popolo in Pesaro.

Österreich und Slowenien. Verwaltungssitz ist die Hafen- und Industriestadt Triest (205 000 Einw.).

Rund 4,5 Millionen Menschen leben in der großen Region Venetien (*Veneto*), zwischen Gardasee, Alpen und Adria. Regierungssitz ist in der Lagunenstadt Venedig (261 000 Einw.). Südlichste Region Oberitaliens ist die Doppelregion Emilia-Romagna (*Emilia-Romagna*) mit der Hauptstadt Bologna (390 000 Einw.). Südlich davon erstreckt sich die Region Toskana (*Toscana*), die zu Mittelitalien gezählt wird. Verwaltungssitz ist hier die Stadt Florenz (380 000 Einw.). Aufgrund der Nähe zu Oberitalien und der landschaftlichen und kulturellen Attraktionen findet der Norden der Toskana seine Berücksichtigung in diesem Reiseführer.

Rechte Seite: In Ravenna wird die Geschichte lebendig. Zahlreiche Kirchenbauwerke verfügen über große Mosaike (Sant' Apollinare in Classe).

Der Geigenbauer Gasparo da Salò gehört zu den berühmten Persönlichkeiten des Landes.

EIN WENIG GESCHICHTE

Wer mit dem Reisemobil durch Italien reist, wird immer wieder durch alte Städte fahren und dort unweigerlich mit der Geschichte des Landes konfrontiert werden. Italien, insbesondere Norditalien, blickt auf eine ereignisreiche und sehr lebhafte Geschichte zurück. Verschiedene Stämme, Völker und Rassen haben das Land schon in der Altsteinzeit besiedelt. Auf der italienischen Halbinsel lebten in der frühgeschichtlichen Zeit zahlreiche Stämme, wie die libysch-iberischen Stämme, Sikeler, Sikaner und Phönizier. Im 8. Jahrhundert stießen auch die Griechen nach Süditalien vor und im Norden lebten die Etrusker, deren Hochkultur besonders die Toskana prägte.

Das Mausoleum der Galla Placidia mit seinen Mosaiken wurde in die UNESCO-Weltkulturerbe-Liste aufgenommen.

ZEIT DER RÖMER

Das bekannteste Kapitel der italienischen Geschichte beginnt zweifelsohne mit der Römerzeit. Die Römer machten Italien zum Zentrum der »alten Welt«. Die Römerzeit beginnt mit der Gründung Roms durch den sagenhaften Romulus im Jahre 753 v. Chr.. In der Folgezeit konnten sich die Römer durch Kriege gegen die Griechen, Etrusker und Karthager behaupten und sorgten für eine rasche Ausbreitung des Römischen Reiches. In dem Gebiet der heutigen Toskana entstanden zahlreiche Siedlungen, wie z. B. Florentia, das heutige Florenz.

Unter den vielen Regenten ist Julius Cäsar – der im Jahre 44 v. Chr., in einer Zeit, die von Bürgerkriegen bestimmt war, ermordet wurde – sicherlich der bekannteste Kaiser. Sein Adoptivsohn Oktavian trat die Nachfolge an und bereitete den Kriegen ein Ende. Er festigte die Monarchie, wurde zunächst Imperator und erhielt später den Kaisertitel mit dem Namen Kaiser Augustus.

Gegen Ende des 1. Jahrhunderts und zu Beginn des 2. Jahrhunderts n. Chr. hatte unter Kaiser Trajan das mächtige Römische Reich seine maximale Ausdehnung. Das gewaltige Imperium erstreckte sich im Norden über das heutige Deutschland auch bis ins heutige Schottland und umfasste im Süden sogar Teile von Nordafrika. In der Folgezeit erfuhr das Reich immer wieder Veränderungen und so wurde im Jahre 284 unter Kaiser Diokletian die Verwaltung und die Wirtschaft reformiert und von zwei Kaisern regiert.

MACHTWECHSEL

Im Jahre 330 wurde Byzanz unter Kaiser Konstantin neue Reichshauptstadt, die dann in Konstantinopel umbenannt wurde. Mit der Absetzung des Kaisers Romulus Augustus 476 endete das Weströmischen Kaiserreich. In den folgenden Jahrhunderten herrschten die Langobarden. Ab 754 übernahmen die Franken die Macht in Mittel- und Norditalien. Im 11. Jahrhundert entwickelten sich die Städte Venedig und Pisa zu eigenständigen Stadtrepubliken und auch Florenz vergrößerte sein Territorium und wurde eine autonome Kommune.

Während in Ober- und Mittelitalien diese Städte ihre Macht festigen konnten, erlebte Süditalien einen Machtwechsel. Zunächst regierten die Normannen und später die Staufer, die z. B. mit der mächtigen Kaiserburg in Prato ihre Spuren hinterließen. Der Norden Italiens blieb Teil der Lombardei.

Um die Mitte des 15. Jahrhunderts hatte die Renaissance in Italien ihren Höhepunkt erreicht und in Florenz regierten die Medici, deren Herrschaft im Jahre 1434 mit dem Großbankier Cosimo de' Medici, dem Älteren begann und durch die Nachfahren bis zum Jahre 1737 Bestand hatte. Norditalien bestand aus zahlreichen Kleinstaaten und 1706 übernahm Österreich die Macht in der Lombardei, nach dem Wiener Frieden von 1738 fielen auch Teile Mittelitaliens sowie das Großherzogtum Toskana an Österreich.

Entlang der Promenaden und in vielen Parkanlagen ziehen Plastiken die Blicke auf sich.

MACHTPOLITIK IN DER TOSKANA

In der Toskana lenkten die Regenten aus dem Hause Habsburg-Lothringen die Geschicke der Region. Wie in anderen europäischen Ländern konnte der französische Kaiser Napoleon Bonaparte auch in Italien seine Großmacht ausbauen und herrschte in der Toskana in der Zeit von 1801 bis 1814. Dann wurde Napoleon auf die toskanische Insel Elba verbannt. Die Vormachtstellung Frankreichs hatte in Italien nicht lange Bestand und nach dem Wiener Kongress im Jahre 1815, bei dem Österreich wieder Tirol zugesprochen wurde, ging die Macht erneut von Österreich aus. In den Folgejahren wurde das Nationalgefühl immer stärker. Es formierte sich die Gruppe »Junges Italien«, die nach Unabhängigkeit strebte und Aufstände erprobte. Diese wurden jedoch von den Österreichern niedergeschlagen. Von der Mitte bis zum Ende des 19. Jahrhunderts lieferten sich »Italien« und

Zahlreiche Städte verfügen noch über römische Bauwerke. Dazu gehören auch die Ruinen des »Teatro Romano« in Volterra.

Die prächtige Stadt Florenz war über wenige Jahre die Hauptstadt Italiens.

Österreich immer wieder erbitterte Schlachten. Im Jahr 1860 wurde die Toskana ein Teil des vereinigten Italien unter König Viktor Emanuel II.. Die Bedeutung der Stadt Florenz in Italien war groß, für wenige Jahre (1865 bis 1871) wurde sie sogar zur italienischen Hauptstadt gekürt, danach wurde das Land wieder von Rom aus regiert.

20. UND 21. JAHRHUNDERT

Das 20. Jahrhundert begann für Italien mit unzähligen Turbulenzen. Im Jahr 1915 war das Land in den Ersten Weltkrieg involviert, 1919 musste Österreich im Frieden von Saint-Germain die Region Südtirol an Italien abtreten. 1922 begann die Ära des Faschistenführers Benito Mussolini, der als »Duce« in die Geschichte einging. 1940 kooperierte Mussolini mit Hitler, wurde jedoch drei Jahre später gestürzt und 1945 auf der Flucht von Partisanen erschossen. 1946 entschied sich das italienische Volk in einer Volksabstimmung für die Republik als Staatsform.

Im Jahr 1947 wurde im Frieden von Paris erneut über die Zugehörigkeit von Südtirol verhandelt. Südtirol blieb italienisch, während Gebiete an der Adria an das damalige Jugoslawien fielen. Allerdings ging die Hafenstadt Triest 1954 zurück an Italien. Das Jahr 1957 erlangte über die Landesgrenzen Italiens hinaus große Bedeutung. In Rom trafen sich Vertreter einiger europäischer Länder und gründeten die Europäische Wirtschaftsgemeinschaft, die heutige EU. 1970 wurde die Toskana in eine teilautonome Region verwandelt. In den 1950er- und 1960er-Jahren versuchten immer wieder deutsch-nationalistische Gruppen mit Terroranschlägen die Eigenständigkeit Südtirols zu erzwingen. Erst Ende der 1990er-Jahre erhielt Südtirol als »Autonome Provinz Südtirol« die Selbstverwaltungsbefugnisse. Generell besteht heute ein großer Unterschied zwischen dem wohlhabenden und wirtschaftlich gut

strukturierten Norden Italiens und dem Süden des Landes. Nach Jahren unter der Regierung von Silvio Berlusconi brachte Ministerpräsident Matteo Renzi wieder Stabilität. Renzi trat jedoch nach dem Verfassungsreferendum im Jahr 2016 zurück. Die Amtsgeschäfte übernahm Paolo Gentiloni. Im Jahr 2018 wurde der parteilose Giuseppe Conte der Regierungschef. Die Regierung geriet 2019 insbesondere durch die Verweigerung des Anlegens der Flüchtlingsboote in die Kritik. Sehr hoch ist auch die Staatsverschuldung. Im August 2019 kam es zum Bruch der Koalition aus Lega Nord und Fünf-Sterne-Bewegung. Der Ministerpräsident Guiseppe Conte blieb übergangsweise im Amt.

KLIMAGEGENSÄTZE

So gegensätzlich wie das Land, so gegensätzlich zeigt sich auch das Klima. Oberitalien erstreckt sich von den Alpen bis hin zur ligurischen Küste und zur Adria. Je nach Reiseregion, Jahreszeit und Höhenlage variiert das Klima daher stark. Möchte man die klimatischen Bedingungen auf einen vereinfachten Nenner bringen, kann man sagen: Die Winter südlich der Alpen sind wesentlich milder und die Sommer wesentlich heißer. Die Saison für Wohnmobilreisende ist daher bedeutend länger als in Zentraleuropa.

HÖHENLAGE ENTSCHEIDET

In der nördlichsten Region, der Provinz Südtirol, die eine vergleichsweise kleine Landesfläche hat, sind die klimatischen Unterschiede besonders groß und in erster Linie von der Höhenlage abhängig. So hat das Klima in den tiefer liegenden Tälern mediterranen Charakter. Ein gutes Beispiel ist der berühmte Kurort Meran, der sich in einem Talbecken befindet. Wie im benachbarten Bozen sind auch in Meran die Winter sehr mild und nur an wenigen Tagen im Winter fällt der Niederschlag als

Bunte Wochenmärkte und beliebte Antiquitätenmärkte sind ein Markenzeichen Italiens.

RAPIDO

Linke Seite:
In Südtirol locken die Wintersportbedingungen die Camper an (Caravan Park Sexten).

Schnee. Die Sommer sind jedoch sehr warm und können mit den heißen Sommern in Süditalien durchaus mithalten.

In den höheren Tälern Südtirols sind die Sommer kühler und die Winter wesentlich strenger. Hier liegt über einen längeren Zeitraum Schnee, was dem Wintersport zugutekommt. Ein bekanntes Beispiel hierfür ist die Seiser Alm in Südtirol. Wer mit offenen Augen durch Südtirol reist, kann das jeweils vorherrschende Klima an der Vegetation ablesen und so sprechen Wein- und Obstanbau, insbesondere im Vinschgau, und Oleanderbüsche oder Palmen in den Städten für sich.

Südtirol ist eine sonnenreiche Region und anhaltende Regenfälle sind eher selten.

MILD UND MODERAT

Das Klima an den oberitalienischen Seen und insbesondere am Gardasee ist ein Gunstfaktor, der auch im Frühjahr und im Spätherbst noch viele Menschen anzieht. Die Wassermassen der großen und sehr tiefen Seen sind mitverantwortlich für die vorherrschende Milde. Im Winter verhindern die über den Sommer aufgewärmten Wassermassen niedrige Temperaturen und im Sommer werden hohe Temperaturen ausgeglichen.

Das mediterrane Klima hat auch direkte Auswirkungen auf die Vegetation, deshalb trifft der Besucher auf Zitronenbäume, Olivenbäume, Feigenbäume und Palmen. In den Sommermonaten wird es aufgrund der ständigen Winde nicht sehr heiß, die durchschnittlichen Lufttemperaturen liegen im Juli bei rund 24 °C.

In den Wintermonaten kommt es nur selten zu frostigen Tagen oder Nächten. In den umliegenden Bergen allerdings ist es dann kalt und Schnee bleibt liegen. So ist dort auch das Skifahren möglich. Ein beliebtes Skigebiet am Gardasee ist der Monte Baldo mit Abfahrten, die eine beachtliche Länge von rund elf Kilometern haben. Im Sommer ist es auf den Höhen der Gebirgsmassive kühler als an den Seen und so lohnen sich hier ausgiebige Wanderungen.

Die Niederschläge, z. B. am Gardasee, können durchaus heftig, aber dafür schnell wieder vorbei sein. Der Jahresniederschlag ist sogar höher als der in Deutschland. Einzigartig sind die vielen Winde an den Seen. Sie alle haben ihre eigenen Namen und auch ihre Besonderheiten. Segler und Surfer kennen die »Windfahrpläne« gut und orientieren sich daran.

WETTER AN DER KÜSTE

An der ligurischen Küste und im Norden der Adria prägen die Wassermassen des Meeres das Klima. Im Winter ist es mild und selten sinken die Temperaturen unter den Gefrier-

Die vielen Strände des Landes sorgen im Sommer für eine Abkühlung.

Wer an heißen Sommertagen an der Adria den Strand aufsuchen möchte, muss vielfach an den »Bagni« bezahlen.

punkt. Im Sommer kann es heiß werden, dann zieht es die Urlauber an die Küste, um sich in den Fluten des Mittelmeeres zu erfrischen.

MEDITERRANE TOSKANA

Das Klima in der Toskana, der südlichsten Region, die in diesem Reiseführer vorgestellt wird, ist im Allgemeinen subtropisch und aufgrund der Nähe zum Meer und der vorherrschenden Westwinde ausgesprochen mediterran. Die Winter sind, verstärkt durch die südliche Lage, überwiegend mild und lediglich in den höheren Lagen kann der Niederschlag vereinzelt als Schnee fallen.

Auch hier zeigt das Klima regionale Unterschiede, die abhängig sind von der Höhenlage, und so sind die Sommertemperaturen in den Niederungen und in den Flussebenen unerträglich heiß. Die Temperaturen im Hochsommer können durchaus 40 °C (im Schatten) betragen, was Stadtbesichtigungen mitunter zu einer Tortur werden lässt. In den etwas höheren Regionen, z. B. in den Städten Siena, Montepulciano, San Gimignano und Volterra, ist es dann etwas erträglicher.

Aufgrund des milden Klimas ist in der Toskana die Reisezeit lang und »sommerliche« Urlaube sind von Mai bis Oktober möglich. Wer in der klimatisch empfehlenswerten Vor- und Nachsaison mit dem Reisemobil durch Oberitalien tourt, sollte jedoch berücksichtigen, dass dann viele Campingplätze geschlossen sind. Glücklicherweise stehen zahlreiche Stellplätze zur Verfügung.

Speck (Schinken) und Würste sind in Südtirol sehr beliebt.

ITALIENISCHE KOCHKUNST

Hand auf's Herz! Wer reist nicht auch wegen der vorzüglichen Küche nach Italien? Selbst wenn man die grandiose Natur entdecken möchte, so freut man sich doch auf den Ausklang des Tages. Dann kann man einen der vielen vorzüglichen Weine genießen und sich bei italienischen Spezialitäten stärken.

Essen ist für den Italiener eine große Leidenschaft und wird wie ein Ritual zelebriert. Man nimmt sich Zeit, genießt ein umfangreiches Essen und liebt dabei den traditionellen Dreiklang. Es werden nie sämtliche Speisen auf einmal auf den Tisch gestellt, sondern die Abfolge wird streng eingehalten. Das Essen beginnt mit der Vorspeise (*antipasto*), dann schließt sich der erste Gang (*primo piatto*) an. Es folgt der zweite Gang (*secondo piatto*), der überwiegend aus Fleisch, Fisch oder einem Auflauf besteht. Gern isst man im Anschluss noch ein Stück Käse. Selbstverständlich wird nach dem Essen der Espresso (*caffè*) getrunken. Milchkaffee oder Cappuccino sind unüblich und eher deutsche Angewohnheiten.

Die verschiedenen Landstriche im Norden Italiens empfangen den Reisenden mit sehr unterschiedlichen kulinarischen Richtungen. Unternehmen wir also einen Streifzug durch die Töpfe Südtirols und über den Gardasee bis in die Toskana. Bevor man jedoch ein Restaurant ansteuert, sollte man beachten: In den Gasthäusern und Restaurants kann man am Mittag von 12 bis 14 Uhr und am Abend zwischen 18 und 21 Uhr essen. Vielfach muss der Gast neben dem Preis für das Essen und die Getränke auch einen Betrag für das Gedeck (*pane e coperto*) bezahlen, und natürlich gehört ein Trinkgeld auch zum guten Ton.

DEFTIGES AUS SÜDTIROL

Die Südtiroler Küche ist bodenständig und auch außerhalb Südtirols sind viele ihrer Spezialitäten auf den Speisekarten nobler Restaurants zu finden. Ein passendes Motto für die Südtiroler Küche könnte lauten: »Gourmetküche und Bauernkost – Essen hält Leib und Seele zusammen«.

Die Liste der kulinarischen Besonderheiten ist lang. Die Speisekarte ist überwiegend zweisprachig und so bereitet es keine Probleme, eine Vorspeise auszuwählen. Empfehlenswert sind wohlschmeckende Teigwaren wie Spaghetti und Ravioli oder eine Suppe. Suppen sind in Südtirol sehr beliebt und dementsprechend ist das Angebot sehr umfangreich. Vorzüglich schmeckt eine rustikale Saure Suppe mit Kutteln, Einbrenn- und Gerstensuppe oder eine Eisacktaler Weinsuppe. Ebenfalls als Vorspeise werden Schlutzkrapfen (gefüllte Teigwaren) oder Käse- und Spinatnocken angeboten.

Kleine Stärkung für zwischendurch: der Cappuccino

Auch beim Hauptgang listet die Speisekarte viel Wohlschmeckendes auf. Tiroler Knödel beispielsweise sind vielfältig einsetzbar und landen in der Rindssuppe genauso wie auf dem Teller als Beilage. Es gibt sie in unzähligen Abwandlungen: Grießknödel, Serviettenknödel, schwarzplentene Knödel, Käseknödel oder Speckknödel. Beliebtes Fleisch ist Hammelfleisch, »Schöpsernes«, und in der Jagdsaison sind Wildgerichte sehr gefragt. Insbesondere zu Wildfleisch isst der Südtiroler gern »Plente«, einen körnigen Maisgrieß.

Zuletzt krönt ein Stück Käse das Menü. Eine gute Wahl hat man mit dem Zieger, einem würzigen Ziegenkäse, oder mit dem

Die meisten Städte bieten Markthallen oder bunte Wochenmärkte.

Graukas getroffen. Ein eigenes Kapitel sind die Brote, denn sie werden gern mit Speck (Schinken) und Wein gegessen. Die Brotsorten sind zahlreich und jedes Tal sticht mit einer eigenen Würzmischung für den Teig hervor. Das »Paarl-Brot« ist mit herbem Sauerteig gebacken und besteht aus zwei Laiben. Bekannt ist auch das »Vinschgauer Brot«. Das flache Roggenbrot mit Koriander und Kümmel schmeckt ganz besonders gut mit Butter und einer Scheibe Südtiroler Speck.

MAN TRINKT BIER

Zu einem zünftigen Essen gehört ein passendes Getränk, und dafür hat die Region Bier und Wein zu bieten. Das Südtiroler Bier der Brauerei Forst in Algund ist in ganz Italien bekannt und beliebt. In einigen Tälern wird auch Wein angebaut. Bekannt ist der Ort Tramin an der Südtiroler Weinstraße, der dem Gewürztraminer den Namen gab. Wein gehört für die Südtiroler zum Essen und wird in Maßen getrunken. In der »Törggele-Zeit«, die Zeit der Weinernte, wird von dem jungen frischen Wein allerdings mehr getrunken. Abgerundet wird das Essen mit einem Obstschnaps, dieser ist oft selbstgebrannt und somit ein Unikat.

SCHMACKHAFTES VOM GARDASEE

Rund um den Gardasee treffen die Trentiner, die lombardische und die venezianische Küche zusammen. In den unzähligen überwiegend guten Restaurants wird mit Olivenöl und teilweise mit Butter gekocht. Der Gardasee ist das nördlichste Olivenanbaugebiet und das Gardasee-Olivenöl ist sehr vitaminreich und aromatisch.

Die Palette von Fischgerichten ist aufgrund der Artenvielfalt im Gardasee natürlich breitgefächert. In den vielen Fischrestaurants sollte man so schmackhafte Gerichte wie gekochten Aal mit Knoblauch, Salbei und Lorbeer oder Aal in herzhafter Tomatensoße, in Butter gebratenen Gardasee-Fisch, gegrillten Karpfen, Risotto mit Gardasee-Schleie oder Gardasee-Lachsforelle probieren. Zu den Spezialitäten gehört auch der getrocknete, überwiegend norwegische Stockfisch (Kabeljau), der in Milch gekocht wird.

Die einheimische Küche (*Cucina Casalinga*) umfasst auch schmackhafte Fleischgerichte wie Kalbsbraten in Milch, Reis mit Geflügelleber, geschmorte Kalbshaxe, Reis mit Schweineragout oder gekochtes Rindfleisch mit grüner Soße. Hervorragend sind natürlich auch die unzähligen Nudelgerichte mit fantastischen Soßen.

BEKANNTER BARDOLINO-WEIN

Unter den Getränken hat Bier einen geringen Stellenwert, es dominiert der Wein. Der Weinanbau hat am Gardasee eine lange Tradition und ist insbesondere auf der östlichen Seite des Sees eine wichtige Einnahmequelle. Der Bardolino ist zweifelsohne einer der bekanntesten Weine vom Gardasee. Er hat eine lange Tradition und wurde sogar am französischen Hof getrunken. Die Massenproduktion machte ihn dann zum billigen Wein. Glücklicherweise ist sein Image heute besser und die engagierten Winzer, die mehr Wert auf Qualität als auf Masse legen, produzieren heute einen wirklich guten Wein. Ein Bardolino wird jung und frisch getrunken und passt vorzüglich zu Geflügel und Kaninchen. Der gehobene Bardolino Classico Superiore schmeckt am besten zu Wildgerichten und Käse.

Wein und Käse gehören zusammen und so empfehlen sich der weiche Butterkäse Taleggio, der Hartkäse Vezzena und der lombardische Weichkäse Stracchino.

Zum sommerlichen Italien und zum Gardasee gehört natürlich auch ein Eis. Die Eisdielen mit Sitzgelegenheiten an einer belebten Piazza sind zahlreich und selbst das kleinste Örtchen verfügt über eine Eisdiele.

Der Wein aus Bardolino ist ein gutes Mitbringsel!

KULINARISCHE HIGHLIGHTS DER TOSKANA

Die toskanische Küche gehört zu den bekanntesten und wird auch als Mutter der französischen Küche bezeichnet. Es war Maria de' Medici, Mitglied der mächtigen Herrscherfamilie aus Florenz, die, als sie sich in Frankreich niederließ, eine große Anzahl toskanischer Köche mitnahm. Auf diese Weise exportierte sie viele herrliche Gerichte.

Fisch und Meeresfrüchte findet man in vielen Markthallen und in Fischgeschäften.

Die alten und urigen Markthallen bieten auch Gastronomie.

Die toskanische Kochkunst ist von anspruchsvoller Einfachheit geprägt. Man verarbeitet wenig Fett, dafür viele frische Produkte und würzige Kräuter. Auf Antipasti wird weitgehend verzichtet, als Vorspeise dienen Wurst und Schinken, aber auch eine Suppe, zum Beispiel die toskanische Minestrone mit Bohnen, Kartoffeln, Rotkohl, Mangold und Rüben. Es wird mit gesundem Olivenöl gekocht, am liebsten aus der eigenen Region. Das »jungfräuliche« Olivenöl »extra vergine«, das kalt gepresst wird, ist in der toskanischen Küche das bevorzugte Öl. Nudeln spielen als Zutat eine untergeordnete Rolle, vielmehr ist das ungesalzene, toskanische, dicke Landbrot mit einer harten Kruste ein wichtiger Bestandteil der Mahlzeiten. Mit dem Brot wird auch die bekannte »Bruschetta« gemacht. Hierbei wird das Brot geröstet, mit Knoblauch abgerieben und mit Olivenöl beträufelt.

Zu den speziellen, sehr empfehlenswerten Fleischgerichten gehört »Bistecca alla fiorentina«, ein wuchtiges Stück Fleisch (600 g) des weißen Chianina-Rinds. Es wird über der Holzglut gegrillt und mit Salz, Pfeffer und Olivenöl verfeinert. Weitere beliebte Fleischgerichte sind Lammfleisch, Hase, Kaninchen und Gans, Perlhuhn, Taube sowie Wildschwein.

In der Toskana liegt zwar das etruskische Meer vor der Tür, aber in der touristischen Hochsaison sind die Fischgründe leider überfischt. Paradox ist es daher, dass der Restaurantbesucher dann »importierten Fisch« auf den Teller bekommt. Auf den Speisekarten vieler Restaurants sind mehrere Fischarten sowie Muscheln, Garnelen und Tintenfische zu finden. Aus Livorno stammt die schmackhafte Fischsuppe Cacciucco, aus Pisa die Spezialität Aal mit Salbei. Als Nachtisch wird gern Gebäck mit Mandeln serviert.

SPITZENWEINE

Wein gehört in die Toskana wie der schiefe Turm nach Pisa. Weltbekannte toskanische Weine kommen aus der Chianti-Region oder den Städten Montepulciano und Montalcino. Überwiegend werden Rotweine produziert, deren hohe Qualität an dem Etikett D.O.C. oder D.O.C.G. zu erkennen ist.

Im Chianti-Gebiet sind mehrere Anbaugebiete zu finden. Den dunkelroten Chianti Classico erkennt man an dem schwarzen Hahn (*Gallo Nero*) auf der Banderole. Er wird aus verschiedenen Trauben gemischt und ist sehr harmonisch und kraftvoll im Geschmack. Durchfährt man die Chianti-Region auf der Verbindungsstraße Stradale Chiantigiana, passiert man zahlreiche Weingüter, die mit »Gallo Nero«-Schildern auf sich aufmerksam machen.

Ein weiterer beliebter Chianti-Wein ist der Chianti Putto. Zu den Spitzenweinen der Toskana gehören natürlich der granatrote Brunello di Montalcino und der Vino Nobile di Montepulciano. Sie haben zwar einen hohen Preis, aber auch eine hohe Qualität. Wer am Anfang seiner Reise steht und die Reisekasse schonen möchte, wird Tafelweine (*Vino da Tavola*) auswählen. Wer jedoch unvergessene Urlaubserinnerungen in konservierter Form mit nach Hause nehmen möchte, sollte sich einen guten Tropfen gönnen.

Rechte Seite: Die Toskana ist bekannt für ihre guten Weine und die Produktion von Olivenöl.

INFOS FÜR REISEMOBILISTEN

CAMPING IN ITALIEN

Vorweg gesagt: Camping in Italien macht richtig Spaß und insbesondere Reisemobilisten kommen auf ihre Kosten. Man merkt, dass die Italiener selbst ebenfalls begeisterte Reisemobilisten sind. Sie fahren nicht nur Wohnmobile, sondern produzieren sie auch. Ein gutes Beispiel sind die Fahrzeuge der Firma LAIKA.

Italiens Campinginfrastruktur ist vorbildlich, über das Land verteilen sich immerhin rund 2000 Campingplätze und die Zahl der Stellplätze sowie der Parkplätze, die genutzt werden dürfen, ist ebenfalls sehr hoch. Eine ausgiebige und detaillierte Reisevorbereitung ist daher nicht notwendig. Allerdings wird den Campingtouristen im Vorfeld die Frage quälen, in welcher Region Oberitaliens er seine Entdeckungsreise durchführen möchte. Ob Urlaub in den Bergen, an den Seen, an der Küste oder in der Stadt, alles ist möglich.

An den oberitalienischen Seen und insbesondere am Gardasee, an der oberen Adria, an der ligurischen Küste oder im Trentino stehen Campingplätze zur Verfügung, die zu den besten in Europa gehören. Es versteht sich von selbst, dass diese gehobenen Plätze ihren Preis haben.

HILFREICHE INTERNETSEITEN

www.campingsuedtirol.com
www.reisemobil-routen.de
www.camping.it
www.campeggi.it
www.leadingcampings.com
www.adac.de/cke

CAMPINGPLÄTZE

Werfen wir einen kurzen Blick auf die italienischen Campingplätze. Generell sind sie gut ausgeschildert. Leider ist das Preisniveau hoch und steht oft in keinem Verhältnis zum gebotenen Standard. Vielfach zahlt man die hohen Gebühren für die reizvolle landschaftliche Lage, z. B. am See oder an der Küste. Vor dem Einchecken muss außerhalb des Campingplatzes geparkt werden, dann geht es zur Rezeption, die in der Hochsaison bis abends geöffnet ist. Beim Einchecken müssen von allen Reisenden die Ausweise vorgelegt werden. Die Daten werden aufgenommen und an die Polizei weitergeleitet. Nach der Bürokratie kann man seinen Stellplatz einnehmen.

Überwiegend sind die Campingplätze parzelliert und verfügen über eine Stromsäule. Hier schließt man sich nach Bedarf mit dem blauen CEE-Stecker an. Die meisten Campingplätze verfügen über komfortable Ver- und Entsorgungsstellen, die für Campinggäste kostenlos sind. Auch Gas erhält man im Shop des Campingplatzes oder an Tankstellen. Eine Besonderheit sind die kleinen Restaurants oder Pizzerien, die man vielfach auf oder am Gelände findet. In der Regel kann man hier gut und preiswert essen. Ein großer Vorteil, wenn man recht spät noch eincheckt.

Eine weitere Besonderheit einiger Campingplätze in beliebten Küstenregionen sind die Dauercamper, die einen großen Anteil der Gäste stellen können. Aus Schutz gegen Hitze und Staub befinden sich ihre Wohnwagen samt Vorzelt wiederum unter einem großen Zelt mit robuster Plane. Diese großen Zelte reihen sich entlang einiger Abschnitte auf dem Campingplatz dicht aneinander und vermitteln ein ungewohntes Bild. Viele der Bewohner nutzen die Vorzelte auch zur Unterbringung ihres Hausrates, was mitunter ein wenig befremdlich wirkt. Auch solche Campingplätze sind jedoch auf den zweiten Blick vielfach gut ausgestattet, gepflegt und vermitteln eine freundliche Atmosphäre.

Eine gute Übersicht über die vielen Campingplätze liefert der umfangreiche »ADAC Camping-Caravaning-Führer Südeuropa«, der jedes Jahr aktualisiert wird. Einige Campingplätze haben sich zusammengeschlossen und bieten ein Rabattheft an, in dem pro Übernachtung abgestempelt wird. Nach einer bestimmten Anzahl von Stempeln kann man eine oder mehrere Nächte kostenlos campieren.

SPAREN MIT CAMPINGKARTEN

Wer in der Vor- und Nachsaison durch Italien reist, sollte beim Einchecken auf dem Campingplatz die ACSI-Card oder die ADAC-CampCard vorlegen. Damit erhält man große Rabatte bei der Übernachtung. Im ADAC-Campingführer ist die ADAC-CampCard bereits enthalten. Sie muss lediglich herausgetrennt und beschriftet werden. Im Campingführer sind die Campingplätze aufgeführt, die sich an der Rabattaktion beteiligen, ebenfalls die Tarife und Leistungen. Zur kostenpflichtigen ACSI-Card gehört ein zweibändiges Campingverzeichnis mit den teilnehmenden Campingplätzen. Generell hat man nach ein oder zwei Übernachtungen die Ausgaben für diese empfehlenswerten Campingkarten durch die Einsparungen schon wettgemacht.

STELLPLÄTZE

Eine gute Alternative zu den vielen Campingplätzen stellen die Stellplätze dar. Einfache, ebene »Parkplätze«, die überwiegend nur Ver- und Entsorgungsmöglichkeiten für das Wohnmobil bieten, sind stark im Kommen. Vergleichsweise geringe Übernachtungskosten und trotzdem eine Nähe zur Küste oder einer attraktiven Stadt sind die Hauptvorteile. Einige Stellplätze sind sogar (noch) gratis. Mittlerweile sind auch Stellplätze entstanden, die einem Campingplatz gleichen. Sie bieten Rasenflächen, eine Anmeldung und ein modernes Sanitärgebäude. Im krassen Gegensatz zu diesen gastfreundlichen grünen Oasen stehen einige kommerzielle Stellplätze, auf denen es verboten ist, Tisch und Stühle rauszustellen und die Markise auszufahren. Wer also ein abendliches Glas Wein vor dem Camper genießen möchte, wird solche Stellplätze meiden. Eine Besonderheit auf Stellplätzen ist auch das Reiseverhalten der italienischen Reisemobilisten, die vielfach sehr laut miteinander reden und nur einen geringen Abstand zum nächsten Reisemobil einhalten.

Auf die Stellplätze und Parkplätze für Camper weisen Schilder hin.

ÖFFENTLICHE PARKPLÄTZE

Einige öffentliche Parkplätze zeigen durch das »Wohnmobil-Symbol« an, dass dort übernachtet werden kann. Liegt ein regionales Verbot vor, so ist das durch ein Schild mit einem durchgestrichenen Wohnmobil angezeigt. Es empfiehlt sich, dieses Übernachtungsverbot auch zu befolgen.

Bei der Übernachtung auf einem öffentlichen Parkplatz fühlt man sich allerdings nicht so sicher wie auf einem Stellplatz mit anderen Reisemobilisten. Wer tagsüber unterwegs ist und nur einen Platz zur Übernachtung sucht, ist mit dem Stellplatz aber gut bedient. Wildcamping ist generell verboten. Die meisten Kommunen weisen eingangs mit Infotafeln darauf hin.

RESERVIERUNG EMPFOHLEN

Da das Reisen mit dem Wohnmobil auch bei Italienern sehr beliebt ist und gerade verlängerte Wochenenden für den Kurzurlaub in der Heimat und insbesondere am Meer genutzt werden, kann es mitunter sehr eng werden. Es empfiehlt sich, den Stellplatz (ge-

Verbotsschilder sollten generell beachtet werden!

gebenenfalls den Campingplatz) am frühen Nachmittag anzufahren. Voll wird es auch in der Hauptsaison. In der absoluten Hochsaison von Mitte Juli bis Mitte August, wenn auch die höchsten Temperaturen zu erwarten sind, ist der Ansturm am größten. Wohnmobile können mit Glück für eine Nacht einen Campingplatz finden, sollten jedoch vor einem längeren Aufenthalt reservieren.

UNTERWEGS AUF DER STRASSE – MAUT & CO.

Auf dem Weg durch die Alpen in den Süden muss man bei einigen Pässen und Tunnelverbindungen eine Maut bezahlen. Eine Gebühr wird auch auf der italienischen Autobahn erhoben, dann muss an der Mautstelle der entsprechende Tarif bezahlt werden. Bei der Autobahnauffahrt zieht man in der Regel eine Karte, die beim Verlassen ausgelesen wird und anzeigt, wie hoch die Mautgebühr ist.

Während sich das Fahren mit dem Wohnmobil auf der Autobahn noch völlig unproblematisch zeigt, können auf engen Landstraßen schon die ersten Probleme durch entgegenkommende Busse und Lkws auftreten. Riskantere Überholmanöver von ungeduldigen Italienern lassen schon mal den Atem stocken. In vielen Kleinstädten geht der Verkehr mitten durch das Stadtzentrum und man merkt, dass die mittelalterlichen Stadtplaner keine langen Reisebusse und große Wohnmobile vor Augen hatten. Es wird vielfach eng und unübersichtlich und die vorbeirauschenden Motorroller tragen auch nicht zu einem stressfreien Autofahren bei. Besondere Aufmerksamkeit verdienen überragende Balkone, die zum Teil schon stark beschädigt sind.

Auch die Parkplatzsuche kann sich bei großen Wohnmobilen sehr abenteuerlich gestalten. Besser ist es, außerhalb auf einem größeren Parkplatz zu parken, als stundenlang nervende Runden im Stadtzentrum zu drehen. Generell sollten Parkverbote für Wohnmobile unbedingt beachtet werden, denn schnell erhält der Parksünder einen Strafzettel. Passt ein Wohnmobil in den markierten Parkbereich, kann es dort problemlos stehenbleiben. Allerdings muss man die Farbe deuten können. Die gelbe Markierung weist darauf hin, dass hier nur bestimmte Fahrzeuge parken dürfen (Polizei, Arzt, Behinderte, ...). Ist der Parkbereich blau markiert, so kann man parken, muss jedoch eine Parkgebühr entrichten. Meistens zahlt man an einem Parkautomaten und hinterlegt den Abschnitt hinter der Windschutzscheibe.

Die weißen Markierungen erfreuen den Reisemobilisten, denn hier darf kostenfrei geparkt werden. Eventuell muss jedoch die Parkscheibe eingestellt werden. Darüber hinaus gibt es auch viele Parkhäuser, die lediglich für flache Campingbusse infrage kommen, und große Parkplätze. Vielfach haben Großparkplätze eine Höhenbeschränkung, die meistens bei 2,10 Metern liegt.

Trotz einiger neuer Situationen, an die sich der Wohnmobilreisende schnell gewöhnt, ist man in Oberitalien besser unterwegs als in Mittel- und Süditalien. Mit Ausnahme der Landstraßen in Südtirol jedoch befinden sich die Landstraßen und Stadtstraßen vielfach in einem schlechten Zustand. Viele Schlaglöcher und Risse in den Fahrbahnen kennzeichnen derzeit die meisten Straßen in Italien.

KLEINES WÖRTERBUCH

Während in Südtirol vielfach Deutsch gesprochen wird, spricht man in den übrigen Landesteilen hauptsächlich Italienisch. Generell ist es ratsam, sich einen italienischen Grundwortschatz zuzulegen. Die folgende Auflistung kann als Nachschlagewerk dienen, wenn man im Restaurant sitzt oder unterwegs die Schilder nicht interpretieren kann.

DAS WICHTIGSTE

ja – sì
nein – no
Guten Tag! – Buon giorno!
Guten Abend! – Buona sera!
Gute Nacht! – Buona notte!
Auf Wiedersehen! – Arrivederci!
Hallo/Tschüss! – Ciao!
Bis morgen! – A domani!
Danke! – Grazie!
Bitte! – Per favore!
Bitte sehr! – Prego!
Entschuldigung! – Scusi!
Wie bitte? – Come dice?
Ich möchte … – Vorrai …
Haben Sie …? – Ha …?
Mein Name ist … – Mi chiamo …
Wie viel kostet es? – Quanto costa?
Wie viel Uhr ist es? – Que ore sono?
links – a sinistra
rechts – a destra
geradeaus – diritto
morgen – domani
heute – oggi
gestern – ieri
Hilfe! – Aiuto!
Achtung/Vorsicht! – Attenzione!

WOCHENTAGE

Montag – lunedì
Dienstag – martedì
Mittwoch – mercoledì
Donnerstag – giovedì
Freitag – venerdì
Samstag – sabato
Sonntag – domenica

ZAHLEN

0 – zero
1 – uno/una
2 – due
3 – tre
4 – quattro
5 – cinque
6 – sei
7 – sette
8 – otto
9 – nove
10 – dieci
11 – undici
12 – dodici
13 – tredici
14 – quattordici
15 – quindici
16 – sedici
17 – diciassette
18 – diciotto
19 – diciannove
20 – venti
21 – ventuno
22 – ventidue
30 – trenta
40 – quaranta
50 – cinquanta
60 – sessanta
70 – settanta
80 – ottanta
90 – novanta
100 – cento
101 – centouno
200 – duecento
300 – trecento
1000 – mille
2000 – duemila
10 000 – diecimila
½ – un mezzo
¼ – un quarto

REISE UND UNTERKUNFT

abreisen – partire
Aufzug – l'ascensore
ausgebucht – completo
Auto – la macchina
Bedienung – il servizio
Campingplatz – il campeggio
Dusche – la doccia

frei – libero
Frühstück – prima colazione
Halteverbot – il divieto di sosta
Klimaanlage – l'aria condizionata
Landstraße – la strada provinciale
Parkplatz – il parcheggio
Parkverbot – il divieto di parcheggio
reservieren – prenotare
Stellplatz – l'area camper
Swimmingpool – la piscina
Toilette – il gabinetto
Trinkwasser – l'acqua potabile
Übernachtung – il pernottamento
Verkehr – il traffico
Vollpension – la pensione completa
Werkstatt – l'officina
Wohnmobil – il camper
Zug – il treno

HINWEISSCHILDER

aeroporto – Flughafen
aperto – offen
area camper – Stellplatz
castello – Burg, Schloss
cattedrale – Kathedrale
centro – Stadtzentrum
centro storico – historisches Stadtzentrum
chiesa – Kirche
chiuso – geschlossen
duomo – Dom
fiume – Fluss
fortezza – Festung
giardino – Park
ingresso – Eingang
isola – Insel
lago – See
monte – Berg
municipio – Rathaus
museo – Museum
ospedale – Krankenhaus
palazzo – Palast/Schloss/Wohnhaus
parco – Park
piazza – Platz
porto – Hafen
punta – Landzunge
rocca – Festung
spiaggia – Strand
stazione – Bahnhof
torre – Turm
uscita – Ausgang
val/valle – Tal
via – Weg/Straße
villa – Haus/Landhaus

Vielfach zu finden: die Olive!

GETRÄNKE

acqua minerale – Mineralwasser
amaro – Magenbitter
aranciata – Orangeade
bibite – Erfrischungsgetränk
bicchiere – Glas
birra – Bier
birra alla spina – Bier vom Fass
bottiglia – Flasche
con ghiaccio – mit Eis
digestivo – Verdauungsschnaps
grappa – Tresterschnaps
limonata – Limonade
spumante – Sekt
succo di frutta – Fruchtsaft
succo di mele – Apfelsaft
vino bianco – Weißwein
vino della casa – Hauswein
vino rosato – Roséwein
vino rosso – Rotwein

FRÜHSTÜCK

burro – Butter
caffè – kleiner Kaffee, ohne Milch
caffè decaffeinato – entkoffeinierter Kaffee
caffellatte – Kaffee mit Milch
cappuccino – Kaffee mit aufgeschäumter Milch
cornetto – Hörnchen
della frutta – etwas Obst
espresso – starker Kaffee, ohne Milch

formaggio - Käse
frittata - Omelett
iogurt - Joghurt
miele - Honig
prosciutto - Schinken
salame - Wurst
tè di menta - Pfefferminztee
uova al tegamino - Spiegeleier
uova sode - harte Eier
uova strapazzate - Rühreier
uovo alla coque - weiches Ei

VORSPEISEN

acciughe - Sardellen
carciofini - Artischockenherzen
sott'olio - in Öl
melone e prosciutto - Melone mit Schinken
minestrone - deftige Gemüsesuppe
pastina in brodo - Fleischbrühe mit Nudeln
zuppa di pesce - Fischsuppe

GEMÜSE UND SALATE

asparagi - Spargel
carote - Möhren
cicoria - Blumenkohl
cicoria - Chicorée
cipolle - Zwiebeln
funghi - Pilze
insalata mista - gemischter Salat
insalata verde - grüner Salat
melanzane - Auberginen
patate - Kartoffeln
peperoni - Paprika
piselli - Erbsen
pomodori - Tomaten
sedano - Sellerie
spinaci - Spinat

NUDELGERICHTE

pasta alla bolognese - Nudeln mit Tomatensoße und Fleisch
pasta alla carbonara - Nudeln mit Ei und Speck
pasta alla napoletana - Nudeln mit Tomatensoße
pasta alla panna - Nudeln mit Sahne
pasta alle vongole - Nudeln mit kleinen Muscheln
fettuccine - Bandnudeln

FLEISCH- UND FISCHGERICHTE

agnello - Lamm
anguilla - Aal
anitra - Ente
aragosta - Languste
bistecca - Steak
brasato - Braten
coniglio - Kaninchen
fegato - Leber
gambero - Krebs
lepre - Hase
maiale - Schweinefleisch
manzo - Rindfleisch
merluzzo - Kabeljau
passera di mare - Scholle
pollo - Huhn
prosciutto - Schinken
salmone - Lachs
scampi fritti - frittierte Garnelen
sgombro - Makrele
sogliola - Seezunge
tonno - Thunfisch
trota - Forelle
vitello - Kalbfleisch

Als Reisemobilist fühlt man sich überwiegend willkommen. Gut, wenn man ein paar Worte Italienisch spricht!

Südtirol (im Bild St. Valentin auf der Haide) ist auch im Winter ein Ziel für Camper.

» DIE ROUTEN

1 MEDITERRANE ATMOSPHÄRE AN DEN OBERITALIENISCHEN SEEN

Lago Maggiore, Luganer See und Comer See

Im Süden der Alpen liegen mit dem Lago Maggiore, dem überwiegend zur Schweiz gehörenden Luganer See und dem Comer See malerische Landschaften: klare Seen, von hohen Bergen umgeben, an deren Ufern sich sehenswerte Städte reihen. Aufgrund der Nähe der Seen zueinander lohnt sich eine Rundreise, bei der man die drei reizvollen Gewässer entdecken kann. Ein mildes Klima, herrliche Landschaft, hübsche botanische Gärten, freundliche Städte und schließlich die guten Camping- und Stellplätze garantieren eine wunderbare und abwechslungsreiche Tour mit dem Wohnmobil.

Cannobio gehört zu den schönsten Orten am Lago Maggiore.

ROUTE 1

START- UND ENDPUNKT
Locarno und San Vito im Norden des Comer Sees

STRECKEN
Straße Nr. 13, 34, 33, 31, 340, 342, 36, 340 d, A 2

STRECKENLÄNGE
350 bis 400 km

FAHRZEIT
10 bis 14 Tage

BESTE JAHRESZEIT
April/Mai bis Oktober

Die Anreise zum westlich gelegenen Lago Maggiore erfolgt durch die Schweiz (Vignette!) bis ins schweizerische Tessin. Die Autobahn A 2 (E 35) verlässt man südlich der Stadt **Bellinzona**, fährt über die gut ausgebaute Straße Nr. 13 Richtung Locarno und erreicht zunächst mit Locarno den Lago Maggiore.

SCHWEIZERISCHES TESSIN

Teile des Lago Maggiore liegen im Tessin (*Ticino*). Dieser südlichste Kanton der Schweiz umfasst eine Fläche von 2812 Quadratkilometern und gehört zu den vielen malerischen Reiseregionen, die das Land zu bieten hat. Rund 350 000 Menschen leben hier. Gesprochen wird Italienisch und gerade in den größeren Orten Locarno und Lugano kann man eher eine italienische als eine schweizerische Atmosphäre einfangen. Hauptort des Tessins ist Bellinzona. Die italienische Bezeichnung »Ticino« leitet sich von dem Fluss Ticino ab, der die Region durchfließt und nach rund 250 Kilometern in den Po mündet.

Es sind der Lago Maggiore und der Luganer See, die Bergwelt und das milde, fast mediterrane Klima, die für die hohe Beliebtheit bei den Urlaubern verantwortlich sind. So lohnt sich ein Urlaub von April bis Oktober, dann kann man bereits bzw. noch sommerliche Temperaturen erleben. Im Westen des Tessins erheben sich die mächtigen Walliser Alpen mit markanten Bergen, die vielfach über 4000 Meter hoch sind. Dort regnet es sich aus und das Tessin kommt in den Genuss von blauem Himmel und beachtlichen 2000 Sonnenstunden im Jahr. Sollte es regnen, fallen die Regengüsse allerdings teils heftig aus.

Kirchturm in Ascona am Lago Maggiore

Die freundliche Stadt Ascona liegt am Fuße hoher Berge.

Die artenreiche Flora des Tessins und Pflanzen wie Palmen, Jasmin und Oleander zeugen von milden Wintern. Sie lassen vergessen, dass über zwei Millionen Jahre lang mächtige Gletscher die Landschaft formten und die oberitalienischen Seen entstehen ließen. Im Norden des Lago Maggiore hat die Schweiz kleinere Anteile an dem See. Wesentlich größer sind ihre Anteile am Luganer See, wo sich die mondäne Stadt Lugano befindet.

IM NORDEN DES LAGO MAGGIORE

Es macht viel Freude, der prächtigen Stadt **Locarno** einen Besuch abzustatten, insbesondere da sich in der Nähe der Altstadt ein Stellplatz befindet. Locarno vermittelt auf Anhieb italienisches Flair und bietet einige interessante Sehenswürdigkeiten, wie etwa das Castello Visconti, eine Festung aus dem 14. Jahrhundert, die Klosterkirche San Francesco oder die Barockkirche Santa Maria dell'Assunta. Darüber hinaus locken die berühmten Filmfestspiele von Locarno alljährlich viele Besucher an.

Über die herrliche Promenade Lungolago Giuseppe Motta, vorbei an Palmen, flaniert man hier am Seeufer entlang und blickt auf die gegenüberliegenden Berge und auf zahlreiche Jachten. Vom Hafen legen Ausflugsschiffe ab, mit denen man weitere sehenswerte Seestädte erreichen kann. Abseits der Promenade lockt die breite Piazza Grande mit Straßenrestaurants und prächtigen Arkadenhäusern. Enge Gassen führen hinauf in die Altstadt, in der es beschaulicher wird. Einen grandiosen Blick über Locarno und den prächtigen See kann man von der Wallfahrtskirche Madonna del Sasso (1616) genießen, die man mit einer Standseilbahn erreicht.

Von Locarno sind es nur wenige Kilometer zur nächsten schweizerischen Stadt, dem reizvollen Ascona. Hierbei führt die Route über den Fluss Maggia, der dem Lago Maggiore den Namen gibt.

VOM FISCHERDORF ZUM TOURISTENMAGNETEN

Ascona liegt am Nordufer des Lago Maggiore und wird auch als die »Perle am Lago Mag-

giore« bezeichnet. Erst in den 1950er-Jahren hat sich Ascona von einem Fischerdorf zu einem Fremdenverkehrsort entwickelt. Das Herz der schmucken Stadt schlägt an der Uferpromenade Piazza Giuseppe Motta, die nach Süden exponiert ist und einen grandiosen Blick über den Lago Maggiore bietet. Sie trägt den Namen des Tessiner Bundesrates Giuseppe Motta. Zwischen Platanen und Häuserzeilen reihen sich unzählige Restaurants und Cafés aneinander. Davor flanieren Urlaubsgäste in eleganten Kleidern auf und ab. Ein finanzkräftiges Publikum hat Ascona zu seinem Feriendomizil erkoren.

Wer sich nicht in einem der vielen Restaurants stärkt, kann mit dem Ausflugsschiff die Umgebung entdecken oder sich in dem Freibad erfrischen. Zu den besonderen Bauwerken der Stadt gehört in erster Linie die »Casa Serodine«, ein Profanbau, der um 1620 erbaut wurde. Einen Blick sollte man auch in die dreischiffige Pfarrkirche Santi Pietro e

Das Herz von Locarno schlägt an der Piazza Grande.

SPECIAL

SONNE SATT

Eine Besonderheit des Sees ist der unterschiedliche Wasserstand, der im Jahr um rund vier Meter schwanken kann. Die gute Qualität des Wassers ist offensichtlich, denn der See wird von kristallklarem, kaltem Wasser gespeist, das ebenso wie die Tiefe dafür sorgt, dass sich der See im Sommer selten über 20 °C erwärmt. In den Wintermonaten kühlen sich die Wassermassen nur bis auf etwa 7 °C ab. Während die umliegenden Berge tief verschneit sind, ist es rund um den See mild, was der Besucher an der Flora problemlos erkennen kann. Palmen und Bougainvilleen schmücken die gepflegten Promenaden und exotische Pflanzen gedeihen in den botanischen Gärten. Aufgrund des nicht zu heißen Sommers und der milden Temperaturen im Herbst und Winter ist der Lago Maggiore ein ganzjährig lohnendes Reiseziel. Gerade im Herbst, wenn sich in Deutschland der Sommer bereits verabschiedet hat, kann man hier noch herrliche Sommertage erleben. Allerdings haben nicht alle Campingplätze ganzjährig geöffnet.

Cannobio lockt mit einer herrlichen Altstadt und netter Promenade.

Paolo werfen, die wahrscheinlich Mitte des 13. Jahrhunderts errichtet wurde. Kunstfreunde kommen im »Museo Comunale d'Arte Moderna« auf ihre Kosten.

Sicherlich sehr zufrieden verlässt man das Städtchen Ascona und verliert auch im weiteren Verlauf dieser Tour den Lago Maggiore nicht aus den Augen.

ZWEITGRÖSSTER SEE ITALIENS

Nach dem Gardasee, der nur unwesentlich größer ist, ist der **Lago Maggiore** der größte See Italiens. Jedoch können die Italiener den See nicht gänzlich ihr Eigen nennen, denn im Norden haben die Schweizer Eidgenossen Anteile. Beachtlicher als die Länge von 64 Kilometern ist die maximale Tiefe von immerhin 372 Metern. Verantwortlich dafür sind mächtige Gletscher, die sich während der Eiszeit tief eingruben. Klares Wasser aus den Bergen speist den See. Manchmal läuft zu viel Wasser in den Lago Maggiore, deshalb wurden 1993 und 2000 einige Städte überflutet.

Ein Urlaub am Lago Maggiore kann sehr vielseitig sein und reicht vom Besichtigen der vielen anziehenden Städte über Entdeckungstouren durch die schweizerische und

Cannobio
Altstadt
Wallfahrtskirche
7 km (34)
Cannero Riviera
15 km (34)
Verbania
Altstadt
Promenade
Schifffahrt
Fähre Laveno
Villa Taranto
Borromäischer Golf (33)
14 km (34)
Bareno
4 km
Stresa

SPECIAL

IN DIE TÖPFE GESCHAUT

Eine einheitliche Küche gibt es rund um den Lago Maggiore nicht, denn im Westen des Sees, der zur italienischen Provinz Piemont gehört, kann man den Einfluss der französischen Küche schmecken und im nördlichen Tessiner Teil werden Gerichte sowohl der schweizerischen als auch der italienischen Küche serviert. In dem östlichen Teil des Sees, der zur Lombardei gehört, wird deftig gekocht. Trotz der unterschiedlichen Geschmacksrichtungen sind Fischgerichte sehr beliebt. Wen wundert es, denn immerhin schwimmen dafür die Zutaten vor der Tür, und das in einem Gewässer, das von reinem Wasser aus den Bergen gespeist wird und an dessen Ufer nicht die Industrie, sondern der Fremdenverkehr der wichtigste Wirtschaftszweig ist.

italienische Küche bis hin zu sportlichen Aktivitäten wie Wandern, Radfahren und Wassersport. Als Tourist wird man dabei schnell einmal enttarnt, denn wenn sich der Gast in der Nebensaison in sommerlicher und legerer Kleidung präsentiert, haben sich die Einheimischen bereits warm angezogen. Eine wichtige Devise, insbesondere für Frauen, ist hierbei die »bella figura« und so versuchen sie, sich möglichst elegant zu kleiden.

Bei einem Ereignis kann man sich jedoch bestens unters Volk mischen. Es ist der Trödelmarkt, der sich in vielen Städten großer Beliebtheit erfreut und bei dem man tatsächlich noch so manches Schnäppchen machen kann. Unter Einheimische sollte man sich auch beim Restaurantbesuch mischen, damit gewährleistet ist, dass man die regionale Küche kennenlernt.

In den Städten rund um den See sind nicht nur die Hotels zahlreich, sondern auch die Campingplätze und erfreulicherweise nimmt die Zahl der Stellplätze stetig zu. Hier kann man getrost sein Campingfahrzeug stehenlassen, denn mit den Linienschiffen ist man bestens unterwegs und kann nahezu jeden interessanten Ort am Lago Maggiore ansteuern (www.navigazionelaghi.it).

Am Ufer entlang verlässt man Ascona über die Straße Nr. 13 und erreicht nur wenige Kilometer südlich von Brissago das »Euro-Land« Italien. Die Uferstraße ermöglicht nicht nur, vorbei an prachtvollen Villen, schöne Ausblicke auf den See, sondern bringt den Reisenden auch zu vielen malerischen Städten. Ein Stopp lohnt sich in Cannobio. Hier stehen Campingplätze und ein Stellplatz zur Verfügung.

WILLKOMMEN IN ITALIEN!

Am westlichen Ufer des Lago Maggiore erstreckt sich das malerische Städtchen **Cannobio** mit seinen rund 5200 Einwohnern, das sich in den letzten Jahren sehr herausgeputzt hat. Hier trifft man sich an dem zentralen breiten Hauptplatz, der sich am Ufer erstreckt. Patrizierhäuser aus dem 16. und 17. Jahrhundert mit Laubengängen umgeben den Platz und davor schaukeln kleine Boote in dem alten Hafenbecken.

Viele Campingplätze verfügen über eine herrliche Flora.

Abseits des Platzes schlendert der Gast durch ruhigere Gassen. Über altes Kopfsteinpflaster geht man die Fußgängerzone hinauf, die zu beiden Seiten interessante Geschäfte bietet. Inmitten des Ortes steht die Renaissancekirche Santissima Pietà, die 1571 vollendet wurde. Im Inneren der Wallfahrtskirche sind schöne Fresken zu sehen und auch ein

AUSFLUG

BRISSAGO-INSELN

Mit dem Boot erreicht man die beiden schönen Brissago-Inseln (Isole di Brissago), die rund vier Kilometer südlich von Ascona liegen und äußerst sehenswert sind. Nachdem Mönche im 16. Jahrhundert die Inseln verlassen haben, kommen heute die Touristen und erfreuen sich an dem fantastischen botanischen Garten, der zu den schönsten im Tessin zählt und mit einer herrlichen Blumen- und Pflanzenpracht aufwartet. Mit dem Schiff von Porto Ronco, Brissago, Ascona und Locarno gelangt man zu den Inseln (www.isolebrissago.ch).

Pause am westlichen Ufer des Lago Maggiore

wundertätiges Gnadenbild mit einer blutweinenden Madonna (um 1400). Ein weiteres imposantes Bauwerk ist der Palazzo della Ragione, das Rathaus aus dem 13. Jahrhundert.

Nicht nur Kulturinteressierte, sondern auch Badegäste kommen in Cannobio auf ihre Kosten, denn der gleichnamige Fluss hat große Kiesstrände aufgeschüttet und so lohnt es sich hier, zu baden oder einfach nur zu relaxen. Rund zwei Kilometer von Cannobio entfernt befindet sich im Hinterland die sehenswerte Schlucht Orrido di Sant'Anna. Hier hat sich der Fluss Cannobino tief in den Felsen eingeschnitten.

Über die Uferstraße 34 geht es in südliche Richtung weiter. Nach sieben Kilometern erreicht man mit Cannero Riviera einen weiteren attraktiven Ort.

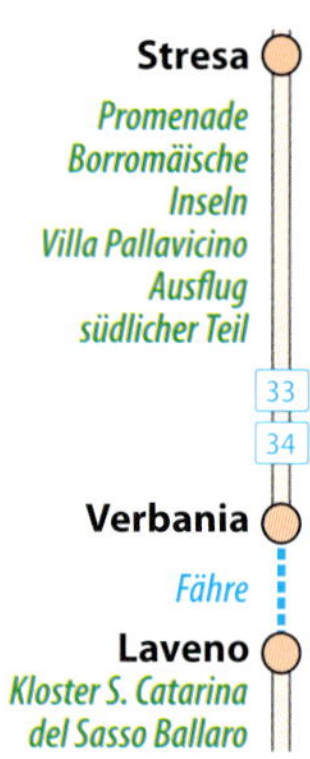

WÄRMSTER ORT AM LAGO MAGGIORE

Cannero Riviera ist nach Süden exponiert und gilt als wärmste Stadt am See. Bei sommerlichen Temperaturen lockt der Strand. Eine schöne Promenade, gepflegte Gassen, ein kleiner befestigter Hafen und nette Restaurants begeistern ebenfalls.

Von den Promenaden-Restaurants hat man immer die Ruinen des »Castello di Malpaga« vor Augen. Diese mächtigen Ruinen, die auf zwei kleinen Felseninseln liegen, haben ihre eigene Geschichte und erinnern an die Piratenbrüder Mazzarditi, die hier einst hausten. Nachdem man sie 1414 hinrichten ließ, wurde die Burg geschleift und eine Festung von den mächtigen Borromeos aufgebaut. Heute werden die Überreste gern von Booten umrundet und hartgesottene Schwimmer legen an den Ruinen eine Pause ein, um sich aufzuwärmen oder in dem alten Gemäuer zu stöbern.

Von Cannero Riviera führt die Straße 34 weiter, teils direkt am Ufer entlang, und bietet herrliche Ausblicke. Nach rund 15 Kilometern erreicht man die quirlige Stadt Verbania. In der Nähe des Seglerhafens (an der Via Massara) kann man auf dem Stellplatz das Wohnmobil gut parken und auch übernachten.

SPECIAL

SANO BANANO

Vorzüglich isst man in dem Restaurant Sano Banano in Cannero Riviera, wo man u. a. hervorragende Pizza- und Pastagerichte bekommt oder an einem zu einer Bar umfunktionierten Bootsrumpf einfach nur einen Kaffee trinkt. Gemütlich sitzt man auch auf der Terrasse. Der Name erinnert zwar mehr an eine Fun-Kneipe, dennoch trifft man hier auf ein vorzügliches Ristorante (www.sanobanano.com).

WO DAS LEBEN PULSIERT

Durch den Hauptort des Lago Maggiore **Verbania** (31000 Einw.), genauer durch ihren Stadtteil Intra, führt die wichtige Verbindungsstraße 34. Das hohe Verkehrsaufkommen sowie die vorbeipreschenden Motorroller kündigen bereits beim Näherkommen eine typisch italienische Stadt an. Der Eindruck setzt sich bei einer Besichtigung des lebhaften Stadtteils fort. Die Altstadt von Intra präsentiert sich mit engen Gassen, netten Plätzen und vielen Geschäften. Hier kann man bestens in den italienischen Alltag eintauchen und sich anschließend auf einer der vielen Bänke an der hübschen Uferpromenade erholen.

Die Lebendigkeit der Stadt zieht auch auf dem Wasser ihre Kreise und so legen zahlreiche Autofähren an und ab, um dem Autofahrer den weiten Weg um den See zu ersparen. Aber auch Fußgänger nutzen die Möglichkeit, um in die gegenüberliegende schöne Stadt Laveno zu gelangen.

Von der Fähre sind es nur wenige Schritte zur Piazza IV. Novembre, dem zentralen Platz. Hier steht das stattliche Rathaus, der Palazzo Pretorio. Durch die schmucke Gasse Via San Vittore, vorbei an netten Läden, geht es zur imposanten Kirche San Vittore. Verbanias Hauptattraktion, der botanische Garten Villa Taranto, liegt zwischen den beiden Stadtteilen Intra und Pallanza an der Uferstraße. Ein Besuch ist unerlässlich. Denn trotz der Vielzahl von botanischen Gärten rund um den

Cannero Riviera besticht durch prächtige Bauwerke.

Das Schlendern über die Promenade gehört zum Pflichtprogramm.

Der Park »Villa Taranto« am Rande von Verbania gehört zu den Highlights am Lago Maggiore.

Lago Maggiore und auf den Inseln besticht dieser besonders farbenprächtige Park durch seine artenreiche Flora.

Im Jahr 1931 hatte der Schotte Captain McEacharn das rund 20 Hektar große Gelände erworben. Nach und nach ließ er einen herrlichen Park mit rund 20 000 Pflanzenarten entstehen und vereinte dabei italienische und englische Gartenbaukunst. Von Frühjahr bis Herbst blühen hier unzählige Blumen und vermitteln nicht nur dem Botaniker eine erholsame Atmosphäre. Die zauberhaften Gärten der Villa Taranto kann man auch mit Linienschiffen erreichen, ein Anleger befindet sich unterhalb des Parks (www.villataranto.it).

AUSFLUG

UNTERWEGS MIT DEM SCHIFF

Raus aus dem Reisemobil und rauf auf's Boot! Ein Highlight bei einem Lago-Maggiore-Urlaub ist eine Fahrt mit dem Ausflugsschiff zu einer der sehenswerten Inseln oder einer reizvollen Stadt, denn von der Seeseite präsentieren sich die Städte vor imposanter Bergkulisse in einem anderen Licht. Von Ascona fährt man zu den Brissago-Inseln und von Stresa, Baveno und Pallanza aus befördern die Schiffe die Gäste zu den Borromäischen Inseln. Lohnenswert ist auch die Fahrt mit der Fähre, die zwischen Verbania-Intra und Laveno verkehrt. Darüber hinaus kann man mit Taxibooten den See erkunden. Ratsam ist es, vorher den Preis zu vereinbaren.

Verbania verlässt man über die Uferstraße 34 und fährt um den Borromäischen Golf herum, wobei einige Campingplätze entlang des Weges liegen. Nach dem Ort **Fondotoce** folgt das ebene Delta des Flusses Toce, welchen man überquert. In der Nähe befindet sich der reizvolle See **Lago di Mergozzo**. In dem Ort **Mergozzo**, direkt am See gelegen, steht ein kleiner Stellplatz zur Verfügung. Die weitere Route führt am südwestlichen Ufer des Golfes auf der Straße 33 entlang, wo es wiederum einige Campingplätze und in Baveno einen Stellplatz gibt.

ILLUSTRE GÄSTE SEIT JEHER

Baveno ist ein beliebter Kur- und Ferienort, der bereits im 19. Jahrhundert prominente Reisende anzog. In die lange Liste bekannter Urlauber reihen sich u. a. Königin Victoria von England, der Komponist Richard Wagner oder der Dichter Lord Byron ein. Sehenswert ist die romanische Kirche Santi Gervaso e Protaso aus dem 18. Jahrhundert mit einem Baptisterium aus dem 11. Jahrhundert. Beachtung verdienen auch die Villa Fedora mit einem reizvollen Park sowie das Fährgebäude im Jugendstil. Von Baveno sind es nur vier Kilometer bis nach Stresa. Die Stadt ist in jedem Fall einen Besuch wert, bietet jedoch kaum größere Parkplätze.

VORNEHMER KURORT

Das einst sehr mondäne **Stresa**, v. a. während der Belle Époque, erstreckt sich am südlichen Eingang des Borromäischen Golfes und liegt unterhalb des Berges Monte Mottarone (1491 m), der einen herrlichen Ausblick bietet.

In keinem anderen Ort am Lago Maggiore lässt sich die Entwicklung des Fremdenverkehrs so gut nachvollziehen wie in Stresa. Läuft man die attraktive Promenade entlang, so ist man beeindruckt von den imposanten Hotels, die gegen Ende des 19. und Anfang des 20. Jahrhunderts errichtet wurden. In den feinen Jugendstilhäusern haben finanzkräftige Hotelgäste einen unvergessenen Blick auf die Inseln und die Berge. Berühmte Persönlichkeiten wie Charles Dickens, Richard Wagner oder Ernest Hemingway und auch gekrönte Häupter hatten einst den Ort zu ihrem bevorzugten Feriendomizil erkoren.

Wer Stresa einen Besuch abgestattet hat und sich ein wenig Ruhe gönnen will, den zieht es zur Villa Pallavicino, die inmitten eines botanischen Gartens mit einer Vielzahl exotischer Pflanzen liegt. Sehenswert sind hier auch der prächtige italienische Rosengarten und der kleine Zoo.

Stresa kann mit vielen mondänen Hotels auftrumpfen.

Die Promenade von Stresa ist ein Ort der Ruhe.

Blick auf die Borromäischen Inseln

Ein weiteres Highlight der Reise entlang des Lago Maggiore ist die Fahrt mit dem Ausflugsschiff zu einer der sehenswerten Borromäischen Inseln. Hierbei ist Stresa neben Pallanza ein guter Ausgangspunkt, um einen Abstecher zu den Inseln zu unternehmen.

ZU DEN BORROMÄISCHEN INSELN

Im mittleren westlichen Teil des Lago Maggiore erstreckt sich eine große Bucht mit dem klangvollen Namen Borromäischer Golf. Inmitten des Golfs liegen fünf reizvolle Inseln. Im Mittelalter dienten sie als Militärstützpunkte. Heute gehören diese **Borromäischen Inseln** (*Isole Borromeo*) zu den Hauptattraktionen des Sees und sind weit über die Landesgrenzen hinaus bekannt.

Dem Ort Stresa direkt vorgelagert sind drei Inseln, und während die mittlere, glatt geschliffene Insel nicht mehr als ein Fels ist, der die Schifffahrt behindert, heißen **Isola dei Pescatori** und **Isola Bella** zahlreiche Schiffspassagiere willkommen. Die berühmteste der Inseln ist die Isola Bella, die »schöne Insel«. Das bereits Mitte des 17. Jahrhunderts erbaute Schloss ist zwar mittlerweile in die Jahre gekommen, aber der Barockgarten hat seinen Zauber nicht verloren. Die nur wenige 100 Meter entfernte, dicht bebaute Fischerinsel (*Isola dei Pescatori*) sieht aus wie ein kleines Freilichtmuseum mit engen Gassen und einfachen Häusern. Die wenigen Bewohner, die ihren Hauptwohnsitz mittlerweile auf dem Festland haben, leben längst nicht mehr vom Fischfang, sondern haben sich dem Touristenfang verschrieben. Beute ist den ganzen Tag genug vorhanden und erst wenn das letzte Boot abgelegt hat, kehrt eine unvergleichliche Stille auf die malerische Insel zurück.

Inmitten der Bucht liegt die **Isola Madre**, die aufgrund ihrer Lage zur Entlastung des Schiffsverkehrs beiträgt. Wegen ihres geringeren Bekanntheitsgrades hält sich jedoch sogar in der Hochsaison der Touristenansturm in Grenzen. Ein Besuch lohnt sich, da ein interessanter botanischer Garten zum Verweilen einlädt. Der Palazzo Borromeo mit einem beeindruckenden Inventar kann ebenfalls besichtigt werden.

Wer noch ausreichend Zeit hat, kann einen Abstecher zum südlichen, landschaftlich aber weniger reizvollen Teil des Lago Maggiore unternehmen.

DER SÜDEN DES LAGO MAGGIORE

Der südliche Teil des Sees ist landschaftlich unspektakulärer als der Norden, denn hier hat

Linke Seite: Die Insel Isola Bella bietet einen herrlichen Barockgarten.

Oben: Spielzeug- und Puppenmuseum in der Festung Rocca Borromeo in Angera

Rechts oben: Begehbare Statue San Carlo nördlich von Arona

Ein Muss ist die Besichtigung des Klosters Santa Caterina del Sasso Ballaro.

sich der See bereits von den Alpen verabschiedet und das Landschaftsbild sich drastisch verändert. Statt imposanter Massive erblickt man Hügel, die den Wasserspiegel des 193 Meter hoch gelegenen Sees um etwa 300 Meter überragen. Der See hat an Breite verloren, ist zwischen den Orten Arona und Angera lediglich 1,1 Kilometer schmal und gibt seine Wassermassen in den Fluss Ticino ab.

Nördlich vom Seeort Arona sollte man einen Abstecher in das hügelige Hinterland unternehmen. Hierbei steuert man die riesige Statue des Heiligen San Carlo am Rande des Dorfes San Carlo an. Von der Hauptstraße der SS 33 führt eine kurvenreiche Straße hinauf. Die immerhin 30 Meter hohe und begehbare Statue, die im Volksmund »Koloss San Carlo« genannt wird, erinnert an den Heiligen Karl Borromäus, der 1538 im Schloss von Arona geboren wurde und sich in seinem Leben den Opfern von Hungersnöten und Pest annahm. Die Statue wurde bereits 1698 fertiggestellt. Über eine Wendeltreppe und danach über eine Leiter gelangt man in den Kopf der Statue.

Obwohl man das Augenmerk auf den Tessiner Teil und den mittleren Bereich des Sees richten sollte, rundet ein Besuch des Ortes **Lesa** mit einem teilweise erhaltenen mittelalterlichen Dorfkern und der Stadt Angera die Reisemobiltour am Lago Maggiore ab. In **Angera** lohnt der Besuch der hoch über der Stadt thronenden Festung Rocca Borromeo. Der Spaziergang hinauf zur Burg wird mit einer schönen Aussicht auf den südlichen Teil des Sees belohnt. Im Inneren der alten Mauern wurde ein Spielzeug- und Puppenmuseum eingerichtet.

Der Süden des Lago Maggiore hat einen grandiosen Anziehungspunkt, der auf der Seekarte nicht ersichtlich ist und dennoch fast vor der Tür liegt. Es ist die Metropole **Mailand** (*Milano*), die rund 60 Kilometer entfernt ist. Die Vorboten der Stadt sind rund um den

Über der Altstadt von Angera liegt die alte Festung Rocca Borromeo.

Lago Maggiore in Form von prächtigen Villen und teuren Jachten zu erkennen. Wohlhabende Mailänder haben sich hier ihr Feriendomizil geschaffen und suchen etwa beim Wassersport den Ausgleich zum Geschäftsleben. Der Metropole müsste man einen eigenständigen Reiseführer widmen.

Die Route wird zurück nach Stresa oder von Stresa aus über die Straßen 33 und 31 Richtung Verbania fortgesetzt. In Verbania-Intra wird man mit der Fähre zur gegenüberliegenden Stadt Laveno befördert. Alternativ kann man nach dem Abstecher in den Süden die kleinere Straße über Angera und Monvalle am östlichen Ufer bis nach Laveno fahren.

AM FUSSE DES SASSO DEL FERRO

Laveno liegt am Fuße des immerhin 1062 Meter hohen Berges Sasso del Ferro, auf den auch eine Seilbahn hinaufführt. Natürlich ist der Blick von dem »Eisenfels« über den See grandios. In Laveno bzw. in dem Ortsteil Cerro lohnt ein Besuch des Keramikmuseums »Museo di Terraglia«. Es verdeutlicht die Geschichte der für Laveno so bedeutsamen Keramikproduktion.

Von Laveno geht die Route in nördliche Richtung, zunächst über eine teils enge Straße und später durch einige Tunnel, bis nach Luino weiter. Wenige Kilometer vor Luino befindet sich in dem Ort **Germignaga** ein Stell-

KULTUR

SANTA CATERINA DEL SASSO BALLARO

Von Laveno sind es nur wenige Kilometer zur beeindruckenden Wallfahrtskirche Santa Caterina del Sasso Ballaro. Man stellt das Reisemobil auf dem Parkplatz ab und tritt die lohnenswerte Besichtigung des Klosters an, das der Einsiedler Alberto Besozzo im 13. Jahrhundert errichten ließ. Es wurde direkt an den steilen Fels gebaut und ist von weither sichtbar. Die Anlage umfasst die Kapelle der heiligen Caterina, ein Dominikanerkloster und eine Kirche. Neben den historischen Innenräumen und den alten Fresken begeistert natürlich der Blick über den See.

Blick vom See auf Laveno

platz. Nach wenigen Minuten trifft der Reisemobilist in Luino ein.

LEBENDIGE HANDELSSTADT

Luino ist der Hauptort an der lombardischen Küste und präsentiert sich mit einem netten Altstadtviertel. Das trubelige Handelsstädtchen bietet jeden Mittwoch einen riesigen Markt. Dann werden rund 400 Zeltbuden aufgebaut.

Highlight des Ortes ist der neugestaltete Park am Ufer des Sees, unterhalb der sehenswerten Altstadt. Hier schlendert man über eine moderne Promenade und findet viele besondere Plätze zum Rasten. Einen Blick sollte man in die Kirche San Pietro in Campagna werfen. Hier erinnert das Fresko »Anbetung der Könige« an den berühmten Renaissancemaler Bernardino Luini (um 1480–1532), der in Luino lebte.

Von Luino führt die weitere Route in östliche Richtung wieder ins schweizerische Tessin. Hierbei fährt man am Fluss Tresa entlang und erreicht den Grenzübergang bei **Ponte Tresa** (12 km). Willkommen in der Schweiz! Wenige Kilometer südlich von Ponte Tresa kann man in dem netten Ort **Lavena** mit dem Luganer See auf Tuchfühlung gehen. Nach 13 Kilometern erreicht man eine der schönsten Städte auf der Route, die freundliche Stadt Lugano am Luganer See.

Im Zentrum der schweizerischen Stadt Lugano befindet sich die Piazza della Riforma.

STILVOLLER ORT AM LUGANER SEE

Mit rund 64 000 Einwohnern ist **Lugano** die größte Stadt im Tessin. Das Gebiet der Universitätsstadt umschließt den Luganer See (*Lago di Lugano*) wie ein Hufeisen. Die Stadt selbst wiederum ist umgeben von den markanten Bergen Monte San Salvator und Monte Bré.

In Lugano herrscht ein nahezu mediterranes Klima, die Sonne scheint erfreulicherweise öfter als in den anderen Regionen der

SPECIAL

LUGANER SEE

Der rund 51 Quadratkilometer große See erstreckt sich zum Großteil auf schweizerischem Staatsgebiet. Lediglich der östliche Teil gehört zu Italien. Sein Wasserspiegel liegt 271 Meter über dem Meeresspiegel und an der tiefsten Stelle misst der See immerhin 288 Meter. Die Tiefe ist auch dafür verantwortlich, dass sich das Wasser im Sommer nur allmählich erwärmt. Der See liegt an der Südseite der Schweizer Alpen und wurde in der rund zwei Millionen Jahre andauernden Eiszeit durch den Tessin-Gletscher und den Adda-Gletscher geschaffen. Bereits die Etrusker und Kelten ließen sich an dem See nieder. Später siedelten sich auch die Römer an. Der See ist sehr algenreich, was seine Trübheit und die mitunter tiefgrüne Farbe des Wassers erklärt. Neben vielen Ausflugsschiffen verkehren zahlreiche Wassersportler auf dem Luganer See, der von den Einheimischen »Lago Ceresio« genannt wird.

Schweiz und der Gast genießt eine südländische Atmosphäre. Vor allem in der gepflegten Altstadt fühlt man sich wie in Italien, das liegt zum einen an der italienischen Sprache und zum anderen an dem typisch italienischen Stadtbild: Malerische Plätze wie die Piazza della Riforma mit netten Straßencafés und Restaurants, alte Bürgerhäuser mit Laubengängen und kopfsteingepflasterte Straßen versprühen unerwartetes italienisches Flair.

Schöne Straßenzüge sind die Via Nassa mit vielen Schmuck- und Modegeschäften und die Via Pessina mit appetitanregenden Feinkostgeschäften. Zu den vielen interessanten Bauwerken gehört der Palazzo Riva, der um 1700 errichtet wurde und über Arkaden und eine prächtige Freitreppe verfügt. Einen Blick sollte man auch in die dreischiffige Kathedrale San Lorenzo (13. und 14. Jh.) werfen, denn im Inneren beeindrucken die kunstvollen Fresken und der Marmor-Tabernakel. Ein wei-

Laveno
Kloster S. Catarina del Sasso Ballaro
17 km Uferstr.
Germignaga
2 km
Luino
Promenade
Markt
Ponte Tresa
Landesgrenze
13 km 23
Lugano
Altstadt
Parco Cirico
Standseilbahn
Schifffahrt
Luganer See
6 km 340
Landesgrenze

Ein Stopp in dem Ort Lavena am Luganer See lohnt sich.

In Lugano kann man auch Tretboote mieten.

teres schönes sakrales Bauwerk ist die Kirche Santa Maria degli Angioli (16. Jh.). Lohnenswert ist überdies der Besuch der Kunstausstellung in der Villa Favorita.

Abseits der grandiosen Bauwerke findet man in dem wundervollen Parco Civico am Ufer des Luganer Sees wieder Ruhe. Der Park ist der schönste Teil der langen Seepromenade, hier blühen unzählige Pflanzen. Der westliche Teil heißt Parco Ciani, dort steht die im Stil des Klassizismus erbaute Villa Ciani. Der 1840 errichtete Prachtbau beherbergt heute ein Museum für expressionistische und moderne Kunst (*Museo Civico di Belle Arti*). In dem reizvoll gestalteten Parco Ciani bieten sich viele Bänke zur Pause an und der Blick auf den See und die vorbeifahrenden Ausflugsschiffe ist sehr reizvoll.

Einen wesentlich grandioseren Panoramablick hat man von den Bergen Monte Bré und dem 912 Meter hohen Monte San Salvatore, beide sind über Standseilbahnen (*Funiculare*) zu erreichen (www.montesalvatore.ch). In der Nähe des Parks befinden sich auch das Casino und das »Lido di Lugano«, ein beliebtes Bad.

Die einladende Stadt Lugano und das freundliche Tessin verlässt man über die Straße 340 in östliche Richtung und erreicht rund sechs Kilometer von Lugano entfernt die schweizerisch-italienische Grenze. Die Route führt durch einige teils enge Tunnel auf italienischer Seite weiter an dem Luganer See entlang. Nach neun Kilometern verlässt man den See und im weiteren Verlauf passiert man nach **Porlezza** den kleinen See **Lago di Piano**. Jetzt sind es nur noch wenige Kilometer bis zur Stadt Menaggio (Campingplatz) am langgezogenen reizvollen Comer See. Am besten sucht man sofort den einfachen ortsnahen Campingplatz »Lido« auf. Das erspart nervende Parkplatzsuche und Parkgebühren. Willkommen am Comer See!

AM LAGO DI COMO

Der **Comer See** kann auf der Karte sofort ausfindig gemacht werden, denn er hat die Form eines umgedrehten Ypsilons. Mit viel

SPECIAL

DER COMER SEE

Der Comer See trägt auch den Namen Lario und erstreckt sich in der Lombardei. Die nüchternen Daten – Oberfläche 145 Quadratkilometer, Höhenlage 199 Meter, Länge in Luftlinie 46 Kilometer, Küstenlinie 180 Kilometer und maximale Tiefe 414 Meter – geben zwar einen groben Überblick, sagen jedoch nichts über die unvergleichliche Schönheit des See aus, dessen Entstehung sich überwiegend in der Eiszeit vollzog. Der gigantische Gletscher Abduano schuf hier eine atemberaubende Landschaft, mit Bergen, deren Füße im kristallklaren Wasser stehen. Im Norden erreichen Gebirge wie der Monte Legnone eine Höhe von beachtlichen 2609 Metern und südlich des Sees schließt sich die flachwellige Region der Brianza an, mit einigen wesentlich kleineren Seen.

Kleiner Strand am Comer See

Fantasie erkennt man ein rennendes Wesen. Das östliche »Bein« des Gewässers ist der Lecco-See. Am südlichen Ende befinden sich die Städte **Como** und **Lecco**. Während sich die mondäne Stadt Como fein herausgeputzt hat und mit lockenden Sehenswürdigkeiten und einer herrlichen Altstadt glänzen kann, führt die Industriestadt Lecco ein Schneewittchendasein.

Rund um den Comer See stößt man auf Spuren der Römer und so gehören Plinius der Ältere und Plinius der Jüngere zu den berühmtesten Söhnen der Region.

Ein mildes Klima mit hohen Niederschlägen im Frühjahr und Herbst macht aus dem Ufer des Sees ein reichhaltiges Pflanzenparadies. Die Palette reicht u. a. von Olivenbäumen über Palmen bis hin zu Rhododendren, Zitronen, Orangen und zahlreichen Rosenarten. Prächtige Gärten laden zu einem Rundgang ein und ein betörender Duft fängt sich an den gepflegten Promenaden der malerischen Ortschaften, wenn nicht gerade die Winde Tivano und Breva wehen. Sie sind die Garanten dafür, dass sich Wassersportler, genauso wie Surfer und Kite-Surfer auf dem See wohlfühlen. Manch unfreiwilliges Bad sorgt für regelrechte Abkühlung, denn es dauert lange, bis sich die Wassermassen des immerhin bis zu 414 Meter tiefen Sees erwärmt haben.

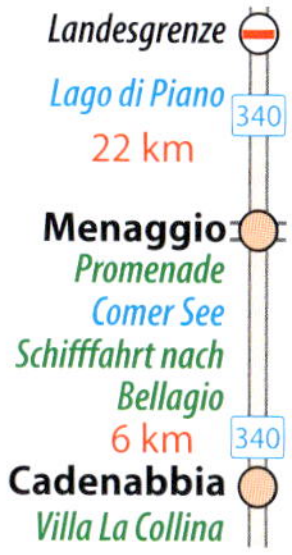

Am südlichen Ufer des Comer Sees erstreckt sich Como.

Bellagio gehört zu den schönsten Orten am Comer See.

Menaggio bietet in der Altstadt eine unverfälschte Atmosphäre.

Neben den Wassersportlern zieht es viele weitere Reisende an den See. Allerdings hält sich der Ansturm in Grenzen. Tourismus ist bis heute nicht der dominierende Wirtschaftszweig, sondern die Metall- und Maschinenbauindustrie sowie die traditionelle Seidenverarbeitung sind die Haupterwerbszweige.

Bereits im 18. Jahrhundert kamen wohlhabende Familien an den See und bauten prunkvolle, von grünen Parkanlagen umgebene Villen, die heute zu den vielen Attraktionen gehören. Ihnen folgten sehr elitäre Touristen und bis heute steht der Lario in der Gunst finanzkräftiger Urlauber ganz oben. Hier gibt es viele Luxushotels, die im Stil der Belle Époque errichtet wurden.

Aber auch Reisende, die einen naturnahen Urlaub schätzen, sind hier an der richtigen Adresse. Denn viele Campingplätze und vermehrt Stellplätze heißen Camper willkommen. Sie genießen eine Stadterkundung in den malerischen Städten wie Menaggio, Bellagio, Varenna und natürlich Como und erfreuen sich an der einfachen, aber schmackhaften Küche mit Fischgerichten, deren Hauptzutat natürlich aus dem Comer See kommt.

Mit Menaggio stößt der Reisemobilist auf einen der schönsten Orte am See.

HERRLICHE PROMENADE

Menaggio ist nicht nur das touristische, sondern auch das wirtschaftliche Zentrum am Westufer des Comer Sees. Rund 3200 Einwohner zählt der malerische Ort, dessen Herz an der Piazza Garibaldi schlägt. Hier sitzt man und trinkt in gemütlicher Atmosphäre seinen Kaffee. Danach schlendert man über die verträumte, baumbestandene Seepromenade und blickt den Anglern über die Schulter.

Mit der Fähre geht es über den Comer See nach Bellagio.

Viele Palmen und reizvoll angelegte Blumenbeete prägen die schöne Ufermeile.

Oberhalb des Städtchens, in dem noblen Villenvorort **Loveno**, steht die bekannte Villa Vigoni, die 1829 erbaut wurde und über einen reizvollen Park mit Statuen und exotischen Pflanzen verfügt. Das prachtvolle Bauwerk ist heute Sitz des deutsch-italienischen Zentrums und Ort für Tagungen und Seminare.

Menaggio ist nicht nur ein nostalgischer Ort, sondern zeigt mit seinen vielen Sportmöglichkeiten wie Golf, Tennis, Trekking, Reiten und natürlich Wassersport auch eine moderne Facette.

Von Menaggio führt die weitere Route am westlichen Ufer des Comer Sees entlang. Hierbei geht es über die Uferstraße 340 in südliche Richtung weiter. Die Straße bietet stets wunderbare Blicke auf den See. Nach wenigen Kilometern erreicht man den kleinen Ort Cadenabbia, ein Ortsteil der Gemeinde Griante.

AUSFLUG

PERLE AM LARIO

Rund 200 Meter südlich der Altstadt von Menaggio befindet sich der Fähr- und Schiffsanleger. Von dort sollte man nach Bellagio übersetzen, zur »Perle am Lario« am nördlichen Ende einer Halbinsel zwischen Lecco und Comer See. Franz Liszt, die Kaiserin von Russland oder Mark Twain waren schon hier. Das Städtchen besticht durch seine reizvolle Lage und eine grandiose Altstadt mit prächtigen alten Villen und Gassen, interessanten Geschäften, erholsamer Promenade und ruhigen Gärten. Bekannteste Gasse ist die Salita Serbelloni mit unzähligen Stufen. Spaß macht es auch, in den netten Geschäften zu stöbern, man findet traditionelle Seidenprodukte oder in dem Geschäft Nr. 18 eine riesige Auswahl an Schiffsmodellen. Sehenswert sind die Kirche San Giacomo (12. Jh.) und die Villa Serbelloni (um 1695) inmitten einer herrlichen Parkanlage. Auch erlebenswert sind die »Giardini di Villa Melzi d'Eril«, die als erste Gärten am Comer See im englischen Stil angelegt wurden (www.bellagiolakecomo.com).

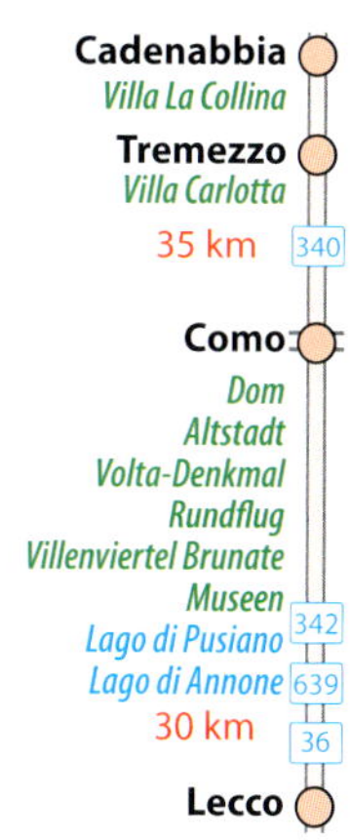

In Bellagio geht es viele Stufen hinauf in die Altstadt.

KLEINER ORT UND GROSSE GÄSTE

Über zehn Jahre hinweg verbrachte der erste deutsche Bundeskanzler Konrad Adenauer in der Villa La Collina seinen Urlaub und nannte **Griante** seine zweite Heimat. Ein anderes Bauwerk hat ebenfalls eine eigene Geschichte, denn in der stattlichen Villa Margherita Ricordi schuf der italienische Komponist Giuseppe Verdi (1813–1901) um das Jahr 1853 die bedeutende Oper »La Traviata«. Auch Königin Victoria spannte hier aus. Besuchenswert ist die Wallfahrtskirche Madonna delle Grazie.

Man fährt weiter südlich an der **Riviera delle Azalee**, der Azaleenküste, entlang und sollte rund um den Ort **Cadenabbia** und die Nachbarorte eine der zahlreichen Villen besuchen. Zu den schönsten gehört die Villa Carlotta (1747) in **Tremezzo**, die mit ihrem dicht bepflanzten Park, u.a. mit Laubengängen aus Zitrusfrüchten, ein Paradies nicht nur für Pflanzenfreunde darstellt. Hier kann man noch einmal Kraft tanken, denn die weitere Route stellt die Nerven auf eine harte Belastungsprobe.

Die Uferstraße führt teilweise über schmale Straßen mitten durch die Orte und nur wenige Tunnel tragen zur Entlastung des Verkehrs bei, daher besteht am Nachmittag ein Fahrverbot für Lkws und Wohnmobile (Schilder informieren genauer). Man braucht Zeit und Geduld, um hier voranzukommen. Erhöhte Aufmerksamkeit im Straßenverkehr verhindert, dass der Reisemobilist die Ausblicke auf den schmalen Seeabschnitt und die Prachtbauten genießen kann, die Patrizier und Geldadel teils bereits im 15. Jahrhundert errichten ließen. Vereinzelt gibt es Parkmöglichkeiten, diese sollte man auch wahrnehmen und den Blick über den südlichen Teil des Sees schweifen lassen.

Rund 35 Kilometer hinter Menaggio erreicht man die lebendige Stadt Como, ein Highlight der Route.

KULTUR

DOM VON COMO

Von der Piazza Cavour ist ein weiterer herrlicher Platz, die Piazza del Duomo, nur einen Steinwurf entfernt. Hier thront der Dom, das markanteste und imponierendste Bauwerk der Stadt, ein riesiges Kunstwerk der Steinmetze und Bildhauer. Mit dem Bau wurde 1396 begonnen und erst 1744, mit Fertigstellung der die Silhouette prägenden Kuppel, wurde der Dom vollendet. An der gotischen Fassade (1455–1486) mit Stilelementen der Renaissance sind u.a. die Statuen von Plinius dem Älteren und Plinius dem Jüngeren zu sehen. Beide wurden im 1. Jahrhundert n. Chr. in Como geboren. Die Begeisterung für die dreischiffige Basilika setzt sich im Inneren fort. Hier steht man unter der riesigen Kuppel und zieht Vergleiche mit dem Petersdom. Zu dem sehenswerten Inventar gehören neben Gemälden, Altären und farbenfrohen Glasfenstern auch neun große Wandteppiche, die im 16. Jahrhundert in Flandern, Ferrara und Florenz gefertigt wurden.

ZENTRUM DER SEIDENINDUSTRIE

Die prächtige Universitäts- und Bischofsstadt sowie Provinzhauptstadt der Lombardei **Como** beheimatet 87 000 Einwohner. Sie hat eine reizvolle Lage am südlichen Ufer des Comer Sees und bietet dem Besucher eine herrliche Altstadt. Bereits in der Vorgeschichte ließen sich hier Menschen nieder, letztlich befestigten die Römer die Stadt.

Seit dem frühen 16. Jahrhundert blüht in Como die Herstellung von Seidenprodukten und so ist der Begriff »reine Seide aus Como« (*pura seta di Como*) über die Landesgrenzen hinaus bekannt. Die **Brianza**, das Gebiet südlich von Como, war das Zentrum der Seidenraupenzucht, die den Grundstoff für die edlen Seidenprodukte lieferte. Heute kommen die Garne kostengünstiger aus China.

Im Laufe der Geschichte übernahmen die Spanier, die Österreicher, die Franzosen und schließlich wieder die Österreicher die Herrschaft über Como. Seit 1859 ist Como italienisch und eine stolze und sehenswerte Stadt zugleich. Die vielen Patriziervillen aus dem 18. und 19. Jahrhundert entlang des Sees zeugen von dem einstigen Wohlstand der Stadt.

Comos Herz schlägt an der Piazza Cavour, dem Hauptplatz der Stadt, der ab und zu überflutet wird. Dieser lebendige Platz ist von prächtigen Häusern umgeben und öffnet sich zum See. Hier trinkt man im Straßencafé seinen Espresso und schaut den Ausflugsschiffen und bunten Tretbooten beim An- und Ablegen zu, bevor man an der Promenade entlangschlendert oder selbst ein Ausflugsschiff betritt.

Erst am Abend kehrt in den Gassen von Como wieder Ruhe ein.

Zu den auffälligen Bauwerken in Como zählt in erster Linie das Soldatendenkmal.

Die mächtige Kuppel prägt die Silhouette des Domes von Como.

Nicht weit entfernt befinden sich der öffentliche Park mit einem auffallenden Widerstandsdenkmal und das sich hoch auftürmende Denkmal, das an die Kriegsopfer des Ersten Weltkrieges erinnert. Dazwischen liegt der klassizistische Tempel von 1928, ein Mausoleum, das Alessandro Volta (1745–1827), dem berühmtesten Sohn der Stadt, gewidmet ist. Er ist der Erfinder der elektrischen Batterie und wurde in Como geboren. In dem monumentalen Bau ist heute das Museum »Tempio Voltiano« untergebracht, das über Erfindungen des Physikers informiert. Weitere interessante Museen sind das Archäologische Museum, das Historische Museum, das Kunstmuseum oder das Seidenmuseum.

AUSFLUG

VOGELPERSPEKTIVE

Den Stadtbesuch abschließen sollte man mit dem Blick aus der Vogelperspektive. Mit der Standseilbahn geht es hinauf zu dem kleinen Villenviertel Brunate. Von hier aus kann man rund 500 Meter über dem See den herrlichen Blick auf Como und den Comer See genießen. Wer das Besondere liebt, wird sich auch über einen Flug mit dem Wasserflugzeug freuen. Hierbei geht es über den Comer See oder bei einer längeren Runde über die drei Seen, die man auf der bisherigen Wohnmobilreise kennengelernt hat (www.aeroclubcomo.com).

Ein Rundgang durch die historische Altstadt mit einer Vielzahl von Restaurants, Feinkostgeschäften und Boutiquen in alten Bauwerken ist Vergnügen pur. Besondere Aufmerksamkeit verdienen der stolze Stadtturm Broletto, die Kirche San Fedele und die drei zu besichtigenden Villen: Villa La Rotonda, Villa Gallia und Villa Olmo.

In Como sagt man dem Comer See vorerst »arrivederci«, denn die weitere Route führt durch die Brianza nach Lecco. Zunächst geht es über die Straße 342 in Richtung Erba und später über die Straße 639 weiter Richtung Erba und Lecco. Hierbei passiert man den **Lago di Pusiano** und sieht nördlich der Straße größere Steinbrüche und lange Transportseilbahnen bei **Pusiano**. Im weiteren Verlauf stößt man auf die Straße 36, die vorbei an einem weiteren See der Brianza, dem **Lago di Annone**, nach Lecco führt (Entfernung Como–Lecco 30 km).

Lecco ist eine Industriestadt, die man getrost passieren kann. Man folgt nun der Ausschilderung Sondrio und fährt auf der zweispurigen Schnellstraße 36 in nördliche Richtung. Hier kommt man zügig voran und nach den Tunneln hat man immer wieder schöne Ausblicke auf den Lecco-See. In **Bellano** sollte man die höher liegende Schnellstraße verlassen. Die Abfahrt führt in Serpentinen hinunter auf die Uferstraße und nach rund fünf Kilometern auf der parallel verlaufenden Küstenstraße gelangt man nach Varenna. Bereits am Ortseingang sollte man sich nach Parkplätzen umsehen. Willkommen in einer der schönsten Städte am Comer See!

BEZAUBERND VERSCHLAFEN

In **Varenna** lohnt ein Spaziergang, den man am Fähranleger beginnen sollte. An dem Ufer entlang kann man bestens die friedliche Atmosphäre des 800-Seelen-Örtchens einfangen. In der Hauptsaison allerdings geht es in Varenna weitaus lebendiger zu. Der Weg führt über eine am Felsen hängende Promenade am See entlang und an der empfehlenswerten Eisdiele La Giazzéra vorbei. Dann geht es über uraltes Kopfsteinpflaster und kühles Mauerwerk durch den reizvollen Ort.

Der Besuch des Parks »Villa Monastero« in Varenna ist ein Höhepunkt des Urlaubs.

Zwischen dem See und den bewaldeten Hängen hat sich schon zur Römerzeit ein Dörfchen entwickelt. Im Zentrum steht die alte Pfarrkirche San Giorgio aus dem 12. Jahrhundert mit sehenswerten Fresken. Der hohe Turm bestimmt die Silhouette des Dorfes. Weitere stolze Bauwerke sind die Villa Cipressi und das Castello di Vezio.

Folgt man der Straße in südliche Richtung, gelangt man nach wenigen 100 Metern zur Villa Monastero mit einem botanischen Garten, dem vielleicht schönsten Fleckchen am Comer See. Die Villa Monastero geht auf das Kloster Santa Maria aus dem 13. Jahrhundert zurück und wurde im 16. und 17. Jahrhundert zu einer Sommerresidenz umgebaut. Heute finden hier Tagungen und Konferenzen statt. Umgeben ist das prunkvolle Haus von einem wunderschönen Park, in dem eine Vielzahl interessanter Pflanzen zu sehen ist. Man sitzt im Schatten großer Palmen und blickt auf den See und das malerische Örtchen. Nirgendwo anders kann man den Charme des Comer Sees besser einfangen als hier (www.villamonastero.eu).

Varenna verlässt man über die Küstenstraße in nördliche Richtung und passiert nach fünf Kilometern den Ort Bellano. Auf der Strecke stehen vereinzelt Parkplätze zur Verfügung, an denen sich ein Stopp und der Blick über den See lohnen. In Bellano selbst sollte man eine Runde drehen, denn der Ort hat so manche Attraktion zu bieten.

Idylle pur herrscht in Varenna.

In Bellano sollte man mal einen Blick in die Kirche Santi Nazaro e Celso werfen.

AUTHENTISCHE ATMOSPHÄRE

Auf den ersten Blick ist **Bellano** ein authentisches Dorf, in dem sich rund 3200 Bürger wohlfühlen. Gleiches gilt für den Besucher, der über die Uferpromenade schlendert, am kleinen Hafenbecken steht und durch die Gassen zur sehenswerten Kirche Santi Nazaro e Celso geht. Sie wurde Mitte des 14. Jahrhunderts erbaut und gehört zu den wichtigsten Bauwerken der Stadt.

Von der Kirche sind es wenige Gehminuten zur Hauptattraktion, der abenteuerlichen Klamm Orrido. Hier hat sich der Fluss Pioverna tief in den Felsen geschnitten. Über Stege geht man durch die Klamm, erfreut sich an der kühlenden Luft und blickt hinunter auf das tosende Wasser.

Über die Uferstraße verlässt der Reisemobilist das Städtchen und erreicht nach sieben Kilometern das Dorf Corenno Plinio. In dem kleinen Dorf mit seinen teils mittelalterlichen Häusern fühlt man sich um Jahrhunderte zurückversetzt.

Wenige Schritte sind es von der Altstadt Bellano zur Klamm Orrido.

KLEINES FESTUNGSDORF

Der besondere Name des ehemaligen Festungsdorfes **Corenno Plinio** geht auf Plinius den Älteren zurück. Enge Gassen und urige Häuser gruppieren sich um die Kirche Sankt Thomas von Canterbury, die erstmalig im Jahre 1290 erwähnt wurde. Ein Blick in das historische Gotteshaus lohnt, es ist mit Fresken aus dem 14. bis 16. Jahrhundert ausgestattet. Nebenan steht die Burg von Corenna. Sie wurde im 14. Jahrhundert als Ver-

Kleiner Hafen in Bellano

teidigungsanlage vom Grafen Andriani erbaut, ist heute eine Ruine und verfügt über zwei Türme.

Geht man durch die engen Gassen die alten Stufen hinunter zum See, so erreicht man das alte Hafenbecken. Hier sollte man Platz nehmen, den Blick über den See schweifen lassen und die Ruhe genießen. An diesem Platz kann man wie an kaum einer anderen Stelle am Comer See die Seele baumeln lassen.

Von Corenno Plinio ist es ein Katzensprung von drei Kilometern bis zur Abzweigung auf die **Olgiasca-Halbinsel**. Mit einem kompakten Reisemobil oder einem Campingbus kann man über die Halbinsel zum Kloster Abbazia di Piona fahren (2 km). Zunächst geht es hinauf in eine Siedlung und dann über eine alte Steinstraße durch einen Wald hinunter zum Kloster. Ist das Mobil zu groß, kann man das sehenswerte Kloster auch mit dem Ausflugsschiff, z. B. von Colico oder Dongo aus, ansteuern.

Im weiteren Verlauf der Route passiert man die große Bucht **Laghetto di Piona** mit türkis schimmerndem Wasser und erreicht später den Ort Colico, der sich als Etappenziel anbietet. Hier sollte man den ausgezeichneten Wohnmobilstellplatz anfahren. Hierzu folgt man dem Schild »Wohnmobil Ver- und

KULTUR

KLOSTER ABBAZIA DI PIONA

Am nördlichen Ende der Olgiasca-Halbinsel im Norden des Comer Sees befindet sich das sehenswerte Kloster Abbazia di Piona, das eine unvergleichliche Ruhe und friedliche Atmosphäre vermittelt. Zisterzienser-Mönche leben hier und bewirtschaften das Land. Einige ihrer Produkte wie Honig oder Handarbeiten gibt es direkt in einem kleinen Laden zu kaufen. Der Bischof Agrippino von Como gründete im 7. Jahrhundert das Kloster. Die Kirche wurde im Jahre 1138 und der Glockenturm im 18. Jahrhundert fertiggestellt. Im Inneren beeindrucken die z. T. erhaltenen Fresken aus dem 13. Jahrhundert. Umgeben ist die Klosteranlage von einem Olivenhain und von der großen Terrasse vor der Kirche ist der Blick über den Comer See herrlich. Auf der Halbinsel kann man auch eine einfache, fünf Kilometer lange Rundwanderung unternehmen. Hierbei hat man einen herrlichen Ausblick auf den Comer See und die Bucht Laghetto di Piona.

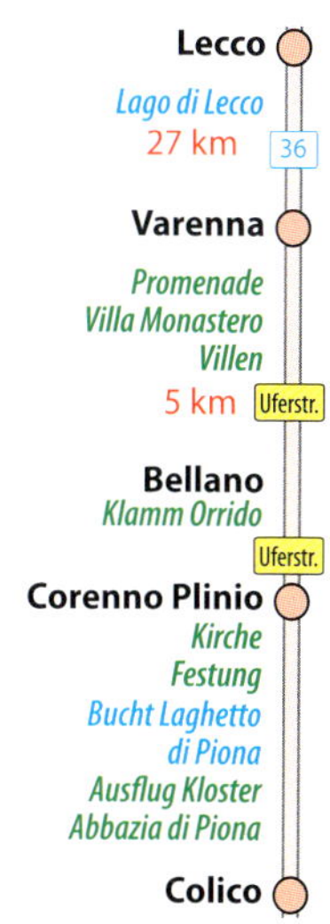

Ein Rundgang lohnt sich in Dongo.

Entsorgung« und neben dem Restaurant L'Ontano befindet sich der Stellplatz.

ZEIT FÜR AKTIVITÄTEN

Colico liegt im Mündungsgebiet des Flusses Adda und ist mit rund 7700 Einwohnern die wichtigste Stadt am nördlichen Comer See. Bei einem kurzen Spaziergang kann man schnell die freundliche Atmosphäre des netten Städtchens einfangen und entweder die Promenade entlangschlendern oder unter den vielen Restaurants ein passendes Lokal auswählen. Rund um die ansprechend gestaltete Piazza Garibaldi bieten sich einige Gastronomiebetriebe zur Einkehr an.

Wer in Colico länger bleiben möchte, sollte sich mit dem Schiff befördern lassen und so auf angenehme Weise die schönen Uferstädtchen kennenlernen. Auch wer ausspannen möchte, ist in Colico bestens aufgehoben, denn der Ort bietet schöne Badeplätze. Bei Aktivurlaubern steht der Ort besonders hoch im Kurs, denn dank des Windes Breva sind die Windverhältnisse für Surfer und Kite-Surfer optimal.

Das Kloster Abazzia di Piona verfügt über eine Kirche aus dem 12. Jahrhundert.

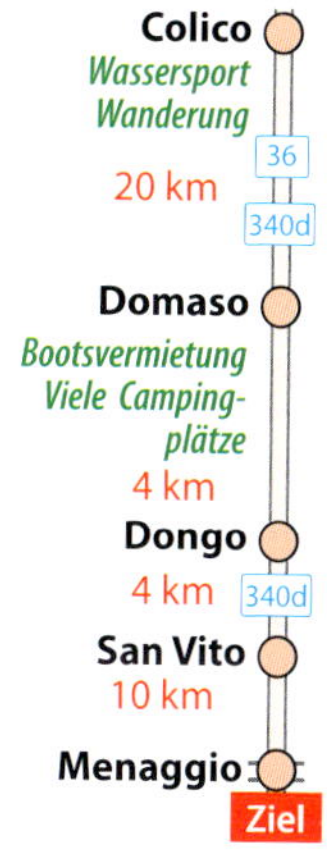

Colico liegt am Fuße hoher Berge wie dem Monte Legnone, der sich immerhin 2609 Meter in die Höhe reckt, und so sind auch reizvolle Wanderungen möglich.

Sicherlich gut erholt verlässt der Reisemobilist Colico und umrundet zunächst das nördliche Endes des Comer Sees über die Straße 36 und weiter über die 340 d. Nach 20 Kilometern ist Domaso erreicht.

VIELE CAMPINGPLÄTZE

Das nette Örtchen **Domaso** stellt wegen seiner vielen Campingplätze und der langen Badestrände eine Besonderheit dar. Bereits am Ortseingang liegen viele Campingplätze zwischen der Straße und der Uferpromenade, über die man dann bequem die nette Altstadt mit der Pfarrkirche San Bartolomeo aus dem 13. Jahrhundert erreicht. Am Hafen heißen einige Restaurants ihre Gäste willkommen.

In den Bergen westlich von Domaso kann man gut wandern und mountainbiken. In Domaso selbst kann man Boote mieten. Am Ortseingang von Domaso, links der Straße, befindet sich an der Marina z. B. der Vercharterer Comolakeboats, der Motor- und Segelboote verleiht (www.comolakeboats.it).

Die Straße 340 d führt weiter nach **Dongo**, ein kleiner Seeort, der sich als Urlaubsort etabliert hat. Hauptattraktion ist die romanische Kirche Santa Maria in Martinico aus dem 11. Jahrhundert. Auf der weiteren Route zum Ausgangspunkt der Strecke rund um den Comer See, dem Städtchen Menaggio, lohnt ein Stopp in dem Dorf **San Vito**. Das Dorf ist Teil der Gemeinde Cremia und bietet mit der Ortschaft am See einen erholsamen Abschluss der Reise. Rund um die Kirche San Vito locken Strand, Campingplatz und Gastronomiebetriebe (www.comune.cremia.co.it).

Von San Vito fährt man durch einige Tunnel wenige Kilometer bis nach **Menaggio**. Eine empfehlenswerte Rückreiseroute führt über Lugano und die Tessiner Autobahn A 2 in nördliche Richtung zum St.-Gotthard-Tunnel (Vignette und Maut!).

SPECIAL

GUT SPEISEN

In niveauvoller Atmosphäre, vorzüglich und zu angemessenen Preisen speisen, das kann man in dem Hotel Risi in Colico (Via Lungo Lario Polti 1). Es befindet sich an der Promenade, gegenüber vom Schiffsanleger. Das Hotelrestaurant bietet dem Gast eine große Auswahl an Pizza- und Pastagerichten. Die schmackhaften Pizzen stillen jeden Hunger und ragen weit über den Tellerrand hinaus (www.hotelrisi.com).

Blick über San Vito und den Comer See

PRAKTISCHE HINWEISE

KARTE

Marco Polo Karte Italien, Blatt 2 Lombardei, Oberitalienische Seen, 1:200 000

TOURISTINFORMATIONEN

Touristeninformation Locarno, Piazza Stazione (Bahnhof), 6600 Locarno-Muralto, Tel. +41 848 091091, www.ascona-locarno.com

Touristeninformation Ascona, Viale Papio 5, 6612 Ascona, Tel. +41 848 091091, www.ascona-locarno.com

Touristeninformation Stresa, Via Cavour 14, 28838 Stresa, Tel. +39 0323 31308, www.visitstresa.com

Touristeninfo Lugano, Piazza delle Riforma, Palazzo Civico, 6900 Lugano, Tel. +41 58 8666600, www.luganoturismo.ch

I.A.T. Como, Piazza Cavour 17, 22100 Como, Tel. +39 031 304137, www.visitcomo.eu, www.lakecomo.it

CAMPING- UND STELLPLÄTZE

S 100 **Locarno** (Lago Maggiore): Stellplatz Locarno (S. 274 B4)
GPS: N 46°9'38" E 88°48'9"
Rund 1 km südlich des Zentrums von Locarno steht man an der Via alla Lanca degli Stornazzi auf dem einfachen Stellplatz. Das moderne Wellnessbad »Lido« mit Seeblick ist rund 200 m entfernt.
Adresse: Via alla Lanca degli Stornazzi, 6600 Locarno

C 101 **Locarno** (Lago Maggiore): Camping Delta (S. 274 B4)
GPS: N 46°9'21" E 8°48'10"
Der schöne 5-Sterne-Campingplatz erstreckt sich südlich von Locarno, direkt am See. Er verfügt über ein parkähnliches elände, teils mit subtropischer Flora. Er ist bestens ausgestattet und verfügt u. a. über Restaurant-Pizzeria, Supermarkt, Kinderspielplätze, Kajak- und Fahrradvermietung. Darüber hinaus bietet der Campingplatz auch einen Sandstrand.
Adresse: Via Respini 27, 6600 Locarno, Tel. +41 91 7516081, www.campingdelta.com

Stellplatz in Locarno

C 102 **Cannobio** (Lago Maggiore): Camping Riviera (S. 274 B4)
GPS: N 46°4′8″ E 8°41′44″
Unweit des netten Ortes Cannobio hat der Campingplatz eine schöne Lage am See. Der rund 100 m lange Kiesstrand ermöglicht Badefreuden.
Adresse: Via Casali Darbedo 2, 28822 Cannobio, Tel. +39 0323 71360, www.riviera-valleromantica.com

C 103 **Cannobio** (Lago Maggiore): Camping Del Sole (S. 274 B4)
GPS: N 46°4′0″ E 8°41′42″
Am Rand des Zentrums von Cannobio ruhig gelegen, verfügt der Campingplatz über ebene und parzellierte Stellplätze. Zur Ausstattung gehören u. a. ein Schwimmbad und ein Restaurant. Zum See sind es rund 50 m.
Adresse: Via Sotto i Chiosi 81 A, 28822 Cannobio, Tel. +39 0323 70732, www.campingsole.it

S 104 **Cannobio** (Lago Maggiore): Stellplatz am Flussufer (S. 274 B4)
GPS: N 46°3′42″ E 8°41′32″
In der Nähe des Stadtzentrums, am südlichen Ufer des Flusses Cannobino, befindet sich ein Stellplatz. Rund 50 Reisemobile finden auf der ebenen Fläche ausreichend Platz. Die Fahrzeuge stehen auf Rasengit-

Oben: Stellplatz in Cannobio

Links oben: Campingplatz »Camping del Sole« in Cannobio

tersteinen, teilweise unter Bäumen. Einfaches Sanitärhaus, Ver- und Entsorgungsmöglichkeiten sind vorhanden.
Adresse: Via San Rocco, 28822 Cannobio, Tel. +39 0323 71212, www.cannobio.net

S 105 **Oggebbio** (Lago Maggiore): Stellplatz Oggebbio (S. 274 B5)
GPS: N 45°59'48'' E 8°39'13''
Ein Highlight unter den Unterkunftsmöglichkeiten in diesem Buch ist der Stellplatz von Oggebbio. Im Ort führt von der Straße SS 34 eine beschilderte, enge und steile Straße hinauf zum tollen Platz. Diese Zufahrtsstraße wirkt wie eine Hotelzufahrt. Nach wenigen 100 m erreicht man den parzellierten Stellplatz mit eigenen Aussichtsterrassen. Hier hat man einen ungestörten Blick über den Lago Maggiore.
Zur Ausstattung des kostenpflichtigen Platzes gehören Stromsäulen und Wasser am Platz, ein kleines Sanitärgebäude und Ver- und Entsorgung.
Adresse: Via Martiri, 28824 Oggebbio, Tel. +39 0335 6069126, www.areacamperoggebbio.it

S 106 **Verbania** (Lago Maggiore): Stellplatz Viala Azari (S. 274 B5)
GPS: N 45°55'51'' E 8°33'12''
In Verbania, in dem Stadtteil Pallanza, stehen mehr als 30 markierte Stellflächen auf einem asphaltierten Stellplatz zur Verfügung. Zum Ufer des Lago Maggiore beträgt die Entfernung nur rund 1 km.
Adresse: Viale Azari 97, 28922 Verbania

Am Rande von Germignaga, nahe des Lago Maggiore, steht ein Stellplatz zur Verfügung.

C 107 **Fondotoce di Verbania** (Lago Maggiore): Camping Village Isolino (S. 274 B5)
GPS: N 45°56'22'' E 8°29'57''
Der gut und umfangreich ausgestattete Campingplatz bietet sich für einen längeren Aufenthalt an. Er gehört zu den besten am Lago Maggiore und liegt am Borromäischen Golf. Teilweise hat der Camper einen herrlichen Blick über den See. Die Stellplätze sind überwiegend auf ebenen und leicht geneigten Wiesenflächen.
Zu den Pluspunkten gehört neben dem Strand und der Badelandschaft auch der Verleih von Booten und Fahrrädern. Die Städte Verbania und Stresa sind nur wenige Kilometer entfernt.
Adresse: Via per Feriolo 25, 28924 Fondotoce di Verbania, Tel. +39 03234 496080, www.isolino.it

S 108 **Mergozzo** (Lago di Mergozzo): Stellplatz (S. 274 B5)
GPS: N 45°57'43'' E 8°26'36''
Westlich vom Borromäischen Golf befindet sich der kleine See Lago di Mergozzo. Am Rande des Örtchens Mergozzo befindet sich der Stellplatz. Hier stehen wenige markierte Stellplätze auf dem Parkplatz sowie eine Ver- und Entsorgungsmöglichkeit zur Verfügung. Zum See sind es rund 50 m.
Adresse: Via Sempione 49, 28802 Mergozzo

C 109 **Feriolo** (Lago Maggiore): Camping Conca d'Oro (S. 274 B5)
GPS: N 45°56'10'' E 8°29'12''
Direkt am Borromäischen Golf, an der Mündung des Flusses Stronette, liegt der empfehlenswerte Campingplatz. Er ist gut ausgestattet und bietet ein ebenes Wiesengelände sowie einen langen Sandstrand.
Adresse: Via 42 Martiri 26, 28835 Feriolo di Baveno, Tel. +39 0323 28116, www.concadoro.it

S 110 **Baveno** (Lago Maggiore): Stellplatz Area di Sosta Camper Comunale (S. 274 B5)

GPS: N 45°54′40″ E 8°30′2″
Der Stellplatz befindet sich im Stadtzentrum von Baveno, in der Nähe der Bahnlinie. Auf der großen ebenen und gepflasterten Fläche »Piazza Umberto Giordano« können rund 20 Reisemobile stehen. Nur wenige Gehminuten sind es zum Zentrum von Baveno und zur Promenade.
Adresse: Piazza Umberto Giordano, 28831 Baveno

C 111 **Dormelletto** (Lago Maggiore): Lago Azzurro Camping (S. 274 B6)
GPS: N 45°44′15″ E 8°34′35″
Der Campingplatz befindet sich im Süden des Lago Maggiore in der Nähe von Dormelletto. Er bietet einen Sandstrand und ebene Stellplätze, teilweise unter Bäumen.
Adresse: Via Fermi 2, 28040 Dormelletto, Tel. +39 0322 497197, www.campinglagoazzurro.it

C 112 **Dormelletto** (Lago Maggiore): Campingplatz Camping Village Lago Maggiore (S. 274 B6)
GPS: N 45°44′08″ E 8°34′32″
Der bestens ausgestattete und große Campingplatz hat eine reizvolle Lage am See und verfügt über einen Strand. Er liegt nördlich vom Kern des Ortes Dormelletto. Für das Reisemobil stehen parzellierte Stellflächen zur Verfügung. Zur guten Ausstattung gehören auch ein Schwimmbad, Animation, Busfahrten u. a. nach Mailand und ein Restaurant.
Adresse: Via Salvador Dali 2, 28040 Dormelletto, Tel. +39 0322 497193, www.lagomag.com

S 113 **Germignaga** (Lago Maggiore): Stellplatz Area Sosta Comunale (S. 274 B5)
GPS: N 45°59′46″ E 8°43′27″
Der Stellplatz befindet sich direkt am See und an der östlichen Uferstraße. Das Reisemobil steht hier auf asphaltierten und markierten Stellflächen. Für Ver- und Entsor-

Camping International in Lavena-Ponte Tresa

Camping Village Lago Maggiore bei Dormelletto

gung ist gesorgt. Eine Bademöglichkeit befindet sich in der Nähe.
Adresse: Via Bodmer, 21010 Germignaga

C 114 **Ponte Tresa** (Luganer See): Campingplatz International Camping (S. 274 C5)
GPS: N 45°57'36''' E 8°51'48''
In dem Grenzort Lavena-Ponte Tresa, auf der italienischen Seite, befindet sich der kleine und familiäre Campingplatz direkt am See. Er liegt an der Durchfahrtstraße und verfügt über teils kleine parzellierte Plätze. Über die Promenade kann man nach wenigen Gehminuten die Grenze erreichen, und nach Lavena mit seinen guten Restaurants sind es ebenso nur einige Minuten.
Adresse: Via Marconi 18, 21037 Lavena-Ponte Tresa, Tel. +39 0332 550117, www.campinginternational.com

C 115 **Muzzano** (Luganer See): TCS-Camping Lugano (S. 274 C5)
GPS: N 45°59'43'' E 8°54'30''
Der Campingplatz befindet sich direkt am Luganer See, einige Kilometer westlich von Lugano nahe des Ortes Agno. Er verfügt über eine eigene Uferlinie und man steht auf einem ebenen Wiesengelände. Der Platz ist sehr umfangreich ausgestattet und ganzjährig geöffnet. Zur guten Ausstattung gehört auch ein Schwimmbad.
Adresse: Via alla Foce 14, 6933 Muzzano, Tel. +41 91 9947788

C 116 **Melano** (Luganer See): Campingplatz Paradiso Lago (S. 274 C5)
GPS: N 45°55'24'' E 8°58'45''
Am südlichen Ausläufer des Luganer Sees, nahe des Ortes Melano, befindet sich der ganzjährig geöffnete Campingplatz. Er verfügt über einen schönen Strand und bietet die Möglichkeit zum Wassersport. Man steht auf einem leicht geneigten Wiesengelände, teilweise unter Schatten spendenden Bäumen.
Adresse: Via Pedreta 26, 6818 Melano, Tel. +41 91 6482863, www.camping.paradiso.ch

C 117 **Menaggio** (Comer See): Camping Europa (S. 274 D4)
GPS: N 46°01'32'' E 9°14'20''
Der einfache Campingplatz befindet sich nördlich von Menaggio. Nach wenigen 100 m erreicht man die Promenade und schlendert in den netten Ort. Auf dem Platz steht man am Ufer, durch einen Zaun getrennt. Die Plätze sind überwiegend eben und das Reisemobil steht unter Bäumen.
Adresse: Via dei Cipressi 16, 22017 Menaggio, Tel. +39 0344 31187, www.campingeuropamenaggio.it

Campingplatz »Camping Internazionale«, fünf Kilometer von Como entfernt

In Colico liegt der Stellplatz direkt am Badestrand.

S 118 **Menaggio** (Comer See): Stellplatz Via Armando Diaz (S. 274 D4)
GPS: N 46°01'29" E 9°14'21"
Zwischen der Straße Via Armando Diaz und dem Ufer steht ein einfacher Parkplatz zur Übernachtung zur Verfügung.
Adresse: Via Armando Diaz 12, 22017 Menaggio

S 119 **Tavernola/Como** (Comer See): Stellplatz Area Camper Como (S. 274 C5)
GPS: N 45°50'6" E 9°3'39"
Der Stellplatz liegt wenige Kilometer nördlich von Como in dem Ort Tavernola. Hier stehen rund 10 Parzellen in der Nähe des Sportzentrums zur Verfügung. Der Stellplatz bietet auch Ver- und Entsorgungsmöglichkeiten.
Adresse: Via Brennero 7, 22100 Como-Tavernola

C 120 **Como** (Comer See): Camping Internazionale (S. 274 C5)
GPS: N 45°46'58" E 9°03'38"
Der einfache Campingplatz befindet sich rund 5 km südlich von der Comer Altstadt. Das Wiesengelände ist überwiegend eben und schattig. Das Sanitärgebäude ist einfach. Ein Restaurant auf dem Platz steht zur Verfügung.
Adresse: Via Cecilio 21, 22100 Como, Tel. +39 031 521435

S 121 **Como** (Comer See): Stellplatz Parkplatz Via Aldo Moro (S. 274 C5)
GPS: N 45°48'10" E 9°5'30"
Lediglich wenige markierte Plätze für Reisemobile stehen auf dem Parkplatz in der Via Aldo Moro, rund 1,5 km südlich der Altstadt, bereit. Der Parkplatz ist asphaltiert und eben und verfügt über eine Ver- und Entsorgungsstation.
Adresse: Via Aldo Moro, 22100 Como

S 122 **Mandello del Lario** (Lago di Lecco): Stellplatz Via Giulio Cesare (S. 274 D5)
GPS: N 45°55'06" E 9°18'57"
In dem Ort Mandello del Lario befindet sich der Stellplatz, der zwölf Reisemobilen Platz bietet. Das Reisemobil steht auf einer ebenen und asphaltierten Fläche. Am Platz befinden sich auch Ver- und Entsorgungsmöglichkeiten. Zum Seeufer sind es rund 300 m. Adresse: Via Giulio Cesare, 23826 Mandello del Lario

C 123 **Dervio** (Comer See): Campingplatz Europa (S. 274 D4)
GPS: N 46°06'17" E 9°18'13"
Der Campingplatz befindet sich in dem kleinen Ort Dervio am südwestlichen Ufer neben einer Werft. Er verfügt über einen langen Strand.
Adresse: Via Guglielmo Marconi 10, 23824 Dervio, Tel. +39 0341 850289

Campingplatz Madonnina in Domaso

S 124 **Colico** (Comer See): Stellplatz am Restaurant L'Ontano (S. 274 D4)
GPS: N 46°8'31" E 9°22'28"
Über diesen Stellplatz wird sich jeder Reisemobilist freuen. Er verfügt über rund 20 ebene Stellplätze unter einer Schattenüberdachung. Nebenan befinden sich eine große Liegewiese und das Seeufer. Hier fühlen sich auch Surfer- und Kite-Surfer wohl, die für ihr sportliches Equipment eine große Aufbewahrungsbox mieten können. Im modernen Restaurant mit Blick auf den See kann man gut speisen und ekommt von den Surfern eine kostenlose Vorstellung geboten. Der Weg in die Stadt führt am Hafen vorbei und beansprucht rund 15 Minuten.
Adresse: Via Montecchio Nord 27,
23823 Colico, Tel. +39 0341 941782,
www.ontano.net

C 125 **Sorico** (Comer See):
Camping La Riva (S. 274 D4)
GPS: N 46°10'14" E 9°23'33"
Rund um den Ort Sorico im Norden des Comer Sees halten viele Campingplätze ihre Stellplätze bereit. Empfehlenswert ist u. a. »Camping La Riva«. Der Campingplatz befindet sich am nördlichen Ufer des Flusses Mera, rund 1,5 km östlich des Sees. Die Straße 340 d führt am Campingplatz vorbei. Der Campingplatz bietet u. a. einen Strand am Flussufer.
Adresse: Via Poncione 3,
22010 Sorico, Tel. +39 0344 94571,
www.campinglariva.com

C 126 **Domaso** (Comer See):
Camping Le Vele (S. 274 D4)
GPS: N 46°9'16" E 9°20'12"
Der kleine Ort Domaso bietet einige Campingplätze. Sie befinden sich nördlich der Altstadt zwischen Hauptstraße und Ufer. Empfehlenswert ist der Campingplatz »Le Vele« mit ebenen Stellplätzen auf einem Wiesengelände. Zum kleinen Strand sind es nur wenige Meter, ein neues Sanitärgebäude und die Lage an der Promenade machen ihn zu einem idealen Platz für mehrere Urlaubstage. Die Anfahrt erfolgt durch eine

schmale, von Hecken gesäumte Straße. Adresse: Via Case Sparse 244, 22013 Domaso, Tel. +39 0344 965049, www.levele.domaso.it

C 127 **Domaso** (Comer See): Camping Gardenia (S. 274 D4)
GPS: N 46°9'9" E 9°20'7"
Rund 500 m vom Ortskern des kleinen Städtchens Domaso entfernt, bietet der Campingplatz ebene Stellplätze, hohe Bäume und einen Zugang zum Kiesstrand. Adresse: Via Case Sparse 164, 22013 Domaso, Tel. +39 0344 96262, www.campingdomaso.com

C 128 **Domaso** (Comer See): Camping Madonnina (S. 274 D4)
GPS: N 46°08'58" E 9°19'46"
Der kleine Campingplatz liegt ganz nah an dem netten Dorfkern von Domaso. Nur wenige 100 m sind es über die Promenade zum Dorfplatz. Der Campingplatz bietet ebene Rasenflächen, einen Strand, einen Mini-Markt, einen Bootsanleger und ein Restaurant.
Adresse: Via Garibaldi 4, 22013 Domaso, Tel. +39 0344 96075, www.campingmadonnina.com

C 129 **Dongo** (Comer See): Campingplatz La Breva (S. 274 D4)
GPS: N 46°7'33" E 9°17'2"
Rund 300 m östlich des Ortszentrums von Dongo befindet sich der Campingplatz. Teilweise hat der Camper von den überwiegend ebenen Stellplätzen auch einen Blick über den See. Erfreulicherweise verfügt der Campingplatz über einen langen Strand. Adresse: Via Cimitero 19, 22014 Dongo, Tel. +39 0344 80017, www.campinglabreva.com

C 130 **San Vito** (Comer See): Campingplatz Aurora (S. 274 D4)
GPS: N 46°05'21" E 9°16'46"
In dem Dorf San Vito liegt der kleine Campingplatz direkt am Ufer des Comer Sees und erfreut sich großer Beliebtheit, insbesondere bei Surfern. Hier steht das Reisemobil auf einer ebenen Wiese. Der Kiesstrand befindet sich gleich nebenan. Adresse: Loc. San Vito, 22010 Cremia, Tel. +39 0344 86244, www.campeggioaurora.it

Bei Surfern ist der Campingplatz »Camping Aurora« in San Vito sehr beliebt.

2 UM DEN GRÖSSTEN UND BELIEBTESTEN SEE ITALIENS

Gardasee-Rundreise mit Abstecher nach Verona

Einfach schön und erholsam ist ein Urlaub an dem beliebten »Lago di Garda«, welcher mit dem Reisemobil gut zu erreichen ist. Eine Tour mit dem Wohnmobil rund um den Gardasee ist daher ein Genuss, den man sich einmal gönnen sollte. Die Rundreise im Uhrzeigersinn führt größtenteils über die östliche Uferstraße Gardesana Orientale und die westliche Uferstraße Gardesana Occidentale an dem See entlang. Sie bietet malerische Städte, herrliche Ausblicke, viele Aktivitäten und mediterrane Atmosphäre im Süden der Alpen. Ein Highlight stellt der Abstecher zur Opernstadt Verona dar.

Limone gehört zu den Highlights am Gardasee!

Obwohl gerade für Urlauber aus Süddeutschland der Gardasee »fast« vor der Tür liegt, taucht man schnell in eine wahrlich andere Welt ein. Denn hier erlebt man Dolce Vita, gepaart mit mediterranem Klima, einer außergewöhnlichen Flora, einer kulturellen Vielfalt und einem tollen Freizeitangebot an und auf dem Wasser. Die touristische Infrastruktur ist vorbildlich und für italienische Verhältnisse unvergleichlich. Wer mit dem Wohnmobil anreist, wird ein ideales Urlaubsziel vorfinden.

Eine Uferlinie von genau 158,4 Kilometern bietet Strände zum Relaxen, kleine und große Häfen als Ausgangspunkt für Wassersport, herrliche Seepromenaden zum Flanieren und schließlich lotrechte Felsen zum Staunen. Der Gardasee ist vielseitig und Gleiches gilt für das Landschaftsbild. Während im Norden hohe Berge wie das Monte-Baldo-Massiv das Bild prägen, wird es im südlichen Bereich tischeben. In der Eiszeit schuf der mächtige Etsch-Sarca-Gletscher die Landschaft, dieser ist auch für die besondere Tiefe des Sees verantwortlich: Die tiefste Stelle des 51,6 Kilometer langen Sees misst beachtliche 346 Meter!

Das milde Klima rund um den 370 Quadratkilometer großen See und das gute Wasser waren bereits in der Jungsteinzeit die Grundlage für eine Besiedlung. Es folgten weitere Siedler und reizvolle Städte wurden angelegt. Zwischen Riva im Norden und Sirmione im Süden reihen sich freundliche Städte mit vielen Attraktionen wie z. B. den Skaligerburgen aneinander. Heute zieht es alljährlich mehr als vier Millionen Touristen an den Gardasee und so kann es im Sommer recht lebendig werden. In der Nebensaison wird es weitaus ruhiger und dann bieten die Campingplätze auch günstigere Tarife an.

TOURISMUS AUF HOCHTOUREN

Wer an dunstigen Tagen am Ufer steht, reibt sich erstmal die Augen, denn das gegenüberliegende Ufer ist nicht zu sehen und man hat den Eindruck, dass man sich am Meer befindet. Die Landschaft ist malerisch und beeindruckt mit einer reichhaltigen Flora wie Zypressen, Oleanderbüschen, Zedern, Olivenbäumen, Weinstöcken und Zitronenbäumen.

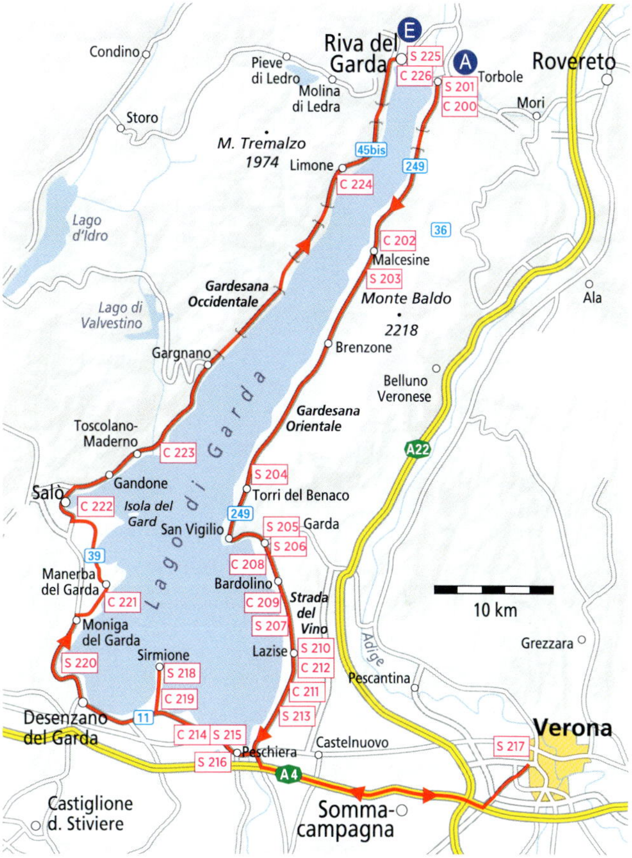

Die Wassersportmöglichkeiten auf dem Gardasee sind beinahe unbegrenzt. Segler, Motorbootfahrer, Surfer und Kite-Surfer, Wasserskifahrer, Schwimmer und Taucher sowie Angler nutzen gern das vielfältige Angebot. Rund um den See kann man die interessante Bergwelt entdecken und so stehen für Wanderer zahlreiche Wanderwege zur Verfügung.

Auch Radfahrer kommen auf ihre Kosten, denn mittlerweile kann man auf dem Uferradweg bestens von einem Dorf zum anderen fahren. Wer es etwas sportlicher mag, freut sich über die Mountainbike-Routen im Norden des Sees. Dass man in den Wintermonaten sogar auf den Höhen des angrenzenden Gebirgsmassivs Monte Baldo Skifahren kann, unterstreicht die Vielseitigkeit der Region.

Wer einfach nur Erholung sucht, ist am Gardasee ebenfalls richtig. So einladend wie die Landschaft präsentieren sich die überwiegend mittelalterlichen Städte mit klang-

ROUTE 2

START- UND ENDPUNKT
Torbole und Riva

STRECKEN
Gardesana Orientale (Nr. 249), Straße Nr. 11, 572, Gardesana Occidentale (45 bis)

STRECKENLÄNGE
ca. 250 km

FAHRZEIT
7 bis 14 Tage ohne Anreise

BESTE JAHRESZEIT
Mai bis Oktober

Rund um den Gardasee erstrecken sich idyllische Orte wie Malcesine.

vollen Namen wie Garda, Limone, Malcesine, Bardolino, San Vigilio, Lasize, Riva, Peschiera und Sirmione. Im See ist auch die schöne Isola di Garda zu finden, die Insel ist allerdings nur teilweise für die Öffentlichkeit zugänglich und so freuen sich die Passagiere von Ausflugsschiffen über eine Umrundung. Darüber hinaus ist Verona, die große Stadt der Opernfestspiele, auch nur einen Katzensprung entfernt.

Die zahlreichen attraktiven Städte laden zum Flanieren und Bummeln ein und bieten sehr viele Attraktionen, zu denen u. a. das imposante römische Amphitheater gehört. Ausruhen kann man sich wiederum an den überwiegend kleinen Stränden. Viele Campingplätze verfügen über einen Privatstrand oder einen Zugang zum See.

Auch wenn der Tourismus überall Einzug gehalten hat, kann man die traditionellen Er-

SPECIAL

SO KAM DER SEE ZU SEINER FORM

Im Norden ist der Gardasee lediglich drei Kilometer breit und er wird eingezwängt von hohen Bergen – im Westen von den Brescianer Alpen und im Osten von dem Gebirgszug Monte Baldo. Diese Gebirge werden in südliche Richtung immer niedriger und der See allmählich breiter. Im südlichen Teil ist das Gelände flachwellig und es ergibt sich ein völlig anderes Landschaftsbild. Dieses Phänomen verdankt der Gardasee der Eiszeit, die rund zwei Millionen Jahre lang für die Gestaltung der Alpen verantwortlich war. Zuvor hoben sich die Platten und falteten sich vor rund 60 Millionen Jahren. In dem entstandenen Tal baute sich dann während der Eiszeit der Etsch-Sarca-Gletscher auf. Die Eismassen, im Nordteil 1100 Meter hoch, stießen vor und zurück und gruben sich tief ein. Am südlichen Teil wurde das erodierte Geröll abgelagert, eine riesige Endmoräne entstand. Nach endgültigem Rückzug des Gletschers sammelte sich das Wasser in dem übrig gebliebenen Trog und es entwickelte sich ein tiefer See, umgeben von steilen Bergen.

werbszweige wie den Fischfang noch erkennen. In jedem noch so winzigen Hafen liegen Fischerboote, mit denen die hauptberuflichen Fischer auslaufen. Dank der vielen Reisegäste ist der Bedarf an Fisch sehr groß.

Groß ist auch die Bedeutung des Weines. Zu den bekanntesten Weinorten am Gardasee gehört die Stadt Bardolino mit ihrem typisch rubinroten gleichnamigen Wein. Über die Weinstraße »Strada del Vino« kann man 40 Weingüter ansteuern. Hier wird gern eingeschenkt und ebenso gern auch verkauft. Glücklicherweise hat der Reisemobilist ausreichend Stauraum an Bord.

GROSSER ANSTURM IM SOMMER

Der Gardasee ist ein Paradies für Camper, insbesondere in der Nebensaison. Für den Campinggast stehen mehr als 100 Campingplätze mit insgesamt rund 25 000 Stellplätzen sowie einige Stellplätze zur Verfügung.

Der Fremdenverkehr hat am Lago di Garda eine lange Tradition. Als der deutsche Dichter Johann Wolfgang von Goethe 1786 seine »italienische Reise« durchführte, gelangte er zunächst nach Torbole im Norden des Gardasees und lernte auch Malcesine kennen. Er erfreute sich an der reizvollen Landschaft. Dem Dichterfürsten folgten weitere berühmte Deutsche und nach dem Zweiten Weltkrieg setzte wie in vielen anderen italienischen Landesteilen der Tourismus am Gardasee mit Wucht ein.

Der Gardasee ist auch bekannt für seinen Weinanbau …

… und für seine Zitrusfrüchte!

Torbole liegt am Nordufer des Sees.

Heute zieht es alljährlich allein rund eine Million deutsche Reisegäste an den See. Dem Besucher bleibt das nicht verborgen, er hört überall deutsche Stimmen, sieht zahllose Fahrzeuge mit deutschen Kennzeichen und auch die Speisekarten sind überwiegend auf Deutsch. In den Sommermonaten scheinen manche Orte aus den Nähten zu platzen und so werden Touristen durch die sonst so idyllischen Gassen regelrecht geschoben. Ähnlich voll geht es auf den Uferstraßen zu und es herrscht teilweise ein Verkehrschaos. Dann sollte man unnötige Fahrten mit dem Reisemobil vermeiden und z. B. mit Ausflugsschiffen und den Fähren unterwegs sein.

Dem großen Ansturm stehen eindeutige Vorteile entgegen, wie die lange Urlaubssaison mit sommerlichem Wetter von Mai bis in den Oktober. Wer bei seiner Planung flexibel ist, sollte dem reizvollen Gardasee in der touristischen Vor- und Nachsaison einen Besuch abstatten. Hierbei gilt zu beachten, dass zwar die Stellplätze ganzjährig zur Verfügung stehen, jedoch einige Campingplätze von Oktober bis April geschlossen sind.

ANREISE ZUM LAGO DI GARDA

Über die mautpflichtige Autobahn A 22 (E 45) aus dem Norden kommend, nähert man sich dem Gardasee. Nach der Abfahrt »Lago di Garda Nord« erreicht man nach rund zwölf Kilometern den Ort Torbole. Rund zwei Kilometer vor Torbole sollte man rechts auf den Parkplatz fahren, der einen grandiosen Überblick über den Gardasee bietet. Die Vorfreude auf den Gardaseeurlaub hat jetzt ihren Höhepunkt erreicht.

Die Straße führt stetig bergab bis nach Torbole. Die weitere Route führt im Uhrzeigersinn um den Gardasee. So fährt der Reisemobilist immer am Ufer entlang und hat

Empfehlenswert ist der Campingplatz »Camping al Porto« in Torbole.

die Möglichkeit, problemlos auf den überwiegend an der Uferseite befindlichen Parkplätzen zu halten. Darüber hinaus fährt er nicht direkt an den frei liegenden Felsen vorbei. In Torbole stehen mehrere Campingplätze zur Verfügung.

BEI WASSERSPORTLERN BELIEBT

Torbole am nördlichen Ausläufer des Sees wird von der großen Nachbarstadt Riva durch den auffälligen, schräg stehenden Felsen Monte Brione getrennt. Das kleine Torbole ist für Wassersportler und insbesondere Surfer ein wahres Mekka. Die Winde wehen hier kräftig und man kann die Uhr nach ihnen stellen, sodass die Surfer auch schon mal um sechs Uhr morgens aufstehen, um den starken Wind namens Ora zu erwischen.

Die »Hauptstadt der Surfer« bietet sich auch für Reisende an, die ihren Urlaub ruhiger verbringen wollen, denn bei der rund 2000 Bürger zählenden Stadt handelt es sich um ein idyllisches, ruhiges Örtchen – der Trubel findet ja auf dem Wasser statt. Schon Goethe zeigte sich begeistert vom kleinen Torbole, das er als Erstes auf seiner Italienreise kennenlernte. Heute erinnern eine Gedenktafel an der »Casa Alberti« auf der Piazza Vittorio Veneto, die Via Goethe sowie eine Büste auf der Piazza degli Alpini an den großen deutschen Dichter.

Fährt man auf der Gardesana Orientale aus dem Süden kommend auf den Ort zu, so hat man das schönste Stadtpanorama. Farbenprächtige Häuser reihen sich aneinander und zwischen ihnen und den Bergen thront die Kirche Sant'Andrea. Sie stammt ursprünglich aus dem Jahr 1175 und wurde durch französische Truppen im Jahr 1703 größtenteils zerstört. 1715 wurde sie teilweise neugebaut. Sehenswert im Inneren der Kir-

Ein besonderes gastronomisches Fleckchen

che ist das schöne Tafelbild in der Apsis von Gianbettino Cignaroli.

Am Ufer entlang führt eine kurze, aber schöne Promenade, die es ermöglicht, den Surfern bei ihren Kunststückchen auf dem Wasser zuzusehen. Direkt vor der Promenade liegen die schmalen Kiesstrände, die im Sommer häufig genutzt werden. Geht man die Promenade weiter, gelangt man auf die kleine Mole, die den malerischen Fischerhafen schützt. Am Ende steht das österreichische Zollhaus aus dem 18. Jahrhundert. Einen Steinwurf entfernt befindet sich das historische Haus »Casa Beust« aus dem 15. Jahrhundert mit einer Wandmalerei von Hans Lietzmann. Der Berliner Künstler (1872–1955) zog Ende des 19. Jahrhunderts nach Torbole und gründete die Schule »Männlicher Akt im Freien«.

Von Torbole fährt man über die landschaftlich sehr reizvolle Straße 249, die Gardesana Orientale, in südlicher Richtung. Die Gardesana Orientale ist eine bedeutende Straße, denn sie verbindet die Orte am östlichen Ufer. Ihr Bau war nicht so aufwendig wie der Bau der Gardesana Occidentale, der wichtigen Verbindungsstraße am westlichen Ufer, da die Landschaft am Ufersaum hier wesentlich flacher ist. Große Teile der Straße wurden bereits 1929 fertiggestellt.

Aufgrund der Beliebtheit vieler Orte, wie Lazise, Bardolino, Garda, Torri del Benaco, Brenzone, Malcesine und im Norden Torbole und Riva ist die Straße in der Hochsaison stark befahren. Sie führt durch zahlreiche Tunnel und bietet immer wieder herrliche Ausblicke auf den nördlichen, engen Teil des Gardasees.

Nach 15 Kilometern erreicht man das malerische Malcesine, ein Rundgang durch den Ort gehört zum Pflichtprogramm. Allerdings ist es hier recht schwierig, einen Parkplatz zu finden. Am Ortseingang weit nördlich des Zentrums steht zwischen der Straße und dem Ufer ein großer Parkplatz am Jachthafen zur Verfügung. Über den Uferweg läuft man dann ins Zentrum – oder fährt mit dem Rad.

GOETHE LÄSST GRÜSSEN

Wer sich einen lohnenswerten Überblick über den reizvollen Ort **Malcesine** (3800 Einw.) und den Gardasee verschaffen möchte, sollte zuerst mit der Seilbahn hinauf auf den Hausberg, den Monte Baldo, fahren. Dies lohnt sich natürlich nur bei klarer Sicht. Diese Tage sind gerade in den dunstigen warmen Sommermonaten gezählt. Ansonsten sollte man

Start
Torbole
Gardesana Orientale
Wassersport
15 km – 249
Malcesine
Skaligerburg
Monte Baldo-Wanderung
17 km – 249
Assenza
Strände
4 km
Torri del Benaco
Skaligerburg
Fähre
4 km – 249
San Vigilio
Parco Baia delle Sirene
3 km – 249
Garda

SPECIAL

WINDVERHÄLTNISSE

Einzigartig sind die 20 Winde am Gardasee, die zu verschiedenen Zeiten, aus verschiedenen Richtungen und in unterschiedlichen Stärken blasen. Segler und Surfer kennen den »Fahrplan« der Winde genau. Die einzelnen Winde haben ihre eigenen Namen wie Ora, Vinezza, Balinet oder Ponale, ihre feststehenden Richtungen und ihre Zeiten. Pelèr und Ora zählen zu den bekanntesten im nördlichen Teil des Gardasees. Während der Pelèr (auch Vento genannt) von Norden her bläst und in der Regel von etwa 3 Uhr nachts bis mittags, weht der Ora aus südlicher Richtung ab etwa 12 Uhr mittags bis in die Abendstunden hinein. Die garantierten Winde locken Surfer auf's Wasser und so wurde Torbole zur »Hauptstadt der Surfer« gekürt, denn in diesem Teil des Sees sind Surfgeschwindigkeiten von 60 Stundenkilometern durchaus möglich.

sich auf die Altstadt des idyllischen Städtchens am nordöstlichen Ufer des Gardasees konzentrieren.

Wenn auch Malcesine die Merkmale einer typischen Gardaseestadt, wie Skaligerburg, kleiner Hafen, enge Gassen und zahlreiche Straßenrestaurants sowie Touristentrubel, hat, gewinnt man den Eindruck, dass es sich um eine ganz besondere Stadt handelt. Die gepflegte und intakte mittelalterliche Stadt verfügt über ein besonderes Flair.

Zentrum der Altstadt ist der kleine Hafen. Die Zahl der kleinen Fischerboote ist begrenzt und mittlerweile zwängen sich große Ausflugsschiffe und Taxiboote (nach Limone) in den Hafen. Auch kleine Motorboote können hier stundenweise gemietet werden. Vom Hafen aus gelangt man in die kleinen Gassen mit netten Läden und einladender Gastronomie.

Wenige 100 Meter nördlich des Hafens steht eines der eindrucksvollsten Bauwerke am nördlichen Gardasee. Es ist die Festung Rocca, eine imposante Skaligerburg, die auf einem Felsen direkt am Ufer des Sees errichtet wurde. Im Jahre 568 wurde unter dem Langobardenkönig Alboin eine erste Festung erbaut. Um die Burg herum ließen sich die Familien nieder und bauten ihre Häuser. Als die Burg in die Hände der Skaliger fiel, wurde sie im Jahre 1277 umfangreich umgebaut. 1620 errichtete man innerhalb der Burgmauern den Palazzo Inferiore, der als Kaserne genutzt wurde.

Die intakte Festung mit den besonderen Schwalbenschwanzzinnen beherbergt heute ein Museum, in dem sich der Besucher u. a. über die Flora und Fauna der Region infor-

Die Skaligerburg von Malcesine bestimmt das Ortsbild.

Eine Büste erinnert im Hof der Skaligerburg von Malcesine an den deutschen Dichter.

Das Monte-Baldo-Massiv ist im Sommer ein beliebtes Wandergebiet.

mieren kann. Darüber hinaus verfügt sie über ein kleines Goethe-Museum und erinnert an den Aufenthalt des großen deutschen Dichters im September 1786.

Man sollte es nicht versäumen, auf den 32 Meter hohen Turm zu klettern. Der schmale Aufstieg wird durch einen schönen Ausblick über den Gardasee und das Dächerwirrwarr der Stadt belohnt. Lohnenswert ist auch der Besuch des Palazzo del Capitano del Lago in der Altstadt. Hier residierte der venezianische See-Stadthalter. Das schöne Gebäude wurde im 16. Jahrhundert im venezianischen Renaissancestil erbaut und verfügt über einen romantischen Innenhof mit Palmen und farbenprächtigen Blumen.

SPECIAL

UNTER SPIONAGEVERDACHT

Für Goethe war der Aufenthalt in Malcesine nicht nur mit schönen Erinnerungen verbunden, denn er wurde wegen angeblicher Spionage gefangen genommen. Man hielt ihn für einen Spion des verfeindeten Österreichs und unterstellte ihm, dass er Skizzen von der Festungsanlage anfertigte. Zu seinem Glück wurde das Missverständnis rasch aufgeklärt. Eine Büste im Innenhof der Festung erinnert an den prominenten Gefangenen.

AUSFLUG AUF DEN MONTE BALDO

Das **Monte-Baldo-Massiv** ist mit einer Länge von 37 Kilometern, einer Breite von bis zu elf Kilometern und einer Höhe von über 2000 Metern das höchste Gebirgsmassiv am Gardasee. Mit der Gondelbahn geht es von Malcesine hinauf, wo sich dann ein grandioser Blick über den Gardasee bietet. Während der Fahrt dreht sich die Kabine um die eigene Achse und so kann man in alle Richtungen schauen.

Oben kommt man auf dem Pass **Tratto Spino** in einer Höhe von 1760 Metern an und fühlt sich wie auf dem Dach der Alpen. Hier steht ein Restaurant mit Innenbewirtung und einer Terrasse zur Verfügung. Der Ausblick ist grandios und tief unten sieht man den blauen Gardasee. Das Massiv verfügt über mehrere Gipfel, wie Monte Altissimo di Nago

(2079 m), Cima del Longino (2179 m), Cima delle Pozetta (2132 m), Punta Telegrafo (2200 m) und Cima Valdritta (2218 m).

Wer gern wandert, kann über die ausgeschilderten Wanderwege zu allen Gipfeln gelangen. Montainbiker kommen hier ebenfalls auf ihre Kosten. In der Nähe der Bergstation der Gondelbahn starten zudem Paraglider ihre Flüge hinunter zum See.

Pflanzenliebhaber erfreuen sich in dem botanischen Garten L'Orto Botanico del Monte Baldo an der Pflanzenvielfalt. Im Winter ist das Monte-Baldo-Massiv ein beliebtes Skigebiet mit Abfahrten von rund elf Kilometern Länge. Infos über die Gondelbahn liefert die Webseite www.funiviedelbaldo.it. Der Ansturm an der Seilbahn ist an klaren Sommertagen allerdings sehr hoch und es muss mit teils langen Wartezeiten gerechnet werden.

Sicherlich sehr zufrieden verlässt der Reisemobilist Malcesine und fährt über die vertraute Straße 249 in Richtung Süden weiter. Die Strecke führt durch kleine Orte mit Blick nach rechts auf den See und man passiert dabei auch einige Campingplätze. In den kleinen Orten, wie **Assenza** oder **Porto**, locken einige Strände. Leider stehen entlang der Straße nur wenige für Reisemobile geeignete Parkplätze zur Verfügung. Im weiteren Verlauf trifft man in dem sehenswerten Ort Torri del Benaco ein, was sich mit »Türme des Benaco« übersetzen lässt. Auch der Gardasee trug einst den Namen »Benaco«.

Zu Fuß oder mit der Seilbahn geht es von Malcesine hinauf auf den Monte Baldo.

TRUTZIGE SKALIGERBURG

Das kleine **Torri del Benaco** mit seinen rund 3000 Einwohnern ist in erster Linie bekannt wegen seiner mächtigen Skaligerburg, die im mittleren Bereich des Gardasees am Ostufer, an der sogenannten »Olivenküste«, thront. Im Zentrum des Ortes befindet sich der kleine Hafen mit bunten Fischer- und Segelbooten. Umgeben ist der Hafen von Platanen und einigen Straßencafés und Restaurants. In der Altstadt findet man nette Geschäfte und Restaurants.

Auch in Torri del Benaco baute das mächtige Herrschergeschlecht der Skaliger eine protzige Festung. Diese entstand im Jahre 1383 auf dem Fundament einer Wehranlage aus dem 10. Jahrhundert. Inmitten der mächtigen Burgmauern bilden die Orangenbäume einen interessanten Kontrast zu dem tristen Mauerwerk. Seit 1760 ist die Burg keine Fes-

AUSFLUG

HINÜBER ZU »LA CAPANINNA«

Angekommen auf dem Tratto Spino (Monte Baldo), bietet sich auch für Ungeübte eine kleine und leichte Wanderung an. Man wendet sich in Richtung Norden und marschiert über eine langgestreckte Anhöhe und eine Bergwiese, die Colma di Malcesine, zum Gasthof La Capaninna. Eine Einkehr lohnt! Wie für alle Wanderungen allerdings gilt auch hier: Man sollte stets mit geeignetem Schuhwerk unterwegs sein und auch Kleidung für kühlere Temperaturen im Gepäck haben.

Auch bei Regen sollte man auf den Besuch von Torri del Benaco nicht verzichten.

tungsanlage mehr. In späterer Zeit diente sie als Treibhaus für Orangenbäume (Limonai) und man riss die Südmauer ab, damit die Sonne die Bäume erreichen konnte.

Heute beherbergt die ehemalige Skaligerburg mit dem »Museo del Castello Scaligero« eines der sehenswertesten Museen am Gardasee. Es informiert über einige traditionelle Erwerbszweige am Gardasee, nämlich die Olivenölproduktion, die Fischerei und den Anbau von Zitrusfrüchten.

Von Torri del Benaco geht es weiter in südlicher Richtung. Nach vier Kilometern erreicht man San Vigilio, den vielleicht verträumtesten Ort am Gardasee.

SPECIAL

FÄHRFAHRT

Wer sich bei der Reise aus Zeitgründen oder aufgrund seiner Interessen auf den nördlichen und landschaftlich reizvolleren Teil des Gardasees konzentrieren möchte, kann viele Kilometer sparen, wenn er die Fähre über den See nimmt, und umgeht damit die mühsame Fahrt über die stark befahrenen Straßen. Hierfür besteht eine Fährverbindung zwischen Torri del Benaco und Toscolano-Maderno, welches sich auf der nördlichen Westseite befindet. An dem Fähranleger gibt es einen Kiosk, welcher die Fährtickets verkauft. Die Überfahrt dauert 25 Minuten.

ROMANTISCH UND MALERISCH

Der Rechtsgelehrte und Philosoph Agostino Brenzone (16. Jh.) bezeichnete das kleine **San Vigilio** als den schönsten Ort der Welt. Sicherlich übertrieben, aber dennoch gehört San Vigilio zu den sehenswerten Orten des Gardasees. Besonders ist die Lage auf dem weit in den See hineinragenden Ausläufer des Berges Monte Luppia. Die Landzunge war schon früh besiedelt, worauf die Felszeichnungen auf den glatt geschliffenen Felsen hinweisen. In den 1950er-Jahren trafen sich hier die Prominenten, um in dem bezaubernden Ort, abseits der Touristenzentren, ihren Urlaub unerkannt zu verbringen – wie noch Prinz Charles im Jahre 1986.

Die Schönheit der Umgebung wirkt mitunter fast schon künstlich. Eine Zypressenallee führt hinunter zur Villa San Vigilio, einer privaten Renaissancevilla der Familie Guarienti, 1540 erbaut, mit einem kleinen Hotel und ei-

nem noblen Restaurant. Gleich nebenan liegen ein winziger Hafen und eine kleine Kapelle. Einladend sind auch die idyllischen Badebuchten rund um San Vigilio. Besonders beliebt ist der Badeplatz des »Parco Baia delle Sirene«. In dem Park spenden 100-jährige Olivenbäume Schatten. Außerhalb von San Vigilio, nahe der Straße nach Costermano, liegt der deutsche Soldatenfriedhof aus dem Zweiten Weltkrieg. Es ist der größte in Norditalien.

Von San Vigilio ist es nur ein Katzensprung zum Ort Garda, der nur drei Kilometer östlich liegt und in wenigen Minuten über die vertraute Straße 249 zu erreichen ist. Direkt bei der Ortseinfahrt sollte man rechts an der Straße innerhalb der Markierungen parken. Es empfiehlt sich, direkt den zentralen Stellplatz anzufahren, dann sind es nur wenige Schritte zu den Altstadtgassen und zur Promenade.

LEBENDIGE UFERSTADT

Die beliebte Stadt **Garda** bescherte dem großen See seinen Namen. Im 8. Jahrhundert entstand unter Beteiligung Karls des Großen die Grafschaft Garda, die ihre Macht über die Region ausbauen konnte. Der Ort hat eine schöne Lage am Ostufer, in einer großen Bucht im mittleren Bereich des Sees, und er beheimatet rund 3500 Bürger. In den Sommermonaten steigt die Einwohnerzahl aufgrund der vielen Touristen stark an.

Die gepflegte Stadt kann ihre Haupteinnahmequelle, den Fremdenverkehr, nicht verleugnen. Aber auch der Fischfang ist noch für viele Menschen bedeutsam. Dem Reisenden bleibt dies nicht verborgen, denn im Hafen liegen die kleinen bunten Boote der rund 100 Fischer. Allerdings liegt die Zahl der hauptberuflichen Fischer nur bei rund 20 – mit abnehmender Tendenz. Dennoch zählt man in keinem anderen Gardaseeort mehr Fischer, die noch hauptberuflich aktiv sind.

Die Boote laufen am Nachmittag aus, legen die Netze aus und erst in der Nacht werden sie wieder eingeholt. Der Fang, überwiegend Lavarello-Fische, Gardasee-Sardinen oder mit etwas Glück die Gardasee-Forelle oder ein Hecht, wird an die Kooperative ge-

Natürlich verfügt auch Garda über eine Promenade.

Der abendliche Blick von Garda
über den See ist einzigartig.

Blick vom Ausflugsschiff über Garda

liefert. Die Fischereigenossenschaft »Cooperativa fra Pescatori Garda« wurde bereits 1942 gegründet und ist die älteste Fischereigenossenschaft in Italien.

Die vielen Stadtbesucher verteilen sich tagsüber an der schönen Promenade mit den vielen Straßenrestaurants. Hier sitzt man geschützt unter Ahornbäumen. Das Schlendern durch die Gassen der historischen Altstadt gehört ebenfalls zum Urlaubsprogramm.

Neben der berühmten Villa Albertini ist der Palazzo del Capitano, der am Ende der lebendigen Piazza Catullo liegt und früher direkt am Ufer stand, sehenswert. Der gotisch-venezianische Palast wurde im 15. Jahrhundert erbaut und beherbergt heute die Bar Capitano. Hinter dem Palazzo befindet sich das venezianische Viertel mit dem Palazzo Fregoso aus dem Jahr 1510 und dem integrierten Stadttor. In den engen Gassen tummeln sich die Reisenden und treffen auf viele kleine Geschäfte.

Geht man über die Promenade in südliche Richtung, stößt man auf den Palazzo Carlotti (auch Palazzo Losa genannt), ein auffallendes Gebäude mit großen Rundbögen und Aussichtsloge. Geschaffen wurde er von dem Baumeister Sanmicheli. Im Süden der Altstadt stößt man auf einen idyllischen Park, der direkt am See endet. Hier kann man sich von dem Touristentrubel ein wenig erholen.

In der Nähe, außerhalb der ehemaligen Stadtmauern und jenseits der Gardesana Orientale, steht die schöne Pfarrkirche Santa

KULTUR

VILLA ALBERTINI IN GARDA

Markantestes Bauwerk der Stadt ist die Villa Albertini, die von der Promenade durch die Gardesana Orientale getrennt. Sie hat die Erscheinung einer kleinen Burg und beeindruckt durch ihre leuchtenden Farben. Der Prachtbau wurde bereits im 15. Jahrhundert errichtet und beherbergte seitdem zahlreiche prominente Gäste. Im Jahr 1848 besiegelte hier König Carlo Alberto die Zugehörigkeit der Lombardei zu seinem Königreich. Rund um die Villa wurde ein schöner Garten mit einer einzigartigen Magnolienallee angelegt. Wie prachtvoll und nobel es im Inneren der Villa aussehen mag, kann man nur erahnen, denn sie befindet sich im Privatbesitz der Familie Albertini und kann nicht besichtigt werden.

SPECIAL

DAS KLIMA AM GARDASEE

Das mediterrane Klima am Gardasee, der nur 65 Meter über dem Meeresspiegel liegt, zieht auch im Frühjahr und im Spätherbst noch viele Urlauber an. Im Winter verhindern die erwärmten Wassermassen des Sees niedrige Temperaturen und im Sommer werden hohe Temperaturen ausgeglichen. Dies hat direkte Auswirkungen auf die Vegetation und so trifft der Besucher auf Zitronenbäume, Olivenbäume, Feigenbäume und Palmen. In den Sommermonaten wird es auch aufgrund der ständigen Winde nicht sehr heiß. Die durchschnittlichen Lufttemperaturen liegen im Juli bei rund 24 °C und somit nicht viel hö-her als die Wassertemperaturen mit 22 °C. Am Abend kühlt es kaum ab. Die warmen Temperaturen halten lange an und so kann man im Oktober noch einen angenehmen Spätsommer erleben. In den Wintermonaten kommt es nur selten zu frostigen Tagen oder Nächten. Auf den Höhen der umliegenden Berge allerdings schon und so bleibt auch Schnee liegen. Die Niederschläge am Gardasee können übrigens heftig ausfallen. Der durchschnittliche Jahresniederschlag (910 mm) ist sogar höher als in Deutschland (760 mm).

Maria Maggiore, die auf eine Kirche aus dem 6. und 7. Jahrhundert zurückgeht. Das heutige Bauwerk stammt aus dem 15. Jahrhundert. Der Kreuzgang wurde im 10. Jahrhundert errichtet. Ein Blick in das Innere der alten Kirche lohnt sich. Die Kirche wirkt zunächst sehr schlicht und es dominieren die sechs Pfeiler, trotzdem begeistert sie mit ihren wenigen Kunstwerken wie den Fresken und den Altarbildern. Im Innenhof finden in den Sommermonaten Konzerte statt.

Ebenfalls sehr alt ist die Burgruine auf dem 294 Meter hohen Felsen Rocca. Die Festung bestand bereits während der Römerzeit und hielt so manchem Angriff stand. Auch Kaiser Barbarossa versuchte im Jahr 1158 vergebens, die Burg einzunehmen.

Natürlich schlendert man in Garda gern durch die kleinen Gassen, allerdings sind diese vielfach überlaufen. Wer gern spazieren möchte, dem sei die schöne Uferpromenade empfohlen. Sie ist gut ausgebaut und der An-

Garda
Altstadt
Promenade
Fischerei
Pfarrkirche
4 km 249
Bardolino
Altstadt
Strada del Vino
Kirche San Severo
5 km 249
Lazise
Kirche San Nicolo
Promenade
Freizeitpark Gardaland
9 km 249
Peschiera del Garda
Festung
Altstadt
Promenade
Wallfahrtskirche
26 km A4
Verona

Zentraler Stellplatz in Garda

KULTUR

SAN SEVERO

Zu den beachtenswerten Bauwerken Bardolinos gehört die kleine Kirche San Severo, die romanischen Ursprungs ist und im 8. Jahrhundert gebaut wurde. In den folgenden Jahrhunderten wurde sie immer wieder umgebaut. Sie gehört zu den schönsten romanischen Kirchen in der Region und verfügt über faszinierende Fresken aus dem 13. Jahrhundert sowie eine Krypta aus dem 10. Jahrhundert. In den Monaten Juni bis August finden jeden Sonntag evangelische Gottesdienste in deutscher Sprache statt.

drang hält sich hier in Grenzen. Viel Freude bereitet ein Spaziergang nach Bardolino (4 km) und dann rund fünf Kilometer weiter bis nach Lazise. Hierbei hat man immer den See vor Augen. Entspannt geht es mit dem Ausflugsschiff zurück.

Nur wenige Minuten sind es zur nächsten schönen Stadt. Lediglich vier Kilometer südlich von Garda lockt das bekannte Bardolino.

BERÜHMTES WEINDORF

Bardolino gehört zu den bekanntesten Orten des Gardasees. Der Bardolino-Wein hat den Ort über die Landesgrenzen hinaus berühmt gemacht. Auch wenn die zahlreichen Weinberge und Weingüter zu den Attraktionen der Stadt und der Umgebung gehören, die man von Bardolino aus über die Weinstraße »Strada del Vino« erreichen kann, hat der schöne Ort mehr als köstliche Weine zu bieten.

Bardolino befindet sich im Süden der Gardaseeregion an der Ostküste. Das Stadtgebiet mit rund 7000 Einwohnern erstreckt sich entlang des Seeufers, auf einem breiten Streifen die Hänge hinauf und geht dann in ein großes Weinanbaugebiet über. Das Klima ist mild, die Umgebung geprägt von einer reichhaltigen Mittelmeerflora mit Olivenbäumen, Zitronenbäumen, Zedern, Zypressen und Oleander.

Ende September bis Anfang Oktober ist Weinlese und dann feiern die Winzer mit der Bevölkerung und den Stadtbesuchern bei einem Weinfest die Weinernte. Typischer Wein ist der rubinrote Bardolino, den bereits Kaiser Julius Cäsar sehr schätzte und den man bei den Winzern oder in den Geschäften in der historischen Innenstadt kaufen kann.

Bardolinos Grundsteine legten die Römer. Um 1100 wurde Bardolino eine eigenständige Stadt und im Mittelalter, wie viele andere Städte am Gardasee, von den Skaligern, einem Herrschergeschlecht aus Verona, regiert.

Beim Rundgang durch Bardolino sollte eine Kirchenbesichtigung nicht fehlen.

Im kleinen Hafen von Bardolino liegen die Fischerboote.

Dies brachte der Stadt den wirtschaftlichen Aufschwung. Seit 1929 erreicht man den Ort über die Gardesana Orientale, welche die Städte am Ostufer miteinander verbindet. Nach dem Krieg setzte verstärkt der Fremdenverkehr ein, der bis heute ungebremst ist, und so sind die Besucher zahlreich.

Eine Stadtbesichtigung sollte man im Zentrum der Altstadt beginnen. Hier befindet sich die schöne Piazza Mateotti zwischen dem Hafen und der Pfarrkirche Santi Nicolò e Severo. In den Sommermonaten finden hier jeden Mittwoch Konzerte statt. Unter anderem sind dann die Bardoliner Philharmoniker zu hören. Die Kirche wurde 1840 erbaut und verfügt über eine klassizistische Fassade, die der Blickfang am Ende der Piazza ist.

Rund um den lebhaften Platz befinden sich Straßencafés, Eisdielen und Restaurants sowie kleine Geschäfte. Unterhalb des Platzes liegt der kleine Hafen mit Fischerbooten und Segelschiffen. Vom Hafen ausgehend führt eine ansprechende Promenade am Ufer entlang. Gleich hinter der Promenade beeindrucken schöne Villen. Der Turm der Skali-

Der schmackhafte Bardolino wird im Ort ausgeschenkt und verkauft.

AUSFLUG

STRADA DEL VINO

Im Osten von Bardolino lohnt sich die Fahrt über die Weinstraße »Strada del Vino«, die durch ein Schild mit roten Weintrauben gekennzeichnet ist. An dieser Straße liegen rund 40 Weinkellereien, die zu einer Weinprobe einladen und gern ihre Produkte verkaufen. Auch ein Weinmuseum gibt es: Nachdem man in Bardolino nahe der Touristeninformation an der Gardesana Orientale gestartet ist, fährt man in Richtung Garda und biegt an der ersten Abzweigung rechts ab. Bald ist das Weinmuseum auf dem Weingut Zeni in Costabella auf einem Hügel oberhalb von Bardolino erreicht. Das Museum vermittelt seit 1991 viel Wissenswertes zum Weinanbau und die Praxis kann man hautnah in den Weinbergen erleben. Im Osten schließt sich jenseits des Flusses Etsch das bekannte Weinanbaugebiet Valpolicella an. Wer eine intensivere Weinprobe plant, sollte den Winzer fragen, ob er an geeigneter Stelle mit dem Wohnmobil vor Ort übernachten kann.

KULTUR

SAN NICOLÒ

Am Hafen von Lazise steht die Kirche San Nicolò aus dem 12. Jahrhundert mit einem auffälligen Glockenturm (18. Jh.). In der Kirche fallen Reste von Wandmalereien ins Auge. Sehenswert ist die Freske »Stillende Maria auf dem Thron«, die wie die anderen Fresken aus dem 14. Jahrhundert stammt. In der Hauptsaison wird jeden Sonntag ein evangelischer Gottesdienst in deutscher Sprache abgehalten.

In der Kirche San Nicolò in Lazise zeigt die Freske die stillende Maria.

gerburg am Hafen ist bedauerlicherweise nur noch in Teilen vorhanden. Die Burg wurde durch die Barbaren im Jahre 1526 zu einem Großteil zerstört.

Bardolino bietet nicht nur einige beeindruckende Bauwerke, hervorragende Weine und ein gutes gastronomisches Angebot, sondern auch eine gute Möglichkeit sich zu erfrischen. Über die schöne Uferpromenade spaziert man von der Altstadt nach Süden und erreicht nach wenigen Minuten den Kiesstrand. Hier kann man sein Badelaken ausbreiten und sich ein Bad im klaren See gönnen. Wer möchte, kann hier auch ein Tretboot ausleihen. Wem dieser Uferabschnitt besonders gut gefällt, wird sicherlich bei »Camping Europa« einchecken. Der Platz liegt hier direkt an der Promenade.

Bardolino verlässt man in südlicher Richtung über die Straße 249. Von der Straße sind einige Campingplätze gut zu erreichen und es eröffnen sich herrliche Ausblicke auf den See. Nach fünf Kilometern empfängt den Reisenden Lazise.

MITTELALTERLICHES FLAIR

Lazise liegt am südöstlichen Ufer des Gardasees und beheimatet rund 1000 Einwohner. Der Ort war bereits in vorgeschichtlicher Zeit besiedelt. Dann zog es die Römer in den Ort, doch erst im Mittelalter unter den Skaligern, dem Herrschergeschlecht aus Verona, war die Bedeutung am größten. Mitte des 14. Jahrhunderts wurde die Stadt gegen Feinde befestigt und Lazise erhielt eine mächtige Burg. Im 15. und 16. Jahrhundert rivalisierten Mailand und Venedig um die

Lazise ist zu jeder Tageszeit und bei jeder Witterung einen Besuch wert.

Zu den imposanten Bauwerken von Lazise gehören in erster Linie die Reste der Skaligerburg.

Zugehörigkeit der Stadt. Heute gehört Lazise zur Provinz Veneto.

Der Stadtbesucher sollte sich auf die schöne Altstadt konzentrieren, die von einer mächtigen Stadtmauer umgeben ist. Durch drei mittelalterliche Stadttore gelangt man in die Stadt. Innerhalb der Mauern ist die Altstadt verkehrsberuhigt und die kleinen Gassen, schönen Plätze und netten Geschäfte lassen sich in Ruhe entdecken. Rund um den kleinen Kanalhafen beeindrucken farbenfrohe Häuser und am Eingang des Hafens schließt sich eine schöne Uferpromenade an. Gleich neben dem Gotteshaus San Nicolò steht das venezianische Arsenal mit zwei markanten Bögen – ein altes Gebäude aus dem 14. Jahrhundert, das zunächst als Reederei und später zur Tierhaltung genutzt wurde. Immer wieder wurde es zweckentfremdet und so diente es auch als Zollstelle oder nach dem Ersten Weltkrieg als Baumwollspinnerei. Gegenwärtig ist es Kulisse für Ausstellungen und Konzerte.

Auffallendstes Gebäude der Stadt ist die Skaligerburg (14. Jh.), eine mächtige Wehranlage mit sechs Türmen. Sie befindet sich in Privatbesitz und kann nicht besichtigt werden.

Zu den weiteren Besonderheiten des Ortes gehören die vielen Fischrestaurants. Italiener kommen von weit her, um hier vorzüglich zu speisen. Wer gut gegessen hat und einen Spaziergang unternehmen möchte, dem sei der rund einstündige Weg (5 km) über die reizvolle Uferpromenade zum Weinort Bardolino empfohlen.

Die Straße 249 führt in südlicher Richtung nicht mehr direkt am See entlang. Das Land-

Am Gardaland kann man mit Kindern nur schwer vorbeifahren.

DE LUXE

Die Campingplätze rund um Lazise verfügen über Strände.

schaftsbild hat sich verändert und ist nur noch flachwellig. Man passiert den großen Freizeitpark Gardaland. Er lässt mit seinen vielen Fahrgeschäften und Attraktionen die Herzen insbesondere der Kinder höherschlagen. Mit alljährlich rund drei Millionen Besuchern ist Gardaland der meistbesuchte Vergnügungspark in Italien (www.gardaland.it).

Von Lazise sind es nur neun Kilometer bis Peschiera del Garda, einem Städtchen in der südöstlichen Ecke des Gardasees.

MIT WUCHTIGER FESTUNG

Der lebhafte und interessante Ort **Peschiera del Garda** (9000 Einw.) befindet sich in der südlichsten Ecke des Gardasees. Er erstreckt sich entlang des Flusses Mincio, durch den der Gardasee entwässert wird. Der Fluss war im Mittelalter schiffbar und stellte eine wichtige Verbindung zur Adria dar, was für den Ort eine strategisch günstige Lage bedeutete. Daher baute man in der Mitte des 16. Jahrhunderts eine gigantische Festung.

Der Stadtname leitet sich wahrscheinlich von dem italienischen Wort »pesce« ab, was »Fisch« bedeutet und mit dem Fischreichtum in See und Fluss zu tun hatte. Heute gehört neben dem Fischfang und dem Bootsbau auch der Fremdenverkehr zu den wirtschaftlichen Standbeinen der Stadt. Die Besucher schätzen das nette Städtchen und die erholsame Uferpromenade.

Der Ort hat einige Sehenswürdigkeiten zu bieten. Nennenswert ist in erster Linie die mächtige Festung, die 1550 erbaut wurde und in den folgenden Jahrhunderten immer wieder erweitert wurde. 1790 ließ Napoleon die Festung verstärken. Das mächtige Mauerwerk hat eine beeindruckende Länge von 2250 Metern.

In der Altstadt locken Eiscafés, Restaurants und nette Geschäfte. Wer die Wahl hat, sollte Peschiera möglichst am Montag besuchen, denn dann ist Markt und der Wochenendtrubel vorbei.

Rund drei Kilometer außerhalb der Stadt lädt die Wallfahrtskirche Madonna del Frassino zu einem Besuch ein. Die Kirche wurde im Jahr 1510 errichtet. Ihrem Bau war das Wunder der Marienerscheinung vorhergegangen. Als am 11. Mai 1510 ein Bauernjunge von einer Schlan-

ge gebissen wurde, erschien aus der Esche heraus Madonna und rettete ihn. Im Inneren verfügt die Kirche über sehenswerte Kunstwerke wie Fresken und am Hochaltar sind noch Reste einer Esche zu sehen.

Der Reisemobilist sollte den schönen Gardasee für ein oder zwei Tage verlassen und einen kurzen Ausflug nach Verona unternehmen. Von Peschiera del Garda geht es hierbei zügig über die Autobahn A 4 (E 70). Dann nimmt man die Abfahrt Verona-Süd und steuert die Altstadt an. Glücklicherweise steht am Rande der Altstadt ein Stellplatz zur Verfügung und so kann man der reizvollen Stadt auch am Abend seine Aufwartung machen.

PRACHTVOLLE OPERNSTADT

Die eindrucksvolle Stadt **Verona** gehört zweifelsohne zu den sehenswertesten Städten Italiens. Von den Gardasee-Orten ist sie leicht zu erreichen. Verona beheimatet rund 260 000 Einwohner, ist die größte Stadt in der Region und hat eine idyllische Lage am Ufer der Etsch. Kaum eine andere Stadt Italiens verfügt über so viele antike Denkmäler. Wer Verona besucht, sollte sich ein wenig mit der Stadtgeschichte befassen, die weit zurückreicht. Die Besiedlung wurde durch die Lage am Fuße des Alpenvorlandes in einer fruchtbaren Ebene begünstigt. Zunächst waren es die Euganeer und Räter, später die Etrusker und Gallier, die sich hier niederließen. Im Jahre 89 v. Chr. wurde eine römische Kolonie gegründet. Verona entwickelte sich

In Verona markiert die Arena das Zentrum der Stadt.

Kunstvoll gestaltetes Netzgewölbe der Kirche Santa Anastasia in Verona

Der Platz »Piazza delle Erbe« mit seinen Marktständen ist einer der schönsten Plätze von Verona.

zu einem wichtigen Handelszentrum. Der Ostgotenkönig Theoderich, bekannt als Dietrich von Bern, residierte in Verona, wie auch später Langobardenkönige. Im Jahr 1107 wurde Verona freie Stadt. Die Selbstständigkeit hielt jedoch nur bis 1405 an. In diesem Jahr unterwarf sich Verona der Herrschaft von Venedig, die bis 1796 anhielt.

Heute präsentiert sich Verona als sehenswerte Stadt mit zahlreichen Attraktionen. Ihre Altstadt mit grandiosen Bauwerken wie dem Amphitheater, in dem weltbekannte Opern und viele Konzerte aufgeführt werden, sowie die vielen einladenden Plätze bestimmen das schöne Stadtbild. Verona ist jedoch auch durch das Stück »Romeo und Julia« von Shakespeare bekannt geworden.

KULTUR

PIAZZA DELLE ERBE IN VERONA

Über die Corso Porta Borsari und dann nach rechts abbiegend erreicht man einen der sehenswertesten Plätze der Stadt, der sicherlich auch zu den schönsten ganz Italiens gehört. Es ist die Piazza delle Erbe (»Platz der Kräuter«), die von prachtvollen Häusern umgeben ist. Hier wird der Obst- und Gemüsemarkt abgehalten und im Sommer kann der kleine Platz schon mal aus »allen Nähten« platzen. An den schönen Brücken wachen der Markus-Löwe und die Madonna Verona. Der große Turm am Platz ist ein Uhrturm aus dem 14. Jahrhundert.

Eine Stadterkundung sollte an der lebhaften Piazza Bra beginnen. Dieser herrliche Platz, an dem auch schon Goethe saß, mit einem sehenswerten Brunnen, wird gesäumt von Straßencafés und dem beeindruckenden Amphitheater, welches bereits im 1. Jahrhundert n. Chr. erbaut wurde und heute nicht nur unzählige Touristen, sondern auch zahlreiche Opernfreunde anzieht.

In dem dreigeschossigen Bauwerk mit den 30 Meter hohen Mauern haben rund 22 000 Besucher Platz. Die jährlich dort abgehaltenen Opernfestspiele würdigen das Werk des Komponisten Giuseppe Verdi, denn anlässlich seines 100. Todestages wurden die Festspiele im Jahr 1913 erstmalig aufgeführt. Zu den imposantesten Aufführungen gehört die Oper »Aida«.

Von der Piazza Bra geht man über die Via Roma zur beeindruckenden Festung Castelvecchio. Diese klobige Skaligerburg wurde um 1350 als Schutz gebaut. Im Inneren befindet sich heute ein Kunstmuseum (*Civico Museo d'Arte*). Hier kann man u. a. Werke von Bellini, Tiepolo, Mantegna und Pisanello bewundern.

Folgt man der Straße Corso Cavour, passiert man die schöne Kirche San Lorenzo aus dem 12. Jahrhundert und das römische Stadt-

Zum Ritual der vielen Touristen gehört auch das Betatschen der Brust der Julia.

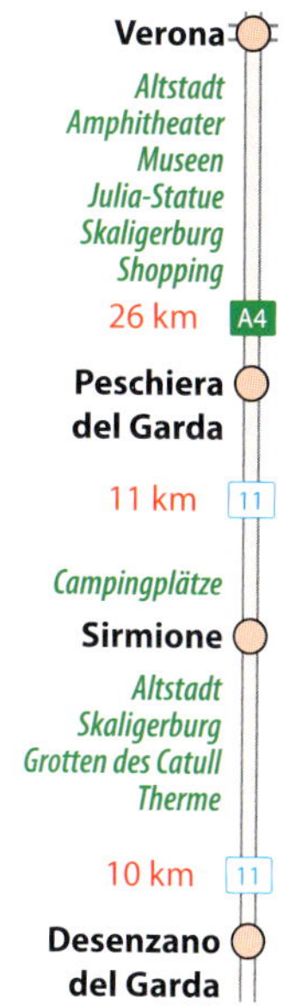

tor Porta Borsari aus dem 1. Jahrhundert n. Chr.. Unweit der brühmten Piazza delle Erbe befindet sich die Piazza dei Signori. Hier stehen der Regierungspalast, der im 13. Jahrhundert erbaut wurde, die Kirche Santa Maria Antica, errichtet 1185, und die Statue von Dante (1865). Neben der Loggia lockt das Café Dante, das älteste Café Veronas.

Wenige 100 Meter weiter lohnt sich der Besuch zweier Sakralbauten. Die Kirche Santa Anastasia ist das wichtigste gotische Bauwerk der Stadt. Die dreischiffige Kirche wurde im 13. Jahrhundert erbaut und 1945 teilweise zerstört. Wiederaufgebaut wurde sie im alten Stil. Ebenfalls sehenswert ist der Dom, der sich an der Schleife der Etsch befindet. Er wurde an der Stelle der ersten Kirche Veronas (5. Jh.) im 10. Jahrhundert erbaut, fiel dann dem Erbeben im Jahr 1117 zum Opfer und wurde in den Jahren 1139–1184 wiedererrichtet. Das Innere beeindruckt durch zahlreiche Kunstwerke wie das berühmte Gemälde »Mariä Himmelfahrt« von Tizian.

Der Weg führt nun wieder zurück zur Piazza dei Signori und über die Via Cappello links in einen kleinen Innenhof. Hier tummeln sich fast immer Reisegruppen, denen die Reiseleiter von der unglücklichen Liebe zwischen Romeo und Julia erzählen, welche Shakespeare zu Papier gebracht hat. Vor dem Haus der Julia (13. Jh.) steht eine Statue des schönen Mädchens, mit der sich die Touristen gern ablichten lassen. Angeblich soll das Berühren des Busens von Julia verstärktes Liebesglück bescheren. Oberhalb des Denkmals ist der berühmte, jedoch rekonstruierte Balkon zu sehen. Mit viel Glück und Fantasie hört man »die Nachtigall und nicht die Lerche«.

Weiter über die Via Cappello und Via Leoni kommt man zur Kirche San Fermo aus dem 8. Jahrhundert und über die Via Leoncino zurück zum Amphitheater.

Neben den nur kurz aufgeführten Sehenswürdigkeiten hat Verona wesentlich mehr zu bieten und nahezu jede Gasse und Häuserzeile beeindruckt den Besucher. Wer dem Trubel in der lebhaften Altstadt entfliehen möchte, sollte zur Skaligerburg Castelvecchio

SPECIAL

SHOPPING IN VERONA

Es bereitet viel Freude, durch die gepflegten Gassen von Verona zu schlendern. Die meisten Straßen der Altstadt sind verkehrsberuhigt. Eine der schönsten ist die Via Mazzini. Sie verbindet die lebendige Piazza Bra mit dem Kräutermarkt Piazza delle Erbe. Hier sollte man nicht an den kleinen Läden und Boutiquen vorbeigehen, sondern eintreten und sich von dem netten Flair und ausgesuchtem Angebot inspirieren lassen.

Dante-Statue auf der Piazza dei Signori in Verona

spazieren und über die mächtige Brücke über die Etsch gehen. Auf der anderen Seite des Flusses kann man lauschige Plätzchen finden, mit einer schönen Aussicht auf Veronas historisches Zentrum.

Erholung und Ruhe findet man auch in dem schönen Gartenpark Giardino Giusti, der sich in der östlichen Altstadt befindet. Hier kann sich der Stadtbesucher im Schatten von Zypressen und mit Blick auf Marmorstatuen aus dem 15. Jahrhundert regenerieren.

Von Verona geht es über die Autobahn A 4/E 70 zurück in Richtung Peschiera del Garda. Über die Ausfahrt »Peschiera del Garda« gelangt man auf die Küstenstraße 11, die von Peschiera in östliche Richtung zu einigen Campingplätzen am See führt. Nach elf Kilometern endet die Straße in Sirmione, eine der schönsten Städte am Gardasee mit herrlicher Lage auf einer Halbinsel. Man sollte der Zufahrtsstraße folgen und an deren Ende auf dem Stellplatz in der Nähe der Altstadt parken.

PERLE DES GARDASEES

Keine andere Stadt in der Gardaseeregion hat eine reizvollere Lage als **Sirmione**. Die historische Altstadt befindet sich am Ende einer langgezogenen Halbinsel im südlichen Gardasee. Schon aus der Ferne ist dieser besuchenswerte Ort anhand seiner mächtigen Burg gut zu erkennen. Die Anziehungskraft dieser einzigartigen Stadt ist groß und so muss man sich v. a. die Altstadt mit zahlreichen Besuchern teilen, was beim Eiskauf schon mal Schlangestehen bedeutet. Kein anderer Ort am Gardasee wird von mehr Reisenden besucht als Sirmione. Das sollte jedoch nicht abschrecken, denn ein Besuch der »Perle des Gardasees« ist ein Muss.

Sirmione vereint gleich mehrere Eigenschaften: Die Stadt ist begehrtes Touristenziel, Kurort und ein Ort mit unvergleichlicher Kulisse. Heute leben rund 8000 Menschen in Sirmione, die ihren Lebensunterhalt nicht mehr mit der Fischerei verdienen, sondern im

Fremdenverkehr tätig sind. In der Altstadt sind die Hotels zahlreich.

Bereits in der Römerzeit war Sirmione besiedelt. Es wurden befestigte Häfen gebaut sowie ein Militärlager. Mächtige Bürger ließen Villen errichten und der römische Dichter Gaius Valerius Catullus hielt sich bevorzugt in Sirmione auf. Im 13. Jahrhundert wurden die römischen Befestigungsanlagen umgebaut. Im Osthafen entstand um 1300 die mächtige Skaligerburg, die heute zu den besterhaltenen Wehranlagen Europas gehört. 1404 kam Sirmione unter venezianische Herrschaft.

Im Jahr 1889 entdeckte man die Boiola-Thermalquellen neu und legte so den Grundstein für den Fremdenverkehr. Heute gehört Sirmione zur Provinz Brescia und zieht nach wie vor wohlhabende Bürger an, die in prächtigen Villen das milde Klima und die herrliche Aussicht auf den Gardasee genießen. Zu den prominenten Bürgern der Stadt gehörte auch die weltberühmte Opernsängerin Maria Callas (1923–1977), die viele Sommermonate hier verbrachte und deren Namen der Park »Parco Maria Callas« trägt.

Wer sich Sirmione mit dem Ausflugsschiff nähert, wird zunächst vielleicht gar keinen Ausblick auf die Altstadt haben, denn häufig umgibt die Insel eine Dunstschicht. Doch plötzlich taucht die Stadt wie aus dem Nichts

Blick auf Sirmione im Frühling

Hotels tummeln sich in der Altstadt von Sirmione.

Die Skaligerburg in Sirmione stammt aus dem 13. Jahrhundert.

auf und begeistert durch ihre schöne Silhouette. Die Altstadt lädt zum Entdecken der vielen Besonderheiten ein, das Highlight ist aber natürlich die beeindruckende Skaligerburg mit dem 30 Meter hohen Turm und dem mächtigen Mauerwerk.

Von der Festung sind es nur wenige Schritte zur schönen und lebhaften Piazza Carducci. Hier laden Restaurants und Straßencafés zum Verweilen ein. Im Anschluss sollte man die Kirche San Pietro Mavino inmitten eines Olivenhains besuchen. Sie wurde im 8. Jahrhundert von langobardischen Mönchen erbaut und im 11. und 12. Jahrhundert umfangreich erweitert. Um das Jahr 1070 errichtete man den Glockenturm, den Campanile. Die Kirche gehört zu den schönsten der Region und verfügt über unzählige Kunstwerke, wie die Fresken aus dem 14. bis 16. Jahrhundert. Ebenfalls einen Besuch wert ist die Kirche Santa Maria Maggiore aus dem 15. Jahrhundert mit einer sehenswerten barocken Orgel.

Zu den besonderen Denkmälern der Stadt zählt die Grotte des Catull. Hierbei handelt es sich nicht um eine Grotte, sondern vielmehr um eine riesige Ruine, eine villenhafte Thermalanlage, die einst gigantische Ausmaße von 167 x 105 Metern besaß. Die palastartige Anlage war in Besitz des Poeten Gaius Valerius Catullus (87–54 v. Chr.). Die heutigen Ruinen erstrecken sich am nördlichen Ende der Halbinsel oberhalb der weißen Klippen und wirken aus der Ferne wie eine bizarre Klippenformation.

Wer sich etwas Gutes gönnen will, sollte an der östlichen Seite der Insel die Kiesstrände aufsuchen und den Füßen eine kleine »Kur« gönnen. Eine weitaus professionellere Kur wird in Sirmione ebenfalls angeboten. Denn seit 1889 werden die 62 Grad heißen Schwefelquellen zu Heilungs- und Genesungszwecken genutzt. Die »Therme di Sirmione« hilft bei rheumatischen Leiden, bei Erkrankungen der Atemwege, Erkrankungen von Hals, Nasen und Ohren, Gefäß- und Hauterkrankungen (www.termedisirmione.com).

Von Sirmione geht es über die Halbinsel zurück zur Straße Nr. 11, hier fährt man Richtung Westen und gelangt nach Desenzano del Garda (10 km).

KULTUR

SIRMIONES SKALIGERBURG

Ihre markanten Schwalbenschwanzzinnen sind ein Blickfang aus allen Richtungen. Einheimische bieten kleine Rundfahrten um die Burg bzw. um die Insel an. Die Burg, die auf den Grundmauern eines Römerkastells steht, verfügt über einen kleinen Innenhafen, zwei Zugbrücken, einige Wachtürme und ein kleines Museum. Lohnenswert ist der Aufstieg zum Hauptturm, von dem man einen zauberhaften Ausblick hat. Der einstige Stadtherr von Verona ließ die Festung im 13. Jahrhundert errichten, in erster Linie zu Zwecken der Machtdemonstration.

GRÖSSTE STADT AM GARDASEE

Das idyllische **Desenzano** befindet sich am südlichen Ufer des Gardasees am Golf von Desenzano. Es ist die größte Stadt am Gardasee, denn immerhin beheimatet sie fast 30 000 Bürger.

Desenzano blickt auf eine erlebnisreiche Vergangenheit zurück. Die Region war bereits in der Bronzezeit (2000–1800 v. Chr.) besiedelt, schon früh wurde ein Hafen angelegt und Waren umgeschlagen. Im 10. Jahr-

Rund um das kleine Hafenbecken in Desenzano reihen sich prächtige Wohnhäuser.

hundert gab es immer wieder kriegerische Auseinandersetzungen mit Ungarn und im 13. Jahrhundert mit Brescia und Verona.

Zu Beginn des 15. Jahrhunderts (1426) kam Desenzano unter die Herrschaft von Venedig, was Frieden und wirtschaftlichen Aufschwung bedeutete. Die Einwohnerzahl nahm stetig zu und der Hafen wurde ausgebaut. Vorrats- und Speichergebäude wurden gebaut, damit die Waren gelagert werden konnten. So entstand am Hafen, an der schönen Piazza Malvezzi, ein bezaubernder Arkadenbau, in dem u. a. das Getreide gelagert wurde und bei schlechtem Wetter Handel getrieben werden konnte.

Waren, die in der südlichen Gardaseeregion produziert wurden, wie Wein und Weizen, wurden zunächst in Desenzano auf Schiffe verfrachtet und dann nach Riva am nördlichen Ende des Gardasees transportiert. 1824 wurde bereits eine Schifffahrtslinie zwischen Desenzano und Riva eingerichtet. Hier verkehrte ein Dampfschiff mit einem 28-PS-Motor. Von Riva konnten die Güter schließlich über die Alpen bis nach Nordeuropa gebracht werden.

Durch die hohe wirtschaftliche Bedeutung der Stadt wurden immer mehr wohlhabende Kaufleute angezogen, die Handel trieben und mit eindrucksvollen Prachtbauten

KULTUR

VILLA ROMANA

Das bedeutendste Bauwerk Desenzanos ist die Villa Romana, erbaut im 3. Jahrhundert inmitten eines großen Feldes. Eigentümer war der Römer Decentius, von dem sich wahrscheinlich auch der Stadtname ableitet. Das Gebäude wurde von einem Erdrutsch begraben und erst 1921 zufällig von einem Handwerker, der an dieser Stelle ein Fundament für sein Haus anlegen wollte, entdeckt. Zu dem Hausbau kam es nicht, stattdessen legten Archäologen einige Teile des ehemaligen Prachtbaus frei. Besonders beeindruckend sind die Mosaiken. Die Villa Romana beinhaltet gegenwärtig ein kleines Museum, das u. a. über die Ausgrabungsgeschichte informiert.

Desenzano del Garda
Piazza Malvezzi
Dom
Shoppingzentrum „Il Leone"
572
Moniga del Garda
Marina
Bootsvermietung
Manerba
Wanderung
Rocca di Manerba
Salò

Promenade von Desenzano

ihren Wohlstand demonstrierten. Heute präsentiert sich Desenzano dem Besucher als einladende Stadt. In dem Straßen- und Gassengewirr der Stadt fühlt man sich schnell wohl. Kleine Cafés und Restaurants laden zum Verweilen ein und die netten Geschäfte bieten sich ideal zum Bummeln an.

An der Piazza Malvezzi schlägt das Herz der Stadt und Einheimische wie Besucher tummeln sich hier. Der schöne Palazzo Comunale, das ehemalige Rathaus, und der Palazzo del Provveditore stehen sich hier gegenüber. Beide wurden von dem Architekten Giulio Todeschini in der zweiten Hälfte des 16. Jahrhunderts geschaffen.

Auch der Dom Santa Maria Maddalena steht an der Piazza Malvezzi und wurde nach den Vorgaben von Todeschini 1586 umfangreich erweitert. Im Inneren faszinieren zahlreiche Kunstwerke, wie das »Letzte Abendmahl« von Giandomenico Tiepolo. Bei diesem Meisterwerk sitzt Jesus nicht in der Mitte, sondern in lockerer Haltung außen. Das Portal wurde im 18. Jahrhundert geschaffen und fügt sich gut in die dorische Fassade ein.

Von der Piazza erreicht man durch eine Gasse die Burg, welche oberhalb der Altstadt thront. Sie stammt aus der Antike, wurde im 12. Jahrhundert wiedererbaut und um 1480 befestigt.

Schön ist auch der Jachthafen gegenüber der Altstadt, nur einen Steinwurf von der Piazza Malvezzi entfernt. Hier kann man geschützt unter Bäumen sitzen und dem Treiben im Hafen zusehen. Hier befindet sich auch der Anleger der Ausflugsschiffe, die u. a. nach Sirmione ablegen (20 Minuten Fahrt).

Desenzano verlässt man über die Straße 572 in nördliche Richtung und passiert kleine Touristenorte wie **Padenghe sul Garda** und Moniga del Garda. Auf der Strecke liegen einige gute Bademöglichkeiten.

SPECIAL

EINKAUFSZENTRUM IL LEONE

Wenige Kilometer südlich von Desenzano befindet sich das ansprechende Einkaufszentrum Il Leone, das man über die Staatsstraße 567 erreicht. Hier kann man nach Herzenslust sieben Tage die Woche einkaufen. Insgesamt stehen rund 120 Geschäfte sowie einige Gastronomiebetriebe auf einer Fläche von 15 000 Quadratmetern zur Verfügung. Von Desenzano aus kann man auch mit dem kostenfreien Shuttlebus zum Einkaufszentrum fahren. Adresse: Via Montova, 25017 Lonato, www.illeonedilonato.de

KLEIN, ABER OHO

Wer Zeit hat, stattet dem attraktiven **Moniga del Garda** einen Besuch ab. Der kleine Ort befindet sich im Südwesten des Gardasees, in der Provinz Brescia, und verfügt über eine Burg, deren zinnengekröntes Mauerwerk 280 Meter lang ist. Der Turm der Festung wurde zum Glockenturm der Pfarrkirche umfunktioniert. Innerhalb der Burgmauern stehen zahlreiche Wohnhäuser. Die rechteckige Festung wurde bereits im 10. Jahrhundert errichtet. Sehenswert ist auch die Kirche Madonna della Neve aus dem 14. Jahrhundert mit einer Fassade im romanischen Stil.

Am Jachthafen Porto di Moniga wurde der Uferbereich attraktiv gestaltet und man

findet nette Lokale. Es bereitet Freude, die Wassersportler beim An- und Ablegen zu beobachten. Wer gern selbst ein Motorboot mieten möchte, stößt in der Nähe des Hafens auf Bootsvermietungen. Vor der Bootsabgabe kann man sehr praktisch in Porto di Moniga wieder volltanken.

Auf der Weiterfahrt trifft man nach wenigen Kilometern in **Manerba del Garda** ein. Hier lohnt sich der Stopp auf dem Campingplatz »Camping Zocco«.

Die weitere Route führt durch das Inland und über eine kleinere Straße hinunter in die Stadt Salò wieder zurück zum Gardasee. In **San Felice del Benaco** stehen einige größere Campingplätze zu Verfügung.

Bootsverleih in Moniga del Garda

Teile der Burgruine auf dem Rocca di Manerba

VOM ERDBEBEN GEZEICHNET

Die Stadt **Salò** hat eine reizvolle Lage unterhalb des Berges San Bartolomeo, an der großen Bucht, dem Golf von Salò, im südwestlichen Teil des Gardasees. Der wärmste Ort der Region liegt in der Provinz Brescia und beheimatet rund 11 000 Einwohner. Salò war bereits in der Römerzeit besiedelt und hatte zur Zeit der Lombarden und Venezianer einen hohen Stellenwert.

AUSFLUG

AUF DEN ROCCA DI MANERBA

Vom Campingplatz Zocco ausgehend sollte man eine kurze Wanderung auf den markanten Felsen Rocca di Manerba unternehmen. Die Tour auf den 216 Meter hohen Uferberg stellt keine besonderen Ansprüche an die körperliche Konstitution und der gemächliche Aufstieg wird durch einen grandiosen Blick über den Gardasee belohnt. Von den Ruinen einer mittelalterlichen Burg blickt man in nördlicher Richtung auf die Isola di Garda und sieht am Fuße des Felsens die Olivenhaine. Nach diesem Ausblick sollte man die Ruinen näher unter die Lupe nehmen. Die Venezianer zerstörten die Festung 1575. In der Nähe der Ruine befinden sich das »Museo della Rocca di Manerba« – ein kleines archäologisches Museum – und eine Gaststätte.

Blick auf Salò

1901 wurde die Stadt durch ein Erdbeben zu großen Teilen zerstört. Mit Liebe wurde sie wiederaufgebaut und so trifft der Reisende auf eine gepflegte und einladende Stadt, die sich unterhalb des Berges am Ufer erstreckt. Die Promenade lädt zum Flanieren und Verweilen ein und in den Gassen der Innenstadt findet man im Sommer lauschige und schattige Plätze. Der Tourismus hat sich hier glücklicherweise nicht so durchgesetzt wie an anderen Orten des Gardasees und so hält sich der Trubel in den Sommermonaten in erträglichen Grenzen.

Salò ist der Geburtsort des Geigenbauers Gasparo Bertolotti (1540–1609), der die erste Violine baute, die Meistern wie Stradivari als Vorbild diente. An der Promenade erinnert ein Denkmal an den großen Sohn der Stadt.

Zu den vielen sehenswerten Gebäuden gehört in erster Linie der Palazzo del Capitano. Dieser Prachtbau stammt ursprünglich aus dem Jahr 1386, auch er musste nach dem Erdbeben wiederaufgebaut werden. Die schöne venezianische Fassade wurde von dem Renaissancekünstler Sansovino geschaffen. Heute ist in dem Gebäude das Rathaus untergebracht.

Der benachbarte kleine venezianische Palazzo della Magnifica Patria bildet mit dem Rathaus eine bezaubernde Einheit. Sie verfügen über einen schönen Laubengang, die Loggia della Magnifica Patria. Der Gebäudekomplex umfasst neben den salonähnlichen Laubengängen ein archäologisches Museum mit Fundstücken aus der Römerzeit, eine Polizei und eine Touristeninformation.

KULTUR

SANTA MARIA ANNUNZIATA

Schönstes sakrales Bauwerk Salòs ist der spätgotische Dom Santa Maria Annunziata, die größte Kirche am Gardasee. Mit dem Bau wurde 1453 nach dem Entwurf von Filippo delle Vacche begonnen. Das schöne Renaissanceportal trägt die Handschrift von Antonio della Porta und Gasparo Cairano und wurde 1509 geschaffen. Im Inneren beherbergt die dreischiffige Kirche zahlreiche Kunstwerke, zu denen die Deckenfreske Mariä Himmelfahrt im Presbyterium, das Hauptaltarbild aus dem 15. Jahrhundert und die holzgeschnitzte Figurengruppe »Tod Christi« (16. Jh.) in der Kapelle gehören. Beachtenswert ist auch das hölzerne Kruzifix in der Taufkapelle, das von dem deutschen Holzschnitzer Hans von Ulm im Jahr 1449 angefertigt wurde.

In Salò lohnt sich eine Besichtigung des Domes.

Oberhalb des Domes befindet sich der Palazzo Fantoni mit dem geschichtlichen Museum und Exponaten (Uniformen und Waffen) aus der Zeit zwischen 1796 und 1945, der Napoleonischen Zeit und der beiden Weltkriege. Weitere besondere Bauwerke Salòs sind das Garibaldi-Tor aus dem 18. Jahrhundert und die kleine Barockkirche San Giovanni Decollato mit einem sehenswerten Altarbild, das die Enthauptung Johannes des Täufers zeigt und von Zenone Veronese angefertigt wurde. Den Tag kann man bestens in einer der vielen Bars oder Restaurants an der Promenade ausklingen lassen.

Von Salò gelangt man rasch in die nur wenige Kilometer entfernte, sehenswerte Nachbarstadt Gardone Riviera.

MONDÄNER URLAUBSORT

Das rund 2700 Einwohner zählende Örtchen **Gardone Riviera** am südwestlichen Ufer des Gardasees unterhalb des 907 Meter hohen und mit Zypressen und Olivenbäumen bewachsenen Monte Lavino ist sehenswert. Nähert man sich dem Ort von der Wasserseite, versprüht er ein besonderes Flair und man wird neugierig. Dieses »Klein-Nizza« möchte man näher kennenlernen. Das einst so natürliche und unberührte Fischerdörfchen verdankt seinen Bekanntheitsgrad nicht zuletzt dem deutschen Hotelier Ludwig Wimmer, der im Jahr 1880 das luxuriöse Grand Hotel Gardone Riviera mit beachtlichen 400 Betten bauen ließ und so der Wegbereiter für den Fremdenverkehr in diesem verschlafenen Ort war.

Dann war es der deutsche Forscher Dr. Ludwig Rhoden, der das Klima in diesem Ort als heilend anpries, was zur Folge hatte, dass es im Sommer und Winter Erholung- und Genesungsuchende aus der Oberschicht in das Örtchen zog.

Der Dritte im Bunde war der deutsche Arzt Arthur Hruska, der von der reichhaltigen Flora begeistert war und 1910 einen einzigartigen botanischen Garten gestalten ließ. Die Grundsteine für den Tourismus waren also gelegt. Wohlhabende Reisende kamen in Scharen, viele von ihnen blieben und ließen Prachtbauten errichten. Unter ihnen auch der

Gardone Riviera gehört zu den traditionsreichen Touristenorten am Gardasee.

Dichter und Patriot Gabriele D'Annunzio, der hier 1938 starb und mit dem »Vittoriale degli Italiani« ein unvergleichliches Denkmal schuf. Auf dem Gelände seiner Villa ist zu seinem Ruhm eine Gedenkstätte mit besonderen Gegenständen wie dem Schiff »Puglia«, dem Torpedoboot »Mas 96« und dem Flugzeug des Angriffs auf Wien entstanden. Darüber hinaus verfügt das Museum über ein Freilichttheater für rund 1500 Zuschauer.

Denjenigen, die an nationalistischen Museen nicht so interessiert sind, sei ein Spaziergang auf der herrlichen Promenade empfohlen. Hier kann man noch das Flair vergangener Tage einfangen, als überwiegend die Hautevolee zwischen Straßencafés und Ufer flanierte. Die Promenade wurde 1901 errichtet und steht auf Stelzen. Sehenswertes Gebäude am Ufer ist der auffällige Torre San Marco aus dem 19. Jahrhundert. In dem winzigen

SPECIAL

ISOLA DEL GARDA

Von Gardone Riviera lohnt eine Schifffahrt zur reizvollen Isola del Garda, unter den wenigen Eilanden des Sees das größte. Immerhin ist die Insel 1,1 Kilometer lang, allerdings nur 60 Meter breit. Der kleine Fleck hat Geschichte. Karl der Große schenkte die Insel im 9. Jahrhundert den Mönchen von San Zeno und im Jahre 1220 ließ Franz von Assisi hier ein Kloster errichten, das während der Napoleonischen Kriege zerstört wurde. Heute befindet sich die Insel im Privatbesitz der Familie Borghese-Cavazza, darf aber besucht werden, denn die Einnahmen dienen dazu, die anfallenden Renovierungsarbeiten durchzuführen. Interessierte besichtigen die englischen und italienischen Gärten sowie einige Räume der Villa. Viele Wassersportler scharen sich im Sommer um die Insel. Wildes Anlegen ist verboten, doch der Blick auf den wunderschönen Palazzo Scipione Borghese im neugotischen-venezianischen Stil ist erlaubt. Zu unterschiedlichen Zeiten steuern Ausflugsschiffe von diversen Gardasee-Orten aus die Insel an (www.isoladelgarda.com).

Hafen lag das Torpedoschiff des exzentrischen Dichters D'Annunzio.

Neben der einladenden Innenstadt mit netten Gassen lohnt sich der Besuch des botanischen Gartens (Giardino Botanico Hruska). Der Artenreichtum ist verblüffend und die Anlagen sind eine Stiftung des Aktionskünstlers André Heller.

Das mondäne Örtchen Gardone Riviera verlässt man in nordöstliche Richtung über die Straße 45 bis, die Gardesana Occidentale. Sie verbindet die Orte Salò und Limone und wurde 1931 fertiggestellt. Sie ist ein Meisterwerk des Straßenbaus und bietet zwischen den vielen Tunneln und Galerien grandiose Ausblicke auf den Gardasee. Da man an der Uferseite entlangfährt, ist der Respekt vor den schroffen Felsen gering, dennoch sollte man aufgrund teils schmaler Abschnitte in einem angemessenen Tempo und in Kurven vorausschauend fahren (hupen!).

Nach wenigen Kilometern erreicht man die beiden Ortschaften **Toscolano** und **Maderno**. Hier hat man auch die Möglichkeit, mit der Fähre zum Ostufer nach **Torri del Benaco** zu fahren. In dem vereinten Ort machen gern Italiener Urlaub. Man schätzt die Strände sowie die Wassersporthäfen und stattet dem Zoo oder der schönen Kirche Sant'Andrea Apostolo (12. Jh.) einen Besuch ab.

Auf der weiteren Strecke nach Gargnano befinden sich einige Campingplätze. Stellplätze stehen hier aufgrund der wenigen Freiflächen nicht zur Verfügung.

PERFEKTE ITALIENISCHE ATMOSPHÄRE

Erst seit Fertigstellung der Westuferstraße Gardesana Occidentale kann man den attraktiven Ort **Gargnano** (3000 Einw.) problemlos erreichen. Er liegt in der Mitte des Westufers unterhalb des 1047 Meter hohen Monte Magno und ist einen Ausflug unbedingt wert.

Gargnano besteht aus 13 Ortsteilen. Im kleinen Zentrum dieser idealtypischen italienischen Stadt meint der Besucher, die Idylle gepachtet zu haben. Rund um das kleine Hafenbecken stehen schmucke Gebäude in matten Pastellfarben und kleine Mandarinenbäume bringen weitere Farbtupfer ins malerische Bild. Auch eine kurze Promenade am Ufer mit Restaurants und Eiscafés zu zivilen Preisen besitzt der Ort. Und wenn laute Vespas durch die Stadt knattern, ist die italienische Atmosphäre perfekt.

Zu Gargnanos schönsten Bauwerken gehört der Palazzo Comunale im Zentrum, erbaut im Jahre 1582. Im oberen Teil der Stadt

Auf der Insel Isola del Garda befindet sich der Palazzo Scipione Borghese.

Kurzer Stopp in Toscolano-Maderno

Limone ist eines der schönsten Dörfer am Gardasee.

steht die hübsche Kirche San Martino aus dem 18. Jahrhundert. Die kleine Kirche San Giacomo di Calino (11.–12.Jh.) besitzt grandiose Fresken. An der Fassade ist Sankt Christophorus zu sehen, der hinaus auf den See blickt.

Gargnano ist mit den beiden umliegenden Orten **Bogliaco** und **Villa** zusammengewachsen. Gemeinsam verfügen sie über etliche Villen und Prachtbauten. In Bogliaco beeindruckt der Palazzo Bettoni, der am Ufer steht und etwas klobig wirkt. Doch zu ihm gehört ein Juwel, ein wunderschöner italienischer Garten, der zwischen 1764 und 1769 angelegt wurde. Leider ist der Garten von dem Palazzo durch die stark befahrene Hauptstraße getrennt.

Außerhalb von Gargnano, im Vorort San Faustino, steht die Villa Feltrinelli, die erst 1894 erbaut wurde, jedoch wegen ihres ehemaligen Bewohners bekannt wurde. In den Jahren 1943 bis 1945 wohnte hier der italienische »Führer« Benito Mussolini, was dem Haus einst den Beinamen »Villa del Duce« einbrachte. Ein amerikanischer Millionär und Hotelier kaufte im Jahre 1997 die Villa und

SPECIAL

FLORA AM GARDASEE

Nirgendwo anders stehen so weit im Norden noch Zitronenbäume wie im Norden des Gardasees, z. B. in Limone – ein Indikator für das milde Klima am See. Auch Feigenbäume, die man hier vorfindet, benötigen es mild. Ebenso sind die großen Olivenhaine rund um den Gardasee die nördlichsten. Olivenöl vom Gardasee ist begehrt, da es sehr vitaminreich und aromatisch ist. Ein besonders artenreicher Raum ist der Gebirgszug Monte Baldo, an seinen Hängen gedeihen mehr als 600 verschiedene blühende Pflanzen. Darüber hinaus wird das farbenprächtige Landschaftsbild rund um den Gardasee von Oleanderhecken, markanten Bäumen wie Zypressen und Zedern und natürlich von Weinreben bestimmt. Die Landschaft rund um den Gardasee ist von Menschenhand geschaffen. Lediglich die steilen Berghänge weisen teilweise eine natürliche Vegetation auf. In den Städten stehen überwiegend Ahorn, Platanen, Palmen und Linden. Geranien, Azaleen, Rosen, Schwertlilien und Margeriten bringen leuchtende Farben in das Stadtbild.

ließ sie zum prachtvollen »Grand Hotel a Villa Feltrinelli« umbauen.

Zwischen Gargnano und dem nächsten Ziel Limone müssen rund 20 Kilometer zurückgelegt werden. Hierbei geht die Fahrt durch etliche kurze und lange Tunnel und nur wenige Gelegenheiten bieten sich zum Parken. Wer sich Limone nähert und zahlreiche Zitronenbäume passiert, glaubt, er hätte den Grund der Namensgebung erkannt. Doch auch wenn über Jahrhunderte in der Region intensiv Zitronenanbau betrieben wurde, leitet sich der klangvolle Ortsname von dem lateinischen Wort »limes« ab, was »Grenze« bedeutet. Denn immerhin lag der Ort bis zum Ende des Ersten Weltkrieges an der Grenze zu Österreich.

AM FUSSE HOHER BERGE

Limone hat eine reizvolle Lage unterhalb steiler Berge am Ostufer. Hier leben rund 1200 Menschen. Der florierende Fremdenverkehr beschert vielen einen gesicherten Arbeitsplatz. Früher war neben dem Fischfang der Anbau von Zitronen eine wichtige Einnahmequelle. Die Region rund um Limone ist das nördlichste Zitronenanbaugebiet Europas und war über Jahrhunderte hinweg ein wichtiger Wirtschaftszweig. Heute sieht man noch die großen Plantagen, die sogenannten »limonaie«, in denen die Obstbäume im Winter geschützt wurden. Sie sind nicht als ehemalige Treibhäuser zu erkennen, da ihnen die Verglasung fehlt.

Nach der Fertigstellung der wichtigen Verbindungsstraße Gardesana Occidentale im Jahre 1930 hielt der Tourismus in Limone Einzug. In den 1950er- und 1960er-Jahren kamen die Reisenden verstärkt und es wurden einige Hotels gebaut. Der Besucherstrom hat bis heute nicht nachgelassen und so herrscht in den Gassen und auf den Promenaden im Sommer viel Trubel.

Limone verfügt über eine gepflegte Altstadt, eine schöne Uferpromenade, einen kleinen idyllischen Hafen sowie kleine Strände. Von hier aus blickt man über den Gardasee zur gegenüberliegenden Stadt Malcesine, die rund sechs Kilometer entfernt ist. Limone

Der Limoncello ist ein schmackhaftes Mitbringsel und kann in der Altstadt von Limone gekauft werden.

ist ein guter Ausgangspunkt für Ausflüge mit den kleinen Passagierschiffen.

Zu den Sehenswürdigkeiten der Stadt gehören die Pfarrkirche San Benedetto und die romanische Kirche San Pietro, die inmitten eines Olivenhains etwas außerhalb der Stadt steht. Oberhalb des Ortes befindet sich die Kirche San Rocco (1436), die man über einige Stufen erreichen kann. Im Inneren sind schöne Renaissancefresken zu bewundern.

Man verlässt Limone in nördliche Richtung und setzt die Route auf der Straße 45bis fort. Links der Straße steigen die Berge steil an und haben Höhen bis zu 1591 Metern (Monte Carone). Nach wenigen Kilometern verabschiedet sich die Provinz Lombardei und man erreicht die Provinz Trentino-Südtirol. Auf dieser Strecke besteht kein Uferso-

Salò
Altstadt
Dom
Promenade
3 km 45 bis
Gardone Riviera
Botanischer Garten
Ausflug Isola del Garda
10 km 45 bis
Gardesana Occidentale
Gargnano
Villa Feltrinelli
20 km 45 bis
viele Tunnel
Limone
Altstadt
Limonaie
Pfarrkirche
14 km 45 bis
Riva
Altstadt
Skaligerburg
Torre Apponale
Ponale Kraftwerk
Promenade
Wanderung
Ziel

SPECIAL

DAS PASSENDE MITBRINGSEL

Wer durch die Gassen von Limone schlendert, erblickt in zahlreichen Schaufenstern und in Körben vor den Geschäften Flaschen mit gelb leuchtendem Inhalt. Es handelt sich hierbei um Limoncello, ein Likör aus Zitronen, der insbesondere auf Sizilien und am Golf von Neapel hergestellt wird. Seit geraumer Zeit findet er seine zufriedenen Abnehmer auch in Limone.

In Riva steht der alte, 34 Meter hohe Turm »Torre Apponale«.

ckel und so führen zahlreiche Tunnel durch die Berge.

Im weiteren Verlauf erreicht man die Stadt Riva del Garda am Nordufer des Gardasees. Sie bildet den Endpunkt der Rundreise. Nur wenige Kilometer östlich befindet sich Torbole, Ausgangspunkt der Reise. Zum Abschluss der lohnenswerten Rundreise sollte man die zweitgrößte Stadt am Gardasee genauer unter die Lupe nehmen. Es lohnt sich! Ein Stellplatz und mehrere Campingplätze bieten sich für einen mehrtägigen Aufenthalt an.

ENDSTATION DER REISE

Riva mit seinen rund 14 500 Einwohnern befindet sich am nördlichsten Ende des Sees und liegt etwas eingezwängt unterhalb der Trentiner Alpen, die sich unmittelbar an die Altstadt anschließen. Die Stadt blickt auf eine ereignisreiche Geschichte zurück. Archäologische Funde weisen darauf hin, dass der Raum bereits in der Jungsteinzeit besiedelt war.

Riva war stets sehr umkämpft und wurde im Laufe der Geschichte von den Goten, den Langobarden und den Franken regiert. Im 13. und 14. Jahrhundert wurde die Stadt auch von den Skaligern, dem Herrschergeschlecht aus Verona, beherrscht. Später übernahmen Mailand, Venedig, das Fürstentum Trient und Frankreich unter Napoleon die Macht in Riva. Von 1815 bis 1918 regierten die Österreicher. Am 3. November 1918 befreiten italienische Truppen die Stadt.

Riva ist traditioneller Handels- und Umschlagplatz zwischen Italien und Deutschland. Eine große Rolle spielt hierbei die wichtige Schifffahrtslinie von Desenzano nach Riva, die bereits 1824 eingerichtet wurde. Neben dem Handel ist auch der Fremdenverkehr wichtig und bereits zu Beginn des 20. Jahrhunderts war dem Adel und dem Bürgertum Mitteleuropas die Stadt als Erholungsort ein Begriff. So zog es auch Prominente wie Thomas Mann, Franz Kafka und Friedrich Nietzsche dorthin. Heute präsentiert sich Riva als attraktive Hafenstadt mit einer schönen Altstadt, lebendigen Plätzen, engen Gassen, prächtigen Bauten und einer beindruckenden Bergkulisse.

SPECIAL

PONALE-KRAFTWERK IN RIVA

Schaut man von dem Platz unterhalb des Torre Apponale in südwestliche Richtung, erkennt man ein großes gelbes Gebäude unterhalb der Felsen. Es handelt sich um das im Jugendstil erbaute Ponale-Kraftwerk, das 1925 in Betrieb genommen wurde und die Region mit Strom versorgt. Durch lange Rohre läuft das Wasser aus dem rund 600 Meter höher liegenden Ledrosee hinab und treibt die Turbinen zur Stromerzeugung an. Jährlich werden rund 80 Millionen Kilowattstunden Strom produziert.

Der schönste Platz der Stadt ist die Piazza III Novembre, der an die Befreiung Rivas erinnert. Hier stehen schmucke Gebäude, Bürger sitzen in den Straßenrestaurants oder am Ufer. Der Platz öffnet sich zum Gardasee und wird überragt von dem Torre Apponale. Der 34 Meter hohe Steinturm prägt die Silhouette der Stadt und ist ihr Wahrzeichen. Er stammt ursprünglich aus dem Jahr 1220, wurde aber 1555 nochmals aufgestockt. Auf jeden Fall sollte man seine vielen Stufen hinaufsteigen, denn der Ausblick ist sehr reizvoll. Danach kann man sich unterhalb des Turmes in den Cafés oder Eisdielen stärken.

Wieder zurück zur schönen Piazza III Novembre und weiter über die Via Gazzoletti erreicht man einen weiteren attraktiven Platz, die Piazza Battisti, und steht direkt vor La Rocca, einer Skaligerburg. Sie wurde im Jahr 1124 erbaut, aber erst die mächtigen Skaliger machten aus ihr, was sie heute ist. Umgeben ist sie von einem Wassergraben, der teils als Hafen genutzt wird, und über eine Brücke erreichbar. Die Funktion als Festungsanlage hat sie schon lange verloren. Heute ist darin das Stadtmuseum (*Museo Civico*) untergebracht, mit einer umfangreichen Kunstsammlung italienischer Maler sowie Ausstellungen mit römischen und mittelalterlichen Funden.

Von der ehemaligen Festung ausgehend erreicht man über die Piazza Garibaldi die Kirche Santa Maria Assunta, ein beindruckendes Barockgebäude. Das einschiffige Gotteshaus wurde 1728 gebaut, verfügt über mehrere Altäre und beeindruckt durch ein großes Maria-Himmelfahrt-Bild von Giuseppe Craffonara. Von der Kirche gelangt man in die schönen Gassen, die in den Sommermonaten erwünschten Schatten bieten. Man geht vorbei an interessanten Geschäften und kleinen Ladenlokalen.

Auch am Abend, wenn in Riva wieder Ruhe einkehrt, macht es Spaß, durch die Gassen zu flanieren.

Wer dem Trubel der Altstadt entfliehen möchte, sollte die Uferpromenade aufsuchen. Auch sie ist von der Burg aus ganz einfach zu erreichen. Die schöne Promenade verbindet die Orte **Torbole** und Riva del Garda miteinander und ist rund vier Kilometer lang. Spaziert man nach Torbole, geht es zunächst durch eine wunderschöne Parkanlage und im weiteren Verlauf erreicht man die Marina Porto San Nicolò mit der einladenden »Sailing Bar«. Hier sitzt man gemütlich und entspannt auf der Terrasse und schaut den Seglern beim Ein- und Auslaufen zu. Das Fahren mit dem Motorboot ist in dem Gewässerabschnitt vor Riva verboten.

AUSFLUG

AUFSTIEG ZUR BASTION

Von der Hafenmole Rivas hat man einen wunderbaren Blick auf die Stadt und erkennt oberhalb die Ruinen der hellen Bastion. Wer sie zu Fuß erreichen möchte, muss über den serpentinenreichen Weg »Passeggiata Santa Maddalena« rund eine halbe Stunde bergauf laufen. Die Anstrengung lohnt sich auf jeden Fall, denn man erhält aus einer Höhe von 212 Metern einen unvergesslichen Ausblick über die schöne Stadt Riva und den nördlichen Gardasee. Die Festung wurde 1508 im venezianischen Stil errichtet und 1703 zerstört, daher sind nur noch Teile der Burg zu sehen. Wenn man von der Ruine weiter zur Santa-Barbara-Kapelle wandern möchte, benötigt man wiederum eine halbe Stunde. Allerdings ist der Aufstieg weitaus anspruchsvoller.

PRAKTISCHE HINWEISE

KARTE

Marco Polo Freizeitkarte Gardasee, 1:100 000

TOURISTINFORMATIONEN

Touristeninfo Torbole, Lungolago Conca d'Oro 25, 38069 Torbole, Tel. +39 0464 505177, www.gardatrentino.it

APT Riviera degli Olivi, Lungo Regina Adelaide 3, 37016 Garda, Tel. +39 045 6270384, www.aptgardaveneto.de

IAT Verona, Via degli Alpini 9 (Piazza Bra), 37100 Verona, Tel. +39 045 8068680, www.tourism.verona.it

Touristeninfo Sirmione, Viale Marconi 2, 25019 Sirmione, Tel. +39 0309 16114, www.visitgarda.com

Touristeninformation Riva del Garda, Lungolago Medaglie d'Oro, 38066 Riva del Garda, Tel. +39 0464 554444, www.gardatrentino.it

Informationen über die Abfahrtszeiten der Fähren und Ausflugsschiffe liefert die Webseite www.navigazionelaghi.it.

Stellplatz Serenella in Bardolino

CAMPING- UND STELLPLÄTZE

C 200 **Torbole:** Camping al Porto (S. 278 D1)
GPS: N 45°52'19" E 10°52'23"
Dichte Hecken umgeben den ebenen Campingplatz. Nur wenige Schritte sind es in das Herz des freundlichen und lebendigen Ortes Torbole. Camping al Porto befindet sich direkt am Ufer, das man über einen separaten Ausgang erreicht. Hier befinden sich der kleine Hafen und der Strand. Insbesondere Surfer und Segler kommen hier auf ihre Kosten. Die Parzellen verfügen über Schatten spendende Bäume. Bei der Anfahrt muss man vorsichtig durch eine enge Heckengasse fahren!
Adresse: Via al Cor 3, 38069 Torbole, Tel. +39 0464 505891, www.campingalporto.it

S 201 **Torbole:** Stellplatz Camperstop Torbole (S. 278 D1)
GPS: N 45°52'21" E 10°52'21"
Wenige 100 m vom nördlichen Ufer des Gardasees entfernt befindet sich der große Stellplatz von Torbole. Hier stehen zahlreiche Plätze auf einer Wiese zur Verfügung. Der Stellplatz ist gut ausgestattet, verfügt u. a. über ein Sanitärgebäude und ist ganzjährig geöffnet.
Adresse: Via al Cor 2 A, 38069 Torbole

C 202 **Malcesine:** Camping Lombardi (S. 278 C1)
GPS: N 45°47'03" E 10°49'19"
Der gepflegte Platz liegt rund 2,5 km nördlich von Malcesine direkt am Ufer. Einige Plätze bieten einen Blick auf den Gardasee. Das Gelände ist teils eben, teils geneigt und das Wohnmobil steht unter alten Olivenbäumen. Der Platz ist gut ausgestattet und bietet auch Tagesstellplätze für Wohnmobile.
Adresse: Via Navene Vecchia 141, 37018 Malcesine, Tel. +39 045 7400849, www.campinglombardi.com

S 203 **Assenza di Brenzone:** Stellplatz Punto Verde (S. 278 C2)
GPS: N 45°43'43" E 10°46'53"
Rund 20 Reisemobile können auf dem gebührenpflichtigen Schotterplatz stehen.
Adresse: Via de Loc. 3, 37010 Assenza die Brenzone, Tel. +39 045 7420361, www.campingpuntoverde.altervista.org

S 204 **Torri del Benaco:** Stellplatz Parcheggio di Castello (S. 278 C2)
GPS: N 45°36'22" E 10°41'08"
Im Zentrum von Torri del Benaco, neben der Skaligerburg, befindet sich der gebührenpflichtige Parkplatz »Parcheggio di Castello«, der auch für kompakte Wohnmobile einige Übernachtungsplätze anbietet.
Adresse: Via Gardesana/Via Oliveti 9, 37010 Torri del Benaco

S 205 **Garda:** Stellplatz im Zentrum (S. 278 C2)
GPS: N 45°34'30" E 10°42'37"
Vom Parkplatz »Parcheggio dei Tigli« sind es nur wenige Schritte bis in die nette Altstadt von Garda. Der Parkplatz verfügt über parzellierte Übernachtungsplätze für Wohnmobile. Bezahlt wird am Parkautomaten. Tagsüber ist die benachbarte Durchfahrtsstraße gut zu hören. Am Abend und in der Nacht wird es ruhiger.
Adresse: Via C. Colombo 1, 37016 Garda, www.comunedigarda.it

S 206 **Garda:** Stellplatz Via Carmelo Preite (S. 278 C2)
GPS: N 45°34'36" E 10°42'51"
Der Stellplatz »Parcheggio Centro« befindet sich im Zentrum am Rande eines Großparkplatzes und ist im Zentrum von Garda ausgeschildert.
Adresse: Via Carmelo Preite 5, 37016 Garda

S 207 **Bardolino:** Stellplatz Serenella (S. 278 C2)
GPS: N 45°33'42" E 10°42'54"
Der einfache Stellplatz mit leicht geneigten Stellflächen befindet sich zwischen Garda und Bardolino direkt an der Hauptstraße. Unterhalb des Platzes verlaufen die Promenade und das Seeufer. Einige Plätze bieten sogar Seeblick! Zur Altstadt von Bardolino sind es rund 1,5 km. Über die schöne Promenade gelangt man nach rund 15 Minuten dorthin.
Adresse: Strada Gardesana, 37011 Bardolino

Badelandschaft des Campingplatzes Piani di Clodia in Lazise

Links unten: Stellplatz im Zentrum von Garda

Unten: Camping al Porto in Torbole

C 208 **Bardolino:** Camping Serenella (S. 278 C2)
GPS: N 45°33'33" E 10°43'00"
Der gut ausgestattete Campingplatz liegt nur wenige Meter vom Ufer des Gardasees entfernt an der langen Uferpromenade. Rund 2 km zu Fuß nach Garda und 1,5 km bis Bardolino. Oleanderhecken, Laubbäume sowie Olivenbäume prägen den Platz, der neben Restaurant und Kiosk auch ein gutes Wassersportangebot (u. a. Wasserski) hat.
Adresse: Loc. Mezzariva 19,
37011 Bardolino, Tel. +39 045 7211333,
www.camping-serenella.com

C 209 **Bardolino:** Campingplatz Europa (S. 278 C2)
GPS: N 45°32'33" E 10°43'29"
Der Campingplatz erstreckt sich südlich von Bardolino und liegt zwischen dem Ufer des Gardasees und der Hauptstraße SS249. Er bietet ebene und parzellierte Stellflächen. Zum Kiesstrand sind es nur wenige Schritte und über die Promenade erreicht man in wenigen Gehminuten die Altstadt von Bardolino. Der Campingplatz verfügt auch über eine Pizzeria.
Adresse: Via Santa Cristina 12,
37011 Bardolino, Tel. +39 0457 211089,
www.campinggarda.it

S 210 **Lazise:** Stellplatz Lazise Dardo (S. 278 C3)
GPS: N 45°30'19" E 10°44'10"
Am östlichen Rand der Altstadt von Lazise befindet sich der einfache und ganzjährig geöffnete Stellplatz. Rund 15 Reisemobile können auf der ebenen Rasen- und Schotterfläche stehen. Nach wenigen Gehminuten erreicht man die nette Altstadt von Lazise.
Adresse: Via San Martino, 37017 Lazise

C 211 **Lazise:** Campingplatz Piani di Clodia (S. 278 C3)
GPS: N 45°28'58" E 10°43'45"
Der Campingplatz gehört zu den besten Anlagen am Gardasee. Eine umfangreiche Ausstattung u. a. mit einer Badewelt prägt den Platz am Ufer des Sees. Erholen kann man sich bestens am Strand, während sich

Camping Europa in Bardolino

viele Sportanlagen für Aktivurlauber anbieten. Auf dem geneigten Campingplatz wurden terrassierte Plätze mit Bäumen angelegt. Natürlich bietet der Campingplatz auch ein gutes gastronomisches Angebot. Mit dem kostenfreien Bus geht es in das rund 2,5 km nördlich liegende Örtchen Lazise.
Adresse: Via Fossalta 42, 37017 Lazise, Tel. +39 045 7590456, www.pianidiclodia.it

C 212 **Lazise:** Camping Internazionale La Quercia (S. 278 C3)
GPS: N 45°29′34″ E 10°43′59″
Der große und bestens ausgestattete Campingplatz liegt rund 2 km südlich des Örtchens Lazise. Hier steht man auf ebenen Rasenflächen. Zur umfangreichen Ausstattung gehören eine Badelandschaft, ein Wellness-Center, Kinderspielplätze, Tennisanlage und Minigolf sowie Mini-Markt und Restaurant. Freude bereitet der rund 6500 m² große Sandstrand.
Adresse: Loc. Bottona, 37017 Lazise, Tel. +39 045 6470577, www.laquercia.it

S 213 **Fossalta** (Lazise): Stellplatz Amici di Lazise (S. 278 C3)
GPS: N 45°28′45″ E 10°43′35″
Wenige Kilometer südlich von Lazise, in dem Ort Fossalta, biegt man von der Hauptstraße in die Strada del Roccolo ab und erreicht den Stellplatz »Camper Stop Amici di Lazise«. Auf einem ebenen Gelände stehen rund 70 Plätze für Reisemobile zur Verfügung. Zum Strand sind es rund 400 m.
Adresse: Strada del Roccolo 8, 37017 Fossalta, Tel. +39 045 6490146

C 214 **Peschiera del Garda:** Campingplatz Bella Italia (S. 278 C3)
GPS: N 45°26′31″ E 10°40′42″
Der große Campingplatz liegt westlich von Peschiera, ist bestens ausgestattet und erstreckt sich auf einem leicht geneigten Wiesengelände. Zahlreiche Sanitärgebäude, Supermarkt, Restaurants, Pool, Spielplätze u. v. m. prägen den Campingplatz. Für Familien gibt es ein umfangreiches Animationsprogramm. Über die Seepromenade erreicht man nach rund 1,5 km die Altstadt von Peschiera.
Adresse: Via Bella Italia 2, 37019 Peschiera, Tel. +39 045 6400688, www.camping-bellaitalia.it

Camping Internazionaale La Quercia in Lazise

Campingplatz Bella Italia in Peschiera del Garda

S 215 **Peschiera del Garda:** Stellplatz Zentrum (S. 278 C3)
GPS: N 45°26′22″ E 10°41′4″
Rund 1km östlich der Altstadt von Peschiera befindet sich der große Stellplatz »Area Camper Peschiera Centro«. Hier steht das Reisemobil auf einer befestigten Schotterfläche.
Adresse: Via Milano 43, 37019 Peschiera

S 216 **Peschiera del Garda:** Stellplatz Frassino (S. 278 C3)
GPS: N 45°32′33″ E 10°43′29″
Ein weiterer großer Stellplatz liegt rund zwei Kilometer südwestlich der Altstadt, unterhalb der Autobahn A4. Der große Schotterplatz ist gut ausgestattet und ganzjährig geöffnet.
Adresse: Via Frassino 11, 37019 Peschiera del Garda

S 217 **Verona:** Stellplatz Porta Palio (S. 278 D3)
GPS: N 45°26′4″ E 10°58′41″
Am Rande der prächtigen Altstadt von Verona bietet sich der Stellplatz in der Nähe des wuchtigen Stadttores Porta Palio zum Übernachten an. Unter hohen Bäumen stehen hier ebene Asphaltflächen zur Verfügung. Der Stellplatz ist ganzjährig geöffnet, bezahlt wird am Parkautomaten.
Adresse: Via Gianattilio dalla Bona, 37138 Verona

S 218 **Sirmione:** Stellplatz Parcheggio P1 (S. 278 C3)
GPS: N 45°29′13″ E 10°36′37″
Mit dem Wohnmobil kann man kaum besser stehen als auf dem kostenpflichtigen Parkplatz am Rand von Sirmione. Auf ebenen Asphaltflächen parkt man teilweise direkt am Ufer, bezahlt wird am Parkautomaten. Nur wenige Schritte sind es zur Skaligerburg und zur Altstadt.
Adresse: Piazzale Montebaldo, 25019 Sirmione

C 219 **Colombare di Sirmione:** Camping Sirmione (S. 278 C3)
GPS: N 45°28′7″ E 10°36′37″
Als Campingplatz empfiehlt sich Camping Sirmione rund 2km südlich der Altstadt. Über die Uferpromenade gelangt man an’s Ufer mit der Liegewiese und dem Badesteg.
Adresse: Via Sirmioncino 9, 25019 Colombare di Sirmione, Tel. +39 030 919045, www.camping-sirmione.it

S 220 **Desenzano del Garda:** Stellplatz Pit Stop La Spiaggia (S. 278 C3)
GPS: N 45°29′15″ E 10°31′19″
Der Stellplatz mit seinen rund 50 Stellflächen befindet sich rund 2km nördlich von Desenzano in der Nähe des Seeufers. Ruhig gelegen, verfügt er über ebene Flächen auf Sand und Gras.
Adresse: Via Valtenesi 19, 25015 Desenzano

Der Campingplatz »Camping Zocco« in Manerba bietet einige Stellplätze direkt am Wasser.

C 221 **Manerba:** Camping Zocco (S. 278 C2)
GPS: N 45°32′24″ E 10°33′21″
Der gut ausgestattete Campingplatz liegt sehr ruhig am Ortsrand des Dorfes Manerba direkt am See. Von einigen Stellplätzen aus bietet sich ein herrlicher Blick über den Gardasee. Neben einem Pool verfügt der Campingplatz über einen langen Kiesstrand am See. Mit dem Reisemobil steht man neben Olivenbäumen. Der Campingplatz ist ein guter Ausgangspunkt, um eine kurze Wanderung auf den markanten Felsen Rocca di Manerba zu unternehmen.
Adresse: Via del Zocco 43, 25080 Manerba, Tel. +39 0365 551605, www.campingzocco.it

S 222 **San Felice del Benaco:** Campingplatz Villaggio Weekend (S. 278 C2)
GPS: N 45°35′51″ E 10°32′02″
Der Campingplatz liegt oberhalb des Sees, rund 2,5 km nordwestlich von San Felice del Benaco, und erstreckt sich oberhalb eines Hanges. Teilweise herrlicher Blick auf den Golf von Salò. Aktivitäten und Unterhaltung werden insbesondere für Familien geboten.

Stellplatz in Sirmione

Adresse: Via Vallone della Selva 2, 25010 San Felice del Benaco, Tel. +39 0365 43712, www.weekend.it

C 223 **Toscolano:** Camping Toscolano (S. 278 C2)
GPS: N 45°38′16″ E 10°36′45
Der Campingplatz erstreckt sich am Ufer des Gardasees. Er wurde innerhalb der Mauern eines Klosters aus dem 14. Jahrhundert errichtet. Bar und Restaurants befinden sich in den historischen Klosterbauwerken. Das Gelände ist eben und das Fahrzeug steht auf Wiesen, umgeben von Pinien. Toscolano und Maderno sind zu Fuß erreichbar. Sand- und Kiesstrand liegen zum Relaxen bereit. Darüber hinaus bietet der Campingplatz zwei Schwimmbäder, Bar, Taverne und Pizzeria.
Adresse: Via Religione 88, 25088 Toscolano, Tel. +39 0365 641584, www.hg-hotels.com

C 224 **Limone sul Garda:** Camping Garda (S. 278 C1)
GPS: N 45°48′19″ E 10°47′15″
Umgeben von Olivenhainen, wenige 100 m südlich von Limone, lockt der Campingplatz. Er verfügt über einen Privatstrand und zwei Schwimmbäder. Auf dem Campingplatz spenden unterschiedliche Laubbäume ausreichend Schatten. Zum gastronomischen Angebot gehören Bar, Restaurant und Pizzeria.
Adresse: Via IV Novembre 10, 25010 Limone sul Garda, Tel. +39 0365 954550, www.hghotels.com

S 225 **Riva del Garda:** Stellplatz Via Brione (S. 278 C1/D1)
GPS: N 45°52′45″ E 10°51′31″
Der Stellplatz befindet sich östlich vom Stadtzentrum, wenige 100 m vom Jachthafen Porto San Nicolò entfernt. Das Reisemobil steht hier auf ebenen und parzellierten Rasengitterflächen.
Adresse: Via Brione, 38066 Riva del Garda, Tel. +39 0464 554444

C 226 **Riva del Garda:** Camping Bavaria (S. 278 C1/D1)
GPS: N 45°52′48″ E 10°51′22″
Der Campingplatz erstreckt sich östlich des idyllischen Zentrums von Riva del Garda, direkt an der Uferpromenade. Nur wenige Schritte sind es zum Strand und zu den guten Wassersportmöglichkeiten. Das Reisemobil steht hier auf ebenen Rasenflächen, teilweise unter Bäumen. Zur guten Ausstattung gehört u. a. ein »Ristorante-Pizzeria«.
Adresse: Viale Rovereto 100, 38066 Riva del Garda, Tel. +39 0464 552524, www.bavarianet.it

Rechte Seite: Limone liegt reizvoll unterhalb steiler Berge am Ostufer

Camping Bavaria in Riva

3 GRANDIOSE BERGWELT UND FREUNDLICHE DÖRFER

Südtirol mit Vinschgau, Pustertal und Dolomiten

Die nördliche italienische Region Südtirol bietet eine faszinierende Bergwelt und grüne Talzüge, die reich an lebendigen Traditionen sind. Die naturnahe Reise beginnt im Vinschgau, wo Obstplantagen, prächtige Burgen, historische Kirchen und eindrucksvolle Orte wie Glurns, Schluderns und Latsch zu den Markenzeichen gehören. Im mondänen Kurort Meran und der lebendigen Stadt Bozen herrscht ein angenehm mildes Klima. Durch das bekannte Grödnertal mit seiner berühmten Holzschnitzkunst geht es weiter über die atemberaubende Passstraße Grödnerjoch und durch das Gadertal ins lange Pustertal.

Bergwelt rund um Meran

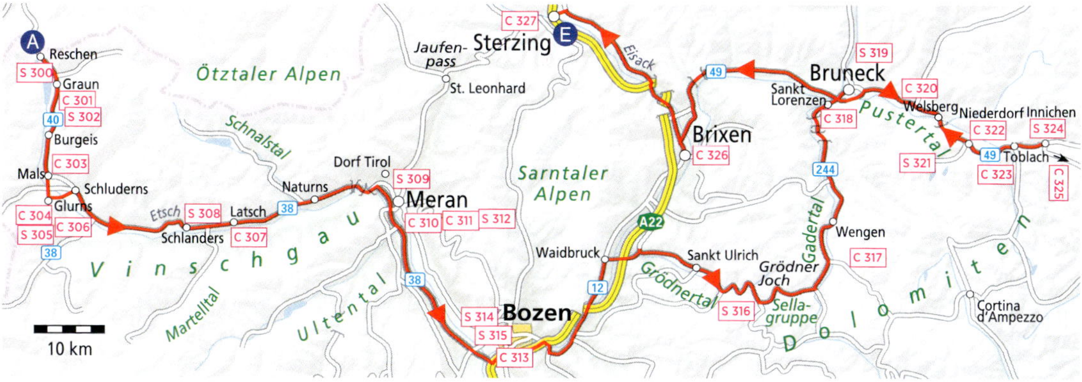

Damit nicht genug: Anziehende Orte wie die prächtige Stadt Bruneck mit ihren schönen Gassen laden zum Schlendern und die fantastische Bergwelt der Dolomiten zu ausgiebigen Wanderungen ein. Einen krönenden Abschluss bilden die Stadtbesuche in Brixen und Sterzing.

Die abwechslungsreiche Tour mit dem Reisemobil durch das deutschsprachige Südtirol beginnt im **Vinschgau** (*Val Venosta*), das sich im westlichen Teil Südtirols erstreckt. Dem Besucher bietet es eine unvergleichliche Vielseitigkeit und so kann man im Sommer herrliche Wandertouren bei hochsommerlichen Temperaturen unternehmen, mit dem Rad das Tal erkunden oder sich auf den Gletschern der Ötztaler Alpen die Bretter unterschnallen und Skifahren.

Durchflossen wird das Tal vom zweitlängsten Fluss Italiens, der Etsch. Der rund 75 Kilometer lange Talzug beginnt am Reschenpass an der italienisch-österreichischen Grenze auf einer Höhe von rund 1500 Metern und endet kurz vor den Toren der schönen Stadt Meran. Idyllische Orte wie Burgeis, Mals, Glurns, Schluderns, Latsch oder Naturns sind lohnenswerte Anziehungspunkte mit einer langen Tradition und einigen baulichen Attraktionen.

Generell sind im Vinschgau die Schlösser und Burgen zahlreich. Zu den besterhaltenen Burgen gehören das Kastelbell und die Churburg in Schluderns. Sehr gegensätzlich zeigt sich nicht nur die Flora, die mit zunehmender Höhe artenärmer und karger wird, sondern auch das Klima. Im oberen Vinschgau ist das Klima sehr rau und die Winter sind lang. Im unteren Teil auf einer Höhe von lediglich 550 Metern zeigt sich das Klima vergleichsweise mild. Die günstigen klimatischen Bedingungen und die fruchtbaren Ebenen des Tales sind für den intensiven Obstanbau verantwortlich. In großen Mengen werden Äpfel produziert und exportiert.

Nicht nur die saftigen Äpfel schmecken gut, sondern auch die kulinarischen Besonderheiten der Region wie die »Vinschgauer«. Diese schmackhaften Roggenbrote, der leckere Speck (Schinken) und die geräucherten Kaminwurzen sind über die Provinzgrenzen hinaus bekannt und eignen sich bestens als Proviant bei einer Wanderung oder einer Tour mit dem Tourenrad oder Mountainbike, denn immerhin laden 150 Kilometer Radwege zum Entdecken ein. Entlang der Route kann man immer wieder an Verkaufsstellen eine Pause einlegen und sich mit Obst oder Speck eindecken.

Apropos Pause! Leider sind entlang der Route einladende Rast- oder Pausenplätze eine Seltenheit und so fährt man in die Städte und Dörfer hinein und folgt den ausgewiesenen Parkplätzen. Generell ist das Angebot an Camping- und Stellplätzen gut. Die

ROUTE 3

START- UND ENDPUNKT
Reschensee und Sterzing

STRECKEN
Straße Nr. 40, 38, A 12, Nr. 242, 243, 244, 49, 12

STRECKENLÄNGE
350 bis 400 km

FAHRZEIT
10 bis 14 Tage

BESTE JAHRESZEIT
Mai bis September/Oktober

SPECIAL

RUHE MIT UNTERBRECHUNGEN

Rund 35 000 Menschen leben im Vinschgau. In den Seitentälern des Vinschgaus, wie dem Martelltal und dem Schnalstal, geht es noch ruhiger und besinnlicher zu als anderswo und man hat den Eindruck, hier wäre die Zeit stehengeblieben. 1991 rückte das beschauliche Schnalstal jedoch plötzlich in das öffentliche Interesse, denn der Gletscher gab die Gletschermumie »Ötzi« frei – eine Sensation! Heute pilgern zahlreiche Wanderer zur Fundstelle am Tisenjoch.

Aus dem Reschensee ragt noch der alte Kirchturm aus dem Wasser.

Anlagen sind gepflegt und die Mitarbeiter sehr hilfsbereit.

ANREISE DURCH ÖSTERREICH

Über die österreichischen Autobahnen (Vignette oder bei schweren Wohnmobilen GO-Box!) und die Landstraße 180 durch das Oberinntal, später durch den Ort **Nauders**, erreicht man den **Reschenpass** (1504 m) und danach den Ort **Reschen** (1497 m) am gleichnamigen Reschensee. Am mittleren östlichen Seeufer nahe **Graun** sind große Parkplätze, von denen auch ein Weg am Ufer entlangführt, vorhanden. Hier sollte man sein Wohnmobil abstellen und sich über den interessanten Stausee informieren.

Haidersee am Rande von St. Valentin auf der Haide

SPECIAL

TANKEN IN ÖSTERREICH

Da die Kraftstoffpreise in Italien höher sind als in Österreich, lohnt es sich, vor der italienisch-österreichischen Grenze, z. B. in Nauders, zu tanken.

STAUSEE RESCHENSEE

Der **Reschensee** befindet sich im Vinschgauer Oberland, im Dreiländereck Italien, Österreich und Schweiz. Er ist kein natürlicher See, sondern wurde 1949 aufgestaut. Die alten Dörfer Arlund, Piz, Reschen und Graun mussten weichen, die Gebäude wurden gesprengt und die Bewohner umgesiedelt. Wie ein Mahnmal ragt heute noch der Grauner Kirchturm der St.-Anna-Kirche (1510) aus dem Wasser.

Die Wassermassen des rund 7,5 Kilometer langen Sees werden heute hydroelektrisch genutzt. Aber nicht nur für die Stromerzeugung ist der Reschensee wichtig, er wird auch von Wassersportlern gern genutzt. Wer nicht selbst aktiv werden will, fährt mit dem Ausflugsschiff, dessen Anleger nur wenige Meter vom Grauner Kirchturm entfernt ist. Hier befindet sich auch eine Touristeninformation. Am Reschensee entlang kann man gut spazieren und Radfahren. Der Rundweg ist immerhin 13,5 Kilometer lang.

Über die Landstraße 40 fährt man in südliche Richtung, kommt durch den Ort **St. Valentin auf der Haide** (Campingplätze, Stellplatz) und sieht an der rechten Seite den **Haidersee**. Dieser malerische See ist mit dem dahinter befindlichen Ortler-Massiv ein grandioses Fotomotiv. Den See lässt man nun an der rechten Seite liegen und fährt kontinuierlich bergab. Nach wenigen Kilometern sollte man dem Dorf Burgeis im Obervinschgau einen Besuch abstatten.

Unterwegs auf der Hauptstraße oberhalb von Burgeis.

IDYLLE PUR

Burgeis (*Burgusio*) liegt auf einer Höhe von 1216 Metern und gehört zu den schönsten und sicherlich urigsten Orten Südtirols. Das kleine Bauerndorf vermittelt eine unbeschreibliche Idylle und der Besucher fühlt sich um Jahrhunderte zurückversetzt, was zum einen an den urigen Bauerhäusern und zum anderen an dem Stallgeruch liegt, der in der Luft hängt.

Die Tiroler Tradition ist hier allgegenwärtig und zahlreich sind die kunsthistorischen Baudenkmäler. Das Zentrum markiert der Michaelsbrunnen. An diesem Dorfbrunnen trafen sich früher die Frauen und putzten das Gemüse. Um den Brunnen stehen schöne Gebäude aus dem 16. Jahrhundert, unter denen der alte »Gasthof zum Mohren« besticht.

Bedeutendstes Gebäude ist das große weiße Benediktinerstift Marienberg, das bereits um 1200 erbaut wurde und sich oberhalb des Ortes erstreckt. Sehenswert ist die barockisierte Stiftskirche mit einem Rundbogenportal aus dem 12. Jahrhundert. Im Inneren der einzigen dreischiffigen Basilika des Vinschgaus sollte man sich die Steinskulptur »Maria mit Kind« (um 1400) und die Fresken anschauen. In der alten Krypta (1156) sind gut erhaltene romanische Fresken, Gemälde und Holzfiguren zu bewundern (nur mit Führung zugänglich).

Aus dem 13. bis 16. Jahrhundert datiert die Burg Fürstenberg, einst Wohnsitz der Fürstbischöfe von Chur. Im Burghof und in der Burgkapelle findet man Fresken aus dem 16. und 17. Jahrhundert. Beachtenswert sind auch die Wohnräume. Die gut erhaltene Burg befindet sich ebenfalls außerhalb des Dorfkerns, unterhalb des Benediktinerstifts.

Von Burgeis sind es nur wenige Kilometer bis zum Nachbarort Mals, der auf einer Höhe von rund 1050 Metern liegt. Am Ortseingang steht ein hässlicher Betonbunker, der unter Benito Mussolini in den 1930er-Jahren gebaut wurde.

DORF DER TÜRME

Mals (*Malles Venosta*) ist das Wirtschafts- und Verwaltungszentrum der Region und mit dem Anschluss an das Eisenbahnnetz im

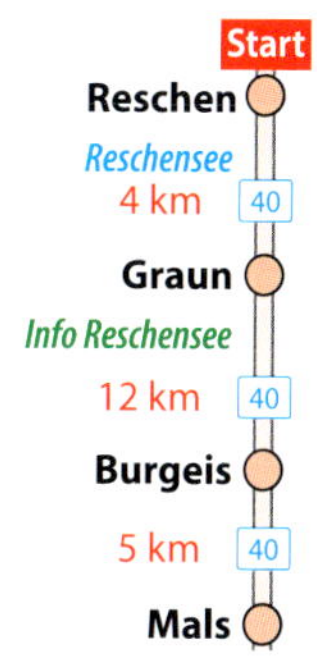

SPECIAL

SENNEREI BURGEIS

Gleich zu Beginn der Reise sollte man sich mit den Köstlichkeiten der Region eindecken. Mitten im alten Dorfkern befindet sich das Geschäft der Sennerei Burgeis, wo man »Speck«, den schmackhaften Schinken der Region, kaufen kann. Den legt man dünn geschnitten auf die »Vinschgauer«, leckere Roggenfladen aus dem Vinschgau. Darüber hinaus bietet das Geschäft schmackhaften Käse aus der Region.

Viele Türme prägen das Ortsbild von Mals.

Jahr 1906 stieg die wirtschaftliche Bedeutung. Der Ort besticht in erster Linie durch seine interessante Silhouette, die von fünf Türmen bestimmt wird, wobei die Kirchentürme von St. Martin, St. Johann und St. Benedikt dominieren. Beeindruckend ist die Kirche St. Benedikt mit dem romanischen Turm aus dem 12. Jahrhundert. Große Teile der Kirche wurden um das Jahr 800 erbaut. Im Inneren sind Wandmalereien zu bestaunen. Sie gehören zu den ältesten Fresken im deutschsprachigen Raum.

Von der Hauptstraße führt eine kleinere Landstraße nach Glurns. Diese prächtige Stadt erreicht man nach rund zwei Kilometern. Vor der alten Stadtmauer befinden sich Parkplätze für Reisemobile. Darüber hinaus bietet Glurns zwei Campingplätze.

BEEINDRUCKEND MITTELALTERLICH

Glurns (*Glorenza*) verblüfft den Besucher durch die mittelalterliche Bebauung. Im Jahre 1291 wurde die Stadt durch Herzog Meinhard II. gegründet. Sie ist die kleinste Stadt Südtirols und hat sich in den letzten Jahrhunderten kaum verändert. Kaiser Maximilian ließ im 16. Jahrhundert die bis zu zehn Meter hohe Stadtmauer als Schutz gegen die Eidgenossen errichten. So geht es für den Besucher durch die alten Stadttore in das Herz von Glurns und bei einem Rundgang beeindrucken stattliche Bauwerke und die malerische Laubengasse, die lediglich als Eingangsbereich diente.

Im Zentrum befindet sich der Glurnser Stadtplatz, dem der Trinkwasserbrunnen und die hohen Kastanienbäume ein besonderes Flair verleihen. Hier laden Cafés zu einer Pause ein. Wenige Schritte sind es zum Kirchturm, durch den man zur Pfarrkirche St. Pankratius gelangt. Sie steht außerhalb der Stadtmauern. Von der ursprünglich romanischen und bereits im Jahr 1227 erwähnten Kirche ist lediglich der Turm erhalten. Das Kirchenschiff wurde Ende des 15. Jahrhunderts erbaut.

Zu den weiteren Sehenswürdigkeiten von Glurns gehört das kleine Museum im Schludernser Torturm. Hier ist der Wehrgang begehbar.

Glurns liegt am nördlichen Rand des Nationalparks Stilfserjoch (*Parco Nazionale dello Stelvio*). Der Nationalpark wurde bereits 1935 gegründet und stellt eine Fläche von insgesamt 130 734 Hektar unter Naturschutz. Rund ein Drittel der Fläche ist Felsfläche ohne Vegetation, höchster Punkt ist der berühmte Ortler (3905 m). Wappentier ist der Steinadler. Darüber hinaus leben in dem

Kirche von Schluderns

Nationalpark u. a. Hirsche, Gämsen, Rehe und zahlreiche Vogelarten wie der Bartgeier. Mit entsprechender Wanderausrüstung lohnen sich Wanderungen in dem Nationalpark. In Glurns befindet sich das »Amt für den Nationalpark Stilfserjoch« am Rathausplatz (www.stelviopark.bz.it/nationalpark).

Von Glurns sind es lediglich drei Kilometer bis zum Dorf Schluderns. Hier sollte man ein wenig verweilen und zur stattlichen Churburg hinaufgehen.

AM FUSS DER BURG

Das freundliche Dorf **Schluderns** (*Sluderno*) erstreckt sich auf einer Höhe von 920 Metern und liegt im Obervinschgau in einem breiten Talkessel. Insbesondere Wanderer zieht es gern dorthin, denn von hier aus kann man Wanderungen in die Ötztaler Alpen und Ortlergruppe starten. Wer nicht wandert oder mit dem Rad fährt, sollte sich im »Vintschger Museum« über die Kultur des Tals in den verschiedenen Jahrhunderten informieren. Direkt neben dem Museum befindet sich eine unscheinbare Brücke, die über den Saldurbach führt. Sie kann bei Hochwasser angehoben werden.

Die weitere Route führt über die Landstraße 40 durch das Tal, vorbei an den Orten **Laas** und Schlanders. In Schlanders kann man gut auf dem großen Parkplatz P13 (hinter dem Krankenhaus) parken. Er dient auch als Stellplatz.

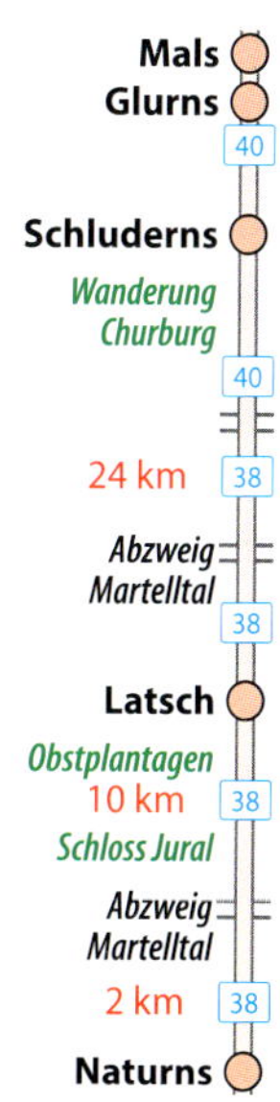

KULTUR

CHURBURG

Schluderns ist bekannt wegen der mächtigen Churburg. Sie hat eine strategisch günstige Lage am Eingang des Matschertales und gehört zu den besterhaltenen Burgen in Südtirol. Im Jahre 1259 errichtet, wurde sie im frühen 16. Jahrhundert vom Grafen Trapp zu einer prächtigen Renaissanceburg ausgebaut und ist heute noch Sommersitz der Familie. Die imposante Burg kann besichtigt werden und bietet dem Besucher eine umfangreiche Rüstungsausstellung mit immerhin 50 vollständig erhaltenen Rüstungen. Sehenswert sind das Jakobszimmer, der Matscher Saal und die romanische Kapelle. Der Arkadenhof begeistert mit einem bemalten Arkadengang. Der Ausblick von der Burg auf das Umland ist fantastisch. Auch wenn sie geschlossen ist, kann man auf einem Weg rund um die Burg spazieren (www.churburg.com).

Das nette Städtchen Schlanders bietet sogar eine verkehrsberuhigte Fußgängerzone.

HÖCHSTER KIRCHTURM SÜDTIROLS

Das Städtchen **Schlanders** (*Silandro*) gehört zu den wichtigen Orten im Vinschgau, was man nicht nur an dem zentralen Krankenhaus erkennen kann. Schlanders besitzt sogar eine Fußgängerzone und so schlendert man in Ruhe an netten Geschäften und einigen Cafés vorbei und stoppt beeindruckt vor der Spitalskirche. Im Inneren beherbergt sie Fresken aus dem 13. und 16. Jahrhundert.

Ein anderes Gotteshaus ist die spätgotische Pfarrkirche Maria Himmelfahrt. Sie wurde im frühen 16. Jahrhundert errichtet und verfügt über den höchsten Kirchturm in Südtirol. Dieser schlanke Turm ragt immerhin 92 Meter in den Vinschgauer Himmel. Gegenüber befindet sich das stattliche Rathaus.

Nach 24 Kilometern zweigt eine Straße in das Dorf **Goldrain** im **Martelltal** ab. Dieses Tal hat eine Länge von 27 Kilometern und ist ein Seitental des mittleren Vinschgaus. Am Anfang des Tales stehen die beiden Burgruinen Untermontani und Obermontani. Das Martelltal gehört zu den nahezu unberührten Tälern Südtirols, in ihm verteilen sich kleine Weiler und Häusergruppen. Die Menschen dort leben von der Viehzucht und auch vom Erdbeeranbau. Hier liegt das mittlerweile größte zusammenhängende Anbaugebiet in Europa! Am oberen Talende thront der Monte Cevedale mit einer Höhe von 3778 Metern. Unterhalb liegt der Zufritt-Stausee. Durch eine gewaltige Flutwelle des Sees wurden im Jahre 1987 einige Bereiche des Tales zerstört. Vom Taleingang erreicht man nach wenigen Minuten die Stadt Latsch (Campingplatz).

ZENTRUM DES OBSTANBAUS

Rund 4000 Bürger leben in der Stadt **Latsch** (639 m), die sich auf einer breiten Talsohle erstreckt und von dicht bewaldeten Bergen umgeben ist. Der fruchtbare Boden, die breiten Ebenen und das milde Klima ermöglichen einen intensiven Obstanbau. Im Frühling blühen unzählige Obstbäume (vorwiegend Apfelbäume) und im Herbst ist Erntezeit, dann wird es im Ort lebendig. Die vielen kleinen Trecker mit den beladenen Anhängern tuckern durch den Ort, um die Äpfel zu den Genossenschaften zu bringen.

Dank der sehr guten Wandermöglichkeiten in der Umgebung hat auch der Fremdenverkehr eine wirtschaftliche Bedeutung. Die Seilbahn St. Martin (1749 m) und der Sessellift zur Tarscheralm (1900 m) bringen Wanderer hinauf in ein alpines Wanderparadies. Im Winter sind die Pisten präpariert und die Loipen gespurt.

Zu den kulturellen Attraktionen gehören die Burgruine Latsch im Herzen von Latsch und das kleine Museum. Dieses ist in den Gewölben des alten Spitals untergebracht und zeigt eine Sammlung von Kirchenkunstwerken.

Eine interessante Kirche ist die Pfarrkirche »Zu den Heiligen Petrus und Paulus« aus dem 12. Jahrhundert mit einem markanten Hauptportal aus weißem Marmor (1524). Im Inneren beeindrucken die Statuen der heiligen Anna und des heiligen Josef sowie der kleine Holzaltar. Weitere schöne Bauwerke sind die Spitalkirche zum Heiligen Geist und die Nikolauskirche, die im romanischen Stil erbaut wurde (14. Jh.).

Von Latsch geht es über die Landstraße 38 in östlicher Richtung weiter. Nach zehn Kilometern gelangt man links in das Schnalstal. Am Taleingang thront das Schloss Juval.

Das kleine **Schnalstal** erstreckt sich als Seitental des Vinschgaus auf einer Länge von 25 Kilometern in nördliche Richtung und erreicht die Ötztaler Alpen. Kleine Bauernorte mit alten Höfen prägen das Landschaftsbild und oberhalb liegen die Ganzjahresskigebiete. In der Nähe des Hauslabjochs wurde im Jahr 1991 die Gletschermumie Ötzi gefunden, der vielleicht berühmteste Südtiroler. Zu bewundern ist Ötzi heute im Archäologischen Museum in Bozen.

Über die Landstraße 38 sind es nur wenige Kilometer bis Naturns, einen wichtigen Fremdenverkehrsort. Mittlerweile hat der Reisemobilist ein Höhenniveau von 554 Metern erreicht.

Das Schloss Juval ist im Privatbesitz der Familie Messner.

SONNENVERWÖHNT UND BESCHAULICH

In **Naturns** (*Naturno*) locken gleich zwei Attraktionen. Wer sich über die Flora und Fauna der Region informieren möchte, kommt in dem zentralen »Naturparkhaus Naturns« auf seine Kosten. Eine andere Attraktion ist die kleine St.-Prokulus-Kirche mitten zwischen Obstbäumen; sie gehört zu den bedeutendsten Kirchen im Vinschgau. Beeindruckend sind die Fresken an der Außenwand und im Inneren. Einige wurden im 8. Jahrhundert geschaffen und gehören somit zu den ältesten im deutschsprachigen Raum. Andere sind gotisch und entstanden um das Jahr 1400.

AUSFLUG

MESSNER MOUNTAIN MUSEUM

Ein besonderes Bauwerk im Vinschgau ist das Schloss Juval (927 m), das der Bergsteiger Reinhold Messner 1983 erwarb und renovierte. In den Sommermonaten lebt er hier mit seiner Familie, ansonsten kann die einstige mittelalterliche Burg besichtigt werden. Ausgangspunkt ist der Parkplatz am Vinschger Bauernladen, der direkt an der SS 38 liegt. Von hier fährt man mit dem Bus hinauf oder wandert. Die Wanderung ist wegen der Steigung etwas beschwerlich und beansprucht eine Stunde, daher empfiehlt sich die Fahrt mit dem Bus hinauf und eine Wanderung hinab. Die geführte Schlossbesichtigung umfasst u. a. private Räume, eine Tibetica-Sammlung, eine Bergbildgalerie, eine Maskensammlung und Expeditionsausrüstung. Der Blick von der Burg hinunter in das Vinschgauer Tal ist fantastisch. Am Fuße der Burg lädt eine Gastwirtschaft zur Stärkung ein, bevor es über den Wanderweg 1 zurückgeht. Auf halber Strecke erreicht man eine kurvenreiche Straße, die zum Parkplatz führt (www.messner-mountain-museum.it).

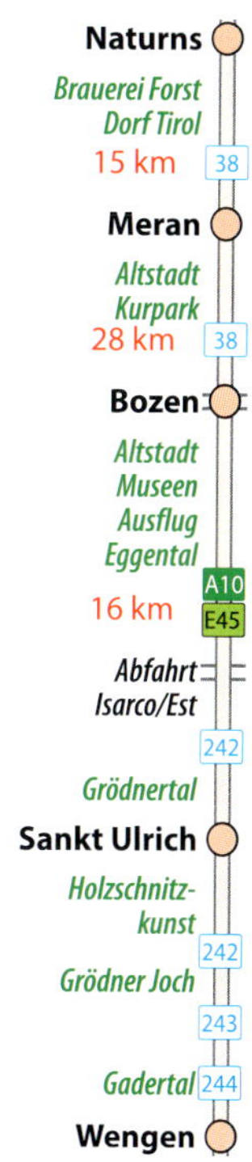

Der Abstieg vom Schloss Juval
bietet einen herrlichen Blick ins Tal.

Blick über Naturns

Direkt neben der Kirche befindet sich das unterirdisch angelegte »Prokulus Museum«. 2006 eröffnet, informiert es anschaulich mithilfe von Videoinstallationen über 1500 Jahre Geschichte der Region um Naturns.

Über die historische römische Handelsstraße Via Claudia Augusta, die heutige Staatsstraße, geht es weiter nach Meran. In **Algund** passiert man die Brauerei Forst – das Bier ist in ganz Italien beliebt – und gleich danach das Schloss von Forst. Jetzt sind es nur noch fünf Kilometer bis zu einer der schönsten Städte Südtirols, dem mondänen Meran.

POPULÄRER RÜCKZUGSORT

In der prächtigen Stadt **Meran**, am Eingang des Vinschgaus, ließen sich gekrönte Häupter kurieren, etliche Berühmtheiten verbrachten hier ihren Urlaub. Die bekannte Kaiserin »Sissi« zog es immer wieder nach Meran, sie trug zur Popularität des Ortes bei. In den Jahren 1870 und 1889 war Meran für sie ein erholsamer »Rückzugsort«. Zu den heutigen Persönlichkeiten der Stadt gehört in erster Linie der Bergsteiger Reinhold Messner, der in Meran lebt.

Das noble Meran bietet ein mildes, wohltuendes Klima und die gepflegte Stadt vermittelt darüber hinaus eine vornehme kosmopolitische Atmosphäre. Den elitären Charakter hat sie nicht verloren, in angenehmer Umgebung lässt sich der Glanz vergangener Tage einfangen.

Meran zählt rund 33 000 Einwohner, ist nach Bozen die zweitgrößte Stadt Südtirols und liegt im Zentrum des Burggrafenamtes. Durch die Lage in einem Tal, in dem die Etsch und die Passer zusammenfließen, auf einer geringen Höhe von rund 320 Metern, ist das Klima überraschend mild. Die umgebenden Höhenzüge bieten im Winter ausreichenden Schutz vor den kalten Nordwinden und im Sommer kann es sehr heiß werden.

Die Geschichte der Stadt lässt sich weit zurückverfolgen und bereits 1317 erhielt Meran die Stadtrechte. Zu Beginn des 19. Jahrhunderts konzentrierte sich das öffentliche

AUSFLUG

RADFAHREN

Der Vinschgau steht für große Wanderfreuden. Aber auch mit dem Fahrrad kann man das Tal bestens erkunden, denn die Vinschger Bahn macht es möglich. An sechs Bahnhöfen zwischen Mals und Meran kann man sich ein Fahrrad ausleihen. Wer sein eigenes Fahrrad dabeihat, sollte Ausflüge auf den teils zweispurigen Radwegen unternehmen. So geht es teilweise an der Etsch entlang und problemlos in die reizvollen Vinschgauer Dörfer. Zurück kann man die Bahn nehmen, welche die Fahrräder problemlos transportiert (www.suedtirol-rad.com).

Nette Plätze und schöne Häuser prägen Meran.

Interesse auf Meran. Das milde Klima und die herrliche Landschaft erwiesen sich als Gunstfaktoren, die Erholungsbedürftige anzogen. Durch die Eröffnung der Eisenbahnlinie im Jahre 1881 wurde Meran verkehrstechnisch besser angebunden und der Fremdenverkehr erlebte seinen ersten Aufschwung, ehe er durch das Ende der Habsburger Monarchie und die beiden Weltkriege stark gebremst wurde.

Heute präsentiert sich Meran mit schönen Kurhäusern (spezielle Molke- und Traubenkuren), blumengeschmückten Kurpromenaden und vielen Kurkonzerten. Aber auch für Kurzurlauber und Tagesbesucher ist die Stadt ein lohnendes Ziel. Der zentrale Platz der Stadt ist der Pfarrplatz mit der Pfarrkirche St. Nikolaus, einem gotischen Kirchenbauwerk aus dem 14. Jahrhundert mit markantem, achteckigem Glockenturm, schönen Glasmalereien und sehenswerten Fresken. Vom Pfarrplatz gelangt man in die prächtige Laubengasse. Hier reihen sich auf einer Länge von 400 Metern Häuserzeilen mit Arkaden (Lauben) und bemalten Fassaden aneinander. Die Cafés und Weinstuben laden zum Verweilen ein und in den ansprechenden Geschäften lohnt sich das Stöbern.

Im Anschluss sollte man sich zur gotischen Landesfürstlichen Burg aufmachen. Diese kleine Burg aus dem 15. Jahrhundert diente den Grafen von Tirol als Stadtsitz. Heute beherbergt die Burg Ausstellungen zur mittelalterlichen Wohnkultur.

SPECIAL

DER WELTBEKANNTE ALPINIST

Der Südtiroler Bergsteiger und Abenteurer Reinhold Messner ist weltbekannt. 1944 in Brixen geboren, lebt er heute in Meran und im Sommer auf seiner Burg Juval im Schnalstal. Berühmtheit erlangte er durch zahlreiche waghalsige Bergbesteigungen. Als erster Mensch hat er alle 14 Achttausender der Welt bezwungen, insgesamt kann er mehr als 3500 bestiegene Gipfel verbuchen. Seine Erfahrungen und Erinnerungen kann man mittels zahlreicher Bücher und Filme verfolgen. Messner ist ein kritischer Landsmann und in vielen Bereichen ein Vordenker. Unter anderem setzt er sich für ein mehrsprachiges Südtirol ein und kritisiert den ausgeprägten Tourismus in der Region. In den sechs »MMM« (Messner Mountain Museum) kann man sich heute über das Bergsteigen, die Bergkulturen und die Bergwelt eingehend informieren.

Die reizvolle Uferpromenade von Meran ist ein idealer Ort für eine erholsame Pause.

Informativ ist auch das Stadtmuseum. Ein interessantes Exponat ist die von Peter Mitterhofer, der aus dem benachbarten Partschins stammte, erfundene frühe Schreibmaschine.

Unweit des Stadtmuseums steht das Vinschgauer Tor, das in früherer Zeit als Gefängnis diente. Geht man den Rennweg hinunter, passiert man das Jugendstil-Theater und erreicht die Theaterbrücke, die über die rauschende Passer führt. Am befestigten Ufer befinden sich das Kurhaus und die Kurpromenade. In den reizvollen Gärten stehen schöne Pflanzenskulpturen.

Bei dem kleinen Stadtrundgang erreicht man über die Postbrücke das Bozener Tor und geht durch dieses wieder in die Altstadt. Vorher sollte man sich an diesem Tor aus dem 14. Jahrhundert die vielen Landeswappen anschauen.

Zum Abschluss lohnt sich der Besuch der Zenoburg. Allerdings sind von der einstigen mächtigen Festung nur noch die Kapelle und der Bergfried erhalten geblieben.

Wer Badespaß und Wellness sucht, ist in der zentralen Therme (*Terme Merano*) bestens aufgehoben (www.thermemerano.it/de).

ZWISCHEN WEINTERRASSEN

Ein beliebtes Ausflugsziel für Meranbesucher ist **Dorf Tirol**, das man über die Straße oder von Merans Zentrum mit dem Sessellift und dann mit dem Pendelbus erreicht. Am besten stellt man das Wohnmobil direkt auf dem Großparkplatz ab und startet von dort seine Entdeckungstour.

Dorf Tirol zählt zu den ältesten Siedlungen der Region und ist die historische Wiege und der Namensgeber der Region. Es befindet sich in 596 Metern Höhe auf einem Höhenrücken oberhalb von Meran und liegt eingebettet in Obstwiesen und Weinterrassen.

Hauptattraktion ist das imposante Schloss Tirol (12. Jh.). Als die Vinschgauer Grafen ihre Residenz nach Innsbruck verlegten, verlor das Schloss an Bedeutung. Später gelangte es

SPECIAL

KLIMA IN SÜDTIROL

Trotz der vergleichsweise kleinen Landesfläche sind die klimatischen Unterschiede in Südtirol sehr groß, was in erster Linie den verschiedenen Höhenlagen geschuldet ist. Das Klima in den tiefer liegenden Tälern hat mediterranen Charakter.
Ein gutes Beispiel ist der berühmte Kurort Meran, der sich in einem Talbecken befindet. Wie im benachbarten Bozen sind auch in Meran die Winter sehr mild und nur an wenigen Tagen fällt der Niederschlag als Schnee. Die Sommer sind jedoch sehr warm und können mit den heißen Sommern in Süditalien durchaus mithalten. In den höheren Tälern dagegen sind die Sommer kühler und die Winter wesentlich strenger. Hier liegt dann über einen längeren Zeitraum Schnee, was die Wintersportler freut. Südtirol ist eine sonnenreiche Region und anhaltende Regenfälle sind eher selten. Wer mit offenen Augen durch Südtirol reist, kann das Klima auch an der Vegetation ablesen. Obstanbau, Weinberge oder Oleanderbüsche und Palmen in den Städten sprechen eine deutliche Sprache.

Die Laubengasse von Meran bietet viele nette Geschäfte.

zwar in die Hände des Habsburger Kaiserhauses, wurde jedoch kaum genutzt. Ab dem 16. Jahrhundert verfiel es und diente teilweise als Steinbruch. Erst um 1900 begann man mit der notwendigen Renovierung. Heute beherbergt das Schloss das informative »Landesmuseum für Archäologie und Geschichte«.

Ebenfalls sehenswert ist die Kirche St. Peter ob Gratsch, die teilweise aus dem 9. Jahrhundert stammt und im Inneren über romanische Fresken verfügt. Unterhalb von Schloss Tirol steht die Brunnenburg (13. Jh.), die 1904 im neogotischen Stil umgebaut wurde und als landwirtschaftliches Museum dient.

Wer dem Trubel in Dorf Tirol entfliehen möchte, sollte mit der Gondelbahn auf den Hochmuter (1323 m) fahren. Hier laden Wege wie der Meraner Höhenweg zum Aufspüren einer reizvollen Landschaft ein.

Von Meran führt die autobahnähnliche Schnellstraße 38 nach Bozen, das man nach rund 28 Kilometern erreicht. Wer sich den

SPECIAL

AUF DEN SPUREN DER KAISERIN

Einen reizvollen Spaziergang in Meran stellt der »Sissi-Weg« dar. Kaiserin Elisabeth unternahm bei ihren Aufenthalten in Meran gern ausgedehnte Streifzüge. Auf dem ausgeschilderten Weg von den schönen Gärten des Schlosses Trauttmansdorff bis zum Kurhaus an der Passerpromenade in Merans Zentrum kann der Gast heute ihren Spuren folgen. Startpunkt ist der Schlosspark, der zu den bedeutsamsten Gartenanlagen Italiens zählt. Ein wenig Zeit für seine Erkundung sollte man sich nehmen. Darüber hinaus bietet das Schloss mit dem »Touriseum« ein interessantes Museum, das sich dem alpinen Tourismus verschrieben hat (www.touriseum.it). An dem rund drei Kilometer langen »Sissi-Weg« selbst liegen ebenfalls einige Attraktionen. Dazu gehören das Schloss Pienzenau, Schloss Rubein, Ansitz Reichenbach, Brunnenplatz, Schloss Rottenstein, Hotel Bavaria, Brücke Steinerner Steg, Wandelhalle, Kaiserin-Elisabeth-Park und schließlich die Kurpromenade mit dem Kurhaus, dem Endpunkt des Spaziergangs.

Grünes Umland von Bozen

Weg mit dem Wohnmobil durch das Stadtgebiet bahnt, wird sich stets auf ein Verkehrschaos einstellen müssen. Es macht daher Sinn, den ersten größeren Parkplatz anzufahren und das restliche Stück in die Altstadt zu Fuß zu gehen oder mit dem Bus zu fahren. Glücklicherweise bietet Bozen auch zwei Stellplätze an, von denen man mit Rad oder Bus das quirlige Zentrum erreichen kann.

HAUPTSTADT SÜDTIROLS

Bozen zählt rund 103 000 Einwohner und ist somit die größte Stadt und auch die Hauptstadt Südtirols. Sie wirkt italienisch und das milde Klima in den Wintermonaten und die Hitze im Sommer unterstreichen die mediterrane Atmosphäre. Italienisch ist in den Gassen und auf den Plätzen der schönen Stadt genauso zu hören wie die deutsche Sprache, was einen multikulturellen Eindruck vermittelt. Das Stadtgebiet hat sich in der breiten Talsohle, in der die Flüsse Talfer und Eisack zusammenfließen und in die Etsch münden, großflächig ausgebreitet. Bozens Herz aber schlägt in der reizvollen Altstadt.

Eine Stadtbesichtigung der Universitätsstadt sollte man am zentralen Waltherplatz beginnen. Hier steht der große Brunnen mit einem Marmordenkmal, das an den bekannten Minnesänger Walther von der Vogelweide erinnert. Um den Sänger herum genießen Stadtbesucher und Einheimische ein Eis, einen Espresso oder ein schmackhaftes Gericht. Dabei fällt der Blick auf die gotische Pfarrkirche mit ihrem filigranen, 62 Meter

KULTUR

ANGESEHENE KAUFMANNSSTADT

Bozen ist nach Brixen die älteste Stadt Südtirols. Hier errichteten die Römer eine Kolonie. Eigentlicher Stadtgründer ist Bischof Ulrich II. aus Trient, der im Jahre 1027 die Stadt vom deutschen Kaiser erhielt und sie befestigen ließ. Aufgrund der günstigen Lage im wichtigen Verbindungstal durch die Alpen nach Zentraleuropa wurde umfangreich Handel betrieben und Bozen entwickelte sich zu einer wohlhabenden Kaufmannsstadt. Im Jahr 1919 wurde Südtirol im Friedensvertrag von Saint-Germain an Italien angegliedert. In der Folgezeit wurden im Rahmen der Italianisierungspolitik von Mussolini gezielt Italienisch sprechende Arbeiter in Bozen angesiedelt, sodass heute rund drei Viertel der Bozener Bürger italienisch sprechen.

Der Waltherplatz ist das lebendige Zentrum von Bozen.

hohen Turm. Er wurde im 14. und 15. Jahrhundert errichtet und musste nach Angriffen im Zweiten Weltkrieg teilweise wiederaufgebaut werden. Sehenswert sind die 1514 vollendete Sandsteinkanzel und der lombardische Figurenschmuck an der Vorhalle vor der Westfassade.

Vom Waltherplatz, vorbei am Waaghaus mit kunstvoll verzierter Fassade, erreicht man die Lauben, die prächtigste Straße der Stadt. In dieser traditionsreichen Einkaufsstraße wird seit mehr als 900 Jahren Handel getrieben, hier stehen Häuser aus dem 17. Jahrhundert mit schönen Arkaden und liebevoll geschaffenen Fassaden.

Der geschäftigen Straße folgt man in Richtung Obstmarkt, seit dem 13. Jahrhundert ein lebendiger Ort des Handels. Neben frischem Obst und Gemüse werden heute Kräuter, Käse, Schinken und diverse Delikatessen verkauft.

Biegt man hier in die Franziskanergasse ein, erreicht man das schöne Franziskanerkloster. Es wurde 1221 gegründet und ist eines der ältesten Klöster im deutschsprachigen Raum. Der Brixener Meister Hans Klocker schuf um das Jahr 1500 im Chor der Kirche den »Krippenaltar«. Die Dominikanerkirche entstand um 1300. Im Jahre 1498 wurde sie zu einer dreischiffigen Hallenkirche umgebaut. Wände und Decke der Johanneskapelle bedecken Fresken aus der Schule Giottos (um 1340).

Der traditionsreiche Obstmarkt in Bozen besteht schon seit dem 13. Jahrhundert.

Im Westen der Altstadt befinden sich das Städtische und das Archäologische Museum. Im Stadtmuseum sind prähistorische, antike, gotische und barocke Sammlungen zu sehen. Im Archäologischen Museum gleich nebenan ist die mittlerweile weltberühmte Gletscherleiche, besser bekannt unter dem Namen »Ötzi«, zu bestaunen. Alljährlich zieht es unzählige Besucher in das Museum, um den 1991 gefundenen Gletschermann zu begutachten.

Schmucklos, jedoch imposant, präsentiert sich das Schloss Maretsch in Bozen.

Der Stadtrundgang sollte in Richtung Talferbrücke fortgesetzt werden. Von dieser Brücke hat man einen herrlichen Ausblick über die Talfer bis zu den Bergen. Über die Brücke kommt man zum Siegesplatz mit dem kolossalen Triumphbogen.

Geht man wieder zurück in Richtung Altstadt, gelangt man auf die schöne und schattige Promenade, die zum Schloss Maretsch führt. Umgeben von Weinreben ist die fünftürmige Burg aus dem 12. Jahrhundert ein schönes Fotomotiv. Heute dient das Schloss als Tagungszentrum.

Wer sich nach der intensiven Stadtbesichtigung etwas Ruhe gönnen möchte, sollte sich in den weitläufigen Grünanlagen zwischen Wassermauer-Promenade und Talfer ein erholsames Plätzchen suchen.

Außerhalb Bozens gehört die Burg Runkelstein zu den Attraktionen. Sie liegt strategisch auf einem hohen Felsen am Eingang des Sarntales und wurde im 13./14. Jahrhundert erbaut. Umfangreiche Renovierungen im 19. Jahrhundert machten sie wieder zu einer prächtigen Burg. Sie verfügt über die bedeutendsten mittelalterlichen profanen Fresken (um 1400).

Besondere Beachtung verdient Schloss Sigmundskron. Es ist die größte Burganlage Südtirols und das Kernstück der mittlerweile sechs Museen »Messner Mountain Museum« (MMM). Hier erzählen Skulpturen, Bilder, Gegenstände und Reliquien von der Bedeutung der Berge für den Menschen (www.messner-mountain-museum.it).

Von Bozen führt die weitere Route über die Staatsstraße 12 in nördliche Richtung. Sie verläuft parallel zur Autobahn. Auf der Route blickt man hinunter auf den Fluss Eisack und den neuen Radweg. In **Waidbruck** (*Ponte Gardena*) fällt zunächst die stattliche Trostburg ins Auge. Sie steht oberhalb des Ortes und gehört zu den schönsten Burgen Südtirols. Ihre Geschichte lässt sich bis ins 12. Jahrhundert zurückverfolgen. Vom Dorfplatz führt ein Weg hinauf zur Burg – ungefähr 20 Minuten benötigt man für diesen Spaziergang.

Ötzi auf einem Werbeplakat

SPECIAL

GLETSCHERMUMIE ÖTZI

Mit »Ötzi« wird heute liebevoll die Gletschermumie betitelt, die am 19. September 1991 im Gletscher in den Ötztaler Alpen entdeckt wurde. Der Mann aus dem Eis, den der Gletscher nach rund 5300 Jahren wieder freigab, wurde schnell berühmt. Journalisten eilten in das bis dahin unbekannte Schnalstal, um über den einzigartigen Fund zu berichten. Heute ist der Leichnam im Archäologischen Museum in Bozen zu bewundern. Aber nicht nur ins Museum eilen die Besucher, um mehr über den berühmten Südtiroler Mann aus dem Eis zu erfahren, sondern sie unternehmen auch Wanderungen zur Fundstelle. Der Touristenrummel kennt keine Grenzen, u. a. kann man Fotos, Videos, Ötzi-Figuren, Aufkleber und sogar Ötzi-Krimis käuflich erwerben.

Kurzer Stopp am Grödnerjoch

Von Waidbruck gelangt man über die Straße 242 wenige Kilometer später in das östlich abzweigende Grödnertal. Hier geht es dann fast kontinuierlich bergauf.

BEKANNTES GRÖDNERTAL

Das freundliche **Grödnertal** ist wie das Gadertal ein ladinisch geprägter Talzug. Hier leben überwiegend Ladiner, eine Volksgruppe, deren Muttersprache Ladinisch, eine rätoromanische Sprache, ist. Das Tal erstreckt sich über eine Länge von lediglich 27 Kilometern und gehört zu den kleinen Tälern Südtirols.

Im krassen Gegensatz zur Größe steht der hohe Bekanntheitsgrad. Ob Sommer oder Winter, die Reisenden strömen regelrecht ins Tal. Zwischen Frühling und Herbst wird in den umliegenden Bergen gewandert und im Winter fühlen sich Sportler auf den Pisten und Loipen sehr wohl.

Hauptort ist das bekannte St. Ulrich, Heimatstadt von Luis Trenker. Schon lange hat der Fremdenverkehr im Tal Einzug gehalten und die Landwirtschaft spielt nur noch eine untergeordnete Rolle. 1856 wurde die Talstraße fertiggestellt, seitdem können die Touristen problemlos ihre Unterkünfte in den Dörfern erreichen. Damals wie heute kommen sie, um die Bergwelt der Dolomiten aktiv zu entdecken. Ein wahrer Touristenboom setzte nach der Skiweltmeisterschaft im Jahr 1970 ein und es folgte ein Ausbau des Wintersporttourismus, was an der Anzahl der Lifte und Pisten unschwer zu erkennen ist. Südlich, oberhalb des Grödnertals, erstreckt sich die Seiser Alm, die größte Hochfläche der Alpen.

HOCHBURG DER HOLZSCHNITZKUNST

St. Ulrich ist der Hauptort des Tales und erstreckt sich auf einer Höhe von 1236 Metern. Alljährlich zieht es scharenweise Touristen in den Ort. Sie tummeln sich dann in den Stra-

AUSFLUG

INS EGGENTAL

Wer ausreichend Zeit hat und diese in der Umgebung von Bozen verbringen möchte, sollte durch das wildromantische Eggental fahren. Die Straße 241 ist zunächst schmal und erfordert eine vorausschauende Fahrweise, dann geht die weitere Strecke über die Straße 620 in Richtung Deutschnofen weiter. Die Landschaft ist hier einmalig. Als Ziel sollte man das Hotel Garnischgerhof in Schönwald ansteuern. Die Parkplätze sind groß genug und von der Terrasse des Restaurants hat man einen grandiosen Ausblick auf den Rosengarten (Rosengartenspitze 2981 m). Einen Blick verdient auch die Speisekarte, denn hier isst man vorzüglich.

Das »Ladinische Museum« in St. Ulrich

ßen und Geschäften und zeigen sich beeindruckt von den Schnitzarbeiten. Die Holzschnitzereien aus St. Ulrich sind weltbekannt und so stößt man hier auf eine Schnitzereifachschule und zahlreiche Einkaufsmöglichkeiten. Seit dem 17. Jahrhundert hat das Holzschnitzen in St. Ulrich und Wolkenstein Hochkonjunktur und gerade in den langen Wintermonaten wird mit vollem Elan geschnitzt und dann eifrig verkauft.

An ihren berühmtesten Sohn, Luis Trenker, erinnert St. Ulrich mit einem Denkmal auf der gleichnamigen Promenade. Die letzte Ruhestätte des weltbekannten Bergsteigers, Schriftstellers und Regisseurs zieht noch heute eine Schar von Anhängern an.

Zu den sehenswerten Bauwerken gehört die spätbarocke Pfarrkirche, die zwischen 1746 und 1749 erbaut wurde. Sie verfügt über kunstvolle Holzschnitzarbeiten. Besuchenswert ist auch das Ladinische Museum, das sich im Zentrum befindet und über die Geschichte und Kultur der Region informiert.

Ein lohnenswertes Ausflugsziel ist die Seiser Alm. Diese gigantische Hochfläche erreicht man von St. Ulrich aus mit der Seilbahn, oben angekommen sollte man das Angebot an schönen Wanderwegen nutzen.

Die weitere Route durch das Grödnertal (*Val Gardena*), über das Grödnerjoch und das anschließend zu durchfahrende Gadertal gehört zu den landschaftlich schönsten Abschnitten der Südtirol-Tour. Hier gibt es viele Steigungen (bis zu 12 %) zu überwinden und man kann grandiose Ausblicke auf die Berge der Dolomiten genießen.

Im Grödnertal geht es bergauf und man passiert Orte wie **St. Christina** und **Wolkenstein**. Nach dem Ort Wolkenstein wird an der Talstation **Piz Sella** sogar ein Reisemobil-Stellplatz angeboten. Von der Landstraße 242 biegt man ab auf die Straße 243, die sich hochwindet auf eine maximale Höhe von 2121 Metern am Grödnerjoch (*Passo di Gardena*). Am höchsten Punkt sollte man eine Pause einlegen. Hier befindet sich Gastronomie und ein Andenkenladen.

Nach der Pause geht es fast 50 Kilometer bergab. Von der Straße hat man immer wieder grandiose Ausblicke auf die Spitzen der Dolomiten, westlich der Straße blickt man auf die schroffen Berge der Sellagruppe. Im weiteren Verlauf passiert man den Fremdenverkehrsort **Corvara**, der bei Wintersportlern hoch im Kurs steht. Nach rund fünf Kilome-

SPECIAL

LEGENDÄRER LUIS TRENKER

Luis Trenker aus St. Ulrich ist fast schon legendär. Er war Bergsteiger, Regisseur und Schriftsteller und starb im Alter von 98 Jahren. Wie kaum ein anderer verkörperte Alois Franz Trenker den vitalen Naturburschen, der im Einklang mit der rauen Natur lebt. 1892 geboren, kam er 1921 durch Zufall zum Film und drehte berühmte Streifen wie »Der Kampf ums Matterhorn« und »Berge in Flammen«. In der Nazizeit war der Erfolg Trenkers in Deutschland groß, denn seine heroisierenden Filme konnten von den Nazis zu Propagandazwecken genutzt werden. In der Nachkriegszeit, insbesondere in den 1960er-Jahren, verkörperte Trenker sein eigenes Denkmal. In einem bereits respektablen Alter war er gern gesehener Gast in Fernsehsendungen und verkörperte den stets gut aufgelegten Naturburschen mit einer interessanten Lebensgeschichte. In seinem Heimatdorf St. Ulrich erinnert ein useum an den 1990 verstorbenen Südtiroler.

St. Ulrich ist für seine Schnitzkunst bekannt.

tern erreicht man die Straße 244 und das **Gadertal** (*Val Badia*). Das Tal ist weit und verengt sich im weiteren Verlauf erst in Wengen. Die abzweigenden Täler bieten eine nahezu unberührte Natur und eine Stille, die man sich vielfach im Urlaub wünscht.

Von **Wengen** sind es rund 20 Kilometer, die man durch das teils enge Gadertal zurücklegen muss, bis man den idyllischen Ort St. Lorenzen im Pustertal erreicht. Vorher lohnt es sich, in **St. Martin** das »Ladinische Landesmuseum« in Schloss Thurn zu besuchen.

In St. Lorenzen sollte man dem Reisemobil eine Verschnaufpause gönnen. Glücklicherweise bieten sich hier ein sehr guter Campingplatz und ein netter Ort für einen Aufenthalt an.

HIER HERRSCHT BEHAGLICHKEIT

Die Marktgemeinde **St. Lorenzen** (*San Lorenzo*) befindet sich in einem breiten Tal in der Mitte des westlichen Pustertals südlich der Riesenfernergruppe und ist von weit her an den beiden benachbarten Kirchtürmen zu erkennen. Die erste Siedlung wurde von den Römern gegründet. Die heutige Stadt verdankt ihren Namen dem heiligen Laurentius, der bereits von den Römern verehrt wurde. St. Lorenzen ist auch der Geburtsort von Jakob Hutter. Er forderte eine Reformation der Kirche und der Gesellschaft. Viele seiner Anhänger, die sogenannten Hutterer, leben heute u. a. in Kanada in isolierten Glaubens- und Arbeitsgemeinschaften.

Malerische Gebäude und ein Leben ohne Trubel prägen das idyllische Altstadtbild. Zu den Sehenswürdigkeiten gehört die Pfarrkirche zum heiligen Laurentius aus dem 13. Jahrhundert mit einem Flügelaltar, der von dem berühmten Bildschnitzer Michael Pacher geschaffen wurde. Gezeigt wird das Jesuskind, wie es im Schoß seiner Mutter eine Weintraube verspeist.

Sehenswert ist zudem die rund 1000 Jahre alte Michelsburg direkt neben der Kirche. Um rund 2000 Jahre wird die Zeit in dem kleinen Römermuseum Mansio Sebatum zurückgedreht (www.mansio-sebatum.it).

Der weitere Streckenverlauf führt durch das Pustertal in östliche Richtung.

VIELSEITIGES PUSTERTAL

Das breite, einladende **Pustertal** erstreckt sich im Osten von Südtirol. Im Norden wird es von dem gletscherbedeckten Alpenhauptkamm und im Süden von den Dolomiten be-

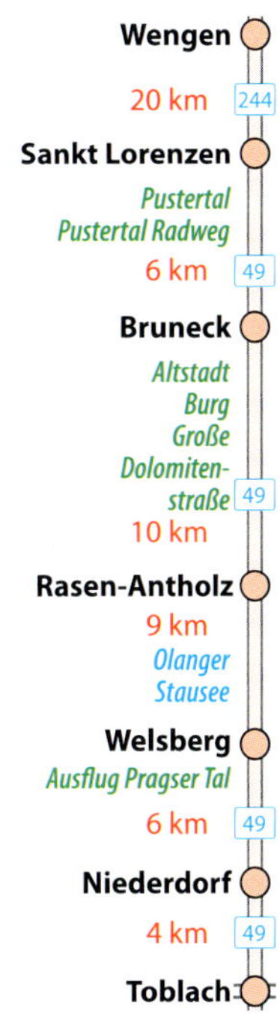

Von vielen Stellen im Pustertal blickt man auf die majestätischen Gipfel der Dolomiten.

grenzt. Grüne großflächige Wiesen erstrecken sich am Talboden und an den Hängen der umgebenden Berge haben sich dichte Wälder ausgebreitet.

Durchflossen wird das Tal vom Fluss Rienz, und aus den Seitentälern wie dem Sextener Tal, dem Antholzer Tal oder dem Gadertal gelangen weitere Wassermassen in den Hauptfluss. Die schöne Stadt Bruneck ist der Hauptort des Tales. Mit ihrem mittelalterlichen Stadtkern ist sie ein Muss für den Pustertalbesucher. Aber auch an anderen schönen Orten wie St. Lorenzen, Welsberg, Toblach und Innichen wird der Reisende Gefallen finden.

Auch wenn die vielen Kühe auf saftigen Wiesen noch von traditioneller Landwirtschaft zeugen, so ist der Tourismus ein weitaus bedeutenderes wirtschaftliches Standbein. Der Kronplatz mit 119 Kilometern präparierten Pisten ist ein angesagtes Skikarussell in den Dolomiten und ein Beispiel für einen hochrangigen Touristenmagnet. Im Sommer sind die Wanderwege in der grandiosen Natur ein beliebtes Ziel für Wanderer. Beliebt ist auch der 105 Kilometer lange Pustertaler Radweg.

ORT MIT STADTRECHTEN

Bruneck erstreckt sich auf einer Höhe von 835 Metern, ist die größte Stadt im Pustertal und die viertgrößte Stadt in Südtirol (14 000 Einw.). Sie blickt auf eine ereignisreiche Geschichte zurück und wurde durch den Brixener Bischof Graf Bruno von Bullenstätten gegründet. Im Jahr 1250 ließ er auf dem heutigen Schlossberg eine Burg errichten und in den folgenden Jahrhunderten konnte sich die Stadt dank des Bergbaus in der Region und dank des Fernhandels zwischen Venedig und Süddeutschland gut entwickeln.

Gegen Ende des 19. Jahrhunderts wurde Bruneck an das Schienennetz angeschlossen und damit der Grundstein für den Tourismus gelegt. Aufgrund der Lage in dem breiten Tal kann sich die Stadt in alle Richtungen ausdehnen, deshalb herrscht rund um Bruneck ein regelrechter Bauboom. Bruneck hat als einziger Ort im großen Pustertal die Stadtrechte und gehört zu den schönsten Orten Südtirols. Das Herz der Stadt schlägt im alten Kern. Hier prägen lebhafte Gassen mit farbenprächtigen, schönen Fassaden und einigen Stadttoren das mittelalterliche Stadtbild

Der 35 Kilometer lange Pustertal Radweg ist gut ausgeschildert und markiert.

und ansprechende Geschäfte, einladende Restaurants, Cafés und verschiedene Bars vermitteln eine Atmosphäre zum Wohlfühlen und genießen. Die schönste Gasse ist die Stadtgasse mit vier Stadttoren und interessanten Wandmalereien. Das Haus mit der Nummer 29 ist das Geburtshaus des bekannten Bildschnitzers Michael Pacher.

Zu den sehenswerten Bauwerken gehören das Ursulinentor mit Fresken des Malers Hans von Bruneck sowie die ursprünglich gotische Kirche St. Katharina auf dem Rain. Sie steht unterhalb des Schlossberges, wurde im 14. Jahrhundert erbaut, 1675 im Barockstil umgebaut und ist mit ihrem doppelten Zwiebelturm das Wahrzeichen von Bruneck.

Kirchenliebhaber werden gern die neuromanische Ursulinenkirche (1855) besuchen. Die Pfarrkirche mit den beiden spitzen Türmen ist die größte Kirche der Region und verfügt über ein lebensgroßes Kruzifix, das Michael Pacher geschaffen hat.

Von der Kirche sollte man den Fußweg hinauf zur mächtigen Burg gehen. Sie gehört zu den sechs Messner Mountain Museen (MMM) und kann besichtigt werden. Das hier

AUSFLUG

RADWEG PUSTERTAL

Zu einem ausgiebigen Ausflug mit dem Rad lädt der Pustertaler Radweg ein. Wer kein Rad dabeihat, kann u. a. auf den Campingplätzen Fahrräder ausleihen. Der schöne und immerhin 105 Kilometer lange Radweg verläuft zwischen Brixen und dem Hochpustertal (Österreich). Da er von West nach Ost kontinuierlich ansteigt, empfiehlt sich die Fahrt von Ost nach West. Glücklicherweise transportieren alle Züge im Pustertal auch Räder. So geht es bergauf mit der Bahn und bergab mit dem Fahrrad. Der Radweg ist ansprechend angelegt und bietet grandiose Ausblick auf die Dolomiten, führt vielfach an dem Fluss Rienz vorbei und erschließt malerische Dörfer. Eine sehr schöne Etappe führt von Innichen nach Bruneck. Bei dieser rund 35 Kilometer langen Tour geht es rund 400 Höhenmeter bergab. Der Pustertaler Radweg ist gut ausgeschildert und es wurden einige Erlebnispunkte eingerichtet, an denen man sich auch ausruhen kann.

Im Zentrum von Bruneck stehen rund um den Rathausplatz moderne Gebäude.

untergebrachte Museum informiert u. a. über die Lebensweise der Menschen in den wichtigsten Bergregionen der Erde.

Kunstinteressierte zieht es in das Stadtmuseum, wo seit 1995 auch moderne Werke ausgestellt sind. Einen krassen Gegensatz zur mittelalterlichen Altstadt stellt der benachbarte Rathausplatz mit modernen Bauwerken dar. Außerhalb von Bruneck im Ort Dietenheim ist in dem Herrenhaus Mair am Hof das sehenswerte »Südtiroler Volkskundemuseum« untergebracht. Das Freilichtmuseum informiert auf eindrucksvolle Weise über das Bauernleben des Pustertals.

Von Bruneck führt die Staatsstraße 49 (SS 49) in östliche Richtung durch das breite Pustertal. Am Ortsausgang an der Straße 49 befindet sich ein Campingplatz (Camping Schießstand). Gemütlich fährt man durch das schöne Tal und genießt das Bergpanorama.

Der Pustertaler Radweg führt durch Bruneck.

Im Verlauf der Route passiert man den Ort Rasen-Antholz, der am unteren Abschnitt des Antholzertales liegt. Wer ausreichend Zeit hat, sollte auf dem Campingplatz Corones einchecken und einen Ausflug durch das Tal unternehmen. Es hat eine Länge von rund 21 Kilometern und erstreckt sich bis zum Staller Sattel (2052 m). Umgeben ist das Tal von den Höhen der Riesenfernergruppe und den Villgratner Bergen. Der Ort **Rasen-Antholz** ist auch ein guter Ausgangspunkt für Wanderungen, zum Beispiel zu den Erdpyramiden. Auf der Wanderung bieten Höfe mit Einkehrmöglichkeit einen herrlichen Blick über das Pustertal. Nach dem möglichen Abstecher in das idyllische Antholzertal wird die Route über die Staatsstraße 49 fortgesetzt. Diese sogenannte Große Dolomitenstraße führt am **Olanger Stausee** entlang, und Minuten später ist der Ort Welsberg im hohen Pustertal erreicht.

BESIEDLUNG SEIT DER BRONZEZEIT

Das freundliche Dorf **Welsberg** (*Monguelfo*) liegt auf 1085 Metern Höhe und war bereits in der Bronzezeit besiedelt. Die Römer errichteten eine Burg und benachbart eine Siedlung. Sehenswert ist die schöne Barock-Pfarrkirche St. Margareth (1738) mit beachtlichen Altarbildern des Barockmalers Paul Troger aus Welsberg. Vor der Kirche sollte man sich den Bildstock mit teilweise gut erhaltenen Fresken von Michael Pacher anschauen.

Aufmerksamkeit verdienen auch die Kirche Maria am Rain (1551) und das Schloss Welsberg. Es ist die älteste Festungsanlage im hohen Pustertal. Durch ein verheerendes Feuer wurde sie 1765 größtenteils zerstört und wird gegenwärtig wiederaufgebaut.

MALERISCHES PRAGSER TAL

Ein Muss ist der Abstecher in das idyllische **Pragser Tal**, ein Nebental des Pustertals. Zwischen den Dörfern Welsberg und Niederdorf zweigt man von der Staatsstraße, der SS 49, in das ausgeschilderte Tal. Nach dem Dorf **Säge** biegt man rechts ab und erreicht

malerische Dörfer wie **Schmieden** (1222 m) und **St. Veit** (1351 m). In St. Veit bildet das kleine Kirchlein rechts der Straße ein schönes Fotomotiv.

Weiter geht es hinauf zu den ausgeschilderten Parkplätzen. Direkt an dem historischen Hotel Pragser Wildsee befindet sich ein Parkplatz für Reisemobile, der auch für die Übernachtung genutzt werden kann. Das kolossale Hotel thront vor der Kulisse hoher Dolomiten-Berge. Höchster Gipfel ist der schroffe Seekofel (2810 m).

Das Hotel blickt auf eine ereignisreiche Geschichte zurück. Im April 1945 wurden hier von der Deutschen Wehrmacht prominente Geiseln untergebracht, die zuvor von der SS inhaftiert worden waren. Heute nimmt der Reisende gern ein Zimmer in dem reizvollen Hotel und blickt über den grandiosen, türkisfarbenen Pragser Wildsee oder stärkt sich auf der Terrasse des Hotelrestaurants.

Die weitere Strecke führt am Fluss Rienz entlang und nach wenigen Kilometern durchfährt man den Ort **Niederdorf** (*Villabassa*). Nach einem Kilometer passiert man den Campingplatz Olympia und fährt mit allmählicher Steigung im hohen Pustertal bergauf. Nach wenigen Kilometern ist Toblach (1240 m) erreicht.

AN ALTER HANDELSROUTE

Der Ort **Toblach** (*Dobbiaco*) hatte bereits im Mittelalter Bedeutung, denn hier zweigte der

Lohnenswert ist der Ausflug zum Pragser Wildsee.

AUSFLUG

UM DEN PRAGSER WILDSEE

Für die Umrundung des Sees benötigt der Wanderer mit mittlerer Kondition rund eine Stunde. Wer vom Hotel aus im Uhrzeigersinn startet, beginnt zunächst mit der größeren Steigung. Läuft man gegen den Uhrzeigersinn, ist die Steigung zunächst mäßig und man muss sich am Schluss etwas mehr anstrengen. Entlang des nicht zu verfehlenden Pfades mit der Nummer 1 findet man in Ufernähe einige Tische und Bänke. Der schöne Wanderweg mit atemberaubender Aussicht wurde bereits im Jahr 1910 angelegt und am Rande der starken Abhänge am östlichen Ufer 2017 neu befestigt. Der Pragser Wildsee ist auch ein beliebter Badesee. Im Bereich des Hotels stehen große Strände zur Verfügung, die auch mal kleiner ausfallen können, da der Wasserspiegel bis zu vier Metern schwankt. Der natürliche Ablauf des von Quellen und Bächen gespeisten Wildsees liegt rund 200 Meter unterhalb des Wasserspiegels, sein Höhenniveau auf 1494 Metern.

Pause im Pragser Tal

Handelsweg zwischen Augsburg und Venedig nach Süden ab. Um 1900 entwickelte sich Toblach zu einem florierenden Fremdenverkehrsort. Zu den prominenten Gästen zählte auch der Komponist Gustav Mahler. In der Nähe der Kirche erinnert eine große Skulptur an den bedeutenden Komponisten. Die Lage unterhalb der landschaftlich imposanten Dolomiten zog Naturfreunde und Wanderer aus den gehobenen Gesellschaftsschichten an.

Toblach setzt sich aus den beiden Ortschaften Alt-Toblach im Norden und Neu-Toblach, einer Hotelsiedlung am Bahnhof, zusammen. Das Meisterstück des Ortes ist die hellgrün angemalte Pfarrkirche St. Johann mit interessanten Deckengemälden und einem schönen Hochaltar mit Tabernakel. Sie gehört zu den bedeutendsten Kirchen des Spätbarocks in Südtirol und wurde von 1769 bis 1782 erbaut.

In Toblach sollte man einige Tage verweilen und die Dolomiten, eine der schönsten Bergwelten der Alpen, aktiv entdecken. In Neu-Toblach befindet sich das »Naturpark Informationszentrum« und auch in den Touristeninformationen gibt man gern Auskunft über schöne Wanderrouten. Empfehlenswert ist auch ein Abstecher über die Straße 51 in das eindrucksvolle **Höhlensteintal** und den grandiosen Naturpark Sextener Dolomiten.

Von Toblach fährt man nun allmählich wieder bergab und trifft nach fünf Kilometern im kleinen Ort Innichen ein.

In Innichen lohnt sich ein Besuch der Stiftskirche.

HERZ DES HOCHPUSTERTALS

Lohnenswert ist ein kleiner Rundgang in dem Dorf **Innichen** (*San Candido*). Es hat eine reizvolle Lage im oberen Pustertal und liegt auf einer Höhe von 1175 Metern, am Ausgang des Sextener Tales. Das Gebiet rund um das heutige Innichen schenkte Herzog Tassilo III. von Bayern dem Abt Atto von Scharnitz im Jahre 769 zur Errichtung eines Benediktinerklosters. Innichen ist nur wenige Kilometer von der österreichischen Grenze entfernt und auch hier hat der Tourismus im Sommer und Winter große Bedeutung.

Das Ortszentrum bildet der Pflegplatz. An diesem Marktplatz stehen Bürgerhäuser, das

Rathaus und die Stiftskirche, der sogenannte Dom aus dem 13./14. Jahrhundert. Die dreischiffige Basilika gehört zu den eindrucksvollsten Kirchen im romanischen Stil des gesamten Alpenraums. In der Nachbarschaft der Kirche befinden sich das Stiftsmuseum und die Pfarrkirche mit dem romanischen runden Kirchturm. Das Hauptgebäude ist ein Barockbau aus dem 18. Jahrhundert.

Lohnenswert sind Ausflüge in das **Sextener Tal**, von wo man Wanderungen in die Sextener Dolomiten starten kann. Im Sextener Tal sollte man das nette Dorf **Sexten** einmal unter die Lupe nehmen. Wenige Kilometer entfernt befindet sich der »Caravan Park Sexten«, der zweifelsfrei zu den besten in Europa gehört und auch über einen Stellplatz verfügt. Er ist ein guter Ausgangspunkt für Wanderungen

Im Zentrum von Toblach erhebt sich der Turm der Pfarrkirche St. Johann.

SPECIAL

DOLOMITEN

Die Dolomiten gehören zu den imposantesten alpinen Massiven und sind Teil der UNESCO-Weltnaturerbe-Liste. Den Namen verdanken sie dem französischen Forscher Déodat de Dolomieu, der gegen Ende des 18. Jahrhunderts das Gestein der »bleichen Berge« untersuchte. Die Dolomiten bestehen aus Kalk und Magnesium und sind Meeressedimente. Durch das Zusammenstoßen der afrikanischen und europäischen Kontinentalplatte hob sich der Meeresboden, faltete sich und bildete das Gebirge. Erosion und Verwitterung gaben dem Gebirge seine heutige Erscheinung, vielfach mit bizarren Gesteinsformationen. Zu den beeindruckendsten gehören die »Drei Zinnen« im südlichen Sextener Naturpark, die höchste der drei Spitzen erreicht 2999 Meter. Im Sommer wird in den Dolomiten gewandert, z. B. auf dem anspruchsvollen Dolomiten-Höhenweg Nr. 1. Mit Glück sieht man Gämsen, Steinböcke und Murmeltiere. Im Winter zieht es Wintersportler in die Dolomiten. Kronplatz und Cortina d'Ampezzo stehen für große Skikarusselle.

Toblach
Ausflug Dolomiten
5 km
49
Innichen
Sextener Tal
35 km
49
zurück nach
Bruneck
35 km
49
Altstadt Dom
Brixen
40 km
12
Sterzing
Ziel

Dom von Brixen

im Sommer und Herbst und im Winter ein schönes Basislager für Wintersport. Loipen und Liftanlagen befinden sich in der Nähe.

Von Innichen im östlichen Pustertal führt die Route zurück in westliche Richtung. Allmählich fährt man mit dem Reisemobil bergab und durchquert bekannte Orte wie Toblach, Niederdorf und Welsberg, bevor man Bruneck und später St. Lorenzen erreicht. Nun steht ein unbekannter Abschnitt bevor und durch das Pustertal führt die Staatsstraße 49 weiter. Parallel verläuft der Fluss und immer wieder laden kleine Dörfer zu einem Fotostopp ein. Von Bruneck sind es 35 Kilometer zu einer der schönsten Städte im Pustertal.

EINSTIGER BISCHOFSSITZ

Die prächtige Stadt **Brixen** im **Eisacktal** ist nach Bozen und Meran die drittgrößte und älteste Stadt Südtirols. Eine Besichtigung des 17 000 Einwohner zählenden Brixen gehört zu den Highlights des Südtirolurlaubs. Nur wenige Städte vermitteln eine vergleichbar entspannte Atmosphäre und bieten so viele Attraktionen.

Die Region war bereits in vorchristlicher Zeit besiedelt, aber der Ausbau wurde erst durch die Kirche vorangetrieben. Der Bischof von Säben erhielt den Meierhof Prichsna mit großen Ländereien geschenkt. Im 10. Jahrhundert wurden der Dom und die Bischofsburg errichtet, eine schützende Stadtmauer gebaut und der Bischofssitz nach Brixen verlegt (1964 wurde der Bischofssitz von Brixen nach Bozen verlagert).

Innerhalb der Stadtbefestigung spielte sich das mittelalterliche Leben ab. Bereits 1179 erhielt die Stadt die Marktrechte, die Münz- und Zollrechte und 1380 auch das Stadtrecht. Im Jahr 1444 wurde Brixen von einem verheerenden Feuer heimgesucht. Die Kriege zwischen Österreich und Bayern/Frankreich bedeuteten einen Machtverlust für das Fürstbistum Brixen, denn das kirchliche Vermögen wurde verstaatlicht. Einen weiteren Rückschlag erfuhr die Stadt durch den Anschluss Südtirols an Italien.

Nach dem Zweiten Weltkrieg nahm die Bedeutung wieder zu und heute ist Brixen ein überregionales Zentrum. Hauptanziehungspunkt ist die Altstadt. Innerhalb der Stadtmauern versprüht die Stadt ihren Charme und zeigt ihre schönen Häuser mit reizvollen Laubengängen. Enge schattige Gassen mit kleinen Straßenrestaurants und Geschäften laden zum Verweilen ein. Die Gassen führen auf idyllische Plätze wie den großen Domplatz zu.

Von dem Domplatz sind es nur wenige Meter zur großen bischöflichen Hofburg. Die-

KULTUR

BRIXENS DOMKOMPLEX

Am Domplatz stehen das prächtige Rathaus und der hoch aufragende Dom. Der Domkomplex besteht aus mehreren Gebäuden. Hauptbauwerk ist der 1755 fertiggestellte Dom Mariä Himmelfahrt mit seinen beiden Türmen. Der Dom ist reich an Kunstschätzen. Insbesondere die Deckenfresken des Pustertaler Künstlers Paul Troger von 1750 und die gotischen Fresken im Kreuzgang verdienen Beachtung. Von den 20 Arkaden sind 15 kunstvoll bemalt. Neben dem Dom steht die kleine Pfarrkirche St. Michael, die um 1500 erbaut und im 18. Jahrhundert im Barockstil umgebaut wurde. Ein weiteres Gebäude des Domkomplexes ist das Kapitelhaus mit der Domschule. Sie wurde um das Jahr 1000 eingerichtet und ist die älteste Schule Südtirols.

Sterzing kann mit einer der schönsten Altstädte in Südtirol aufwarten. Auch bei Regen hat die sogenannte »Neustadt« ihren Reiz.

ses Renaissanceschloss zeugt heute noch von der einstigen Macht der Kirche und des Bischofs. In dem Prachtbau ist das Diözesanmuseum untergebracht. Nicht nur in den 70 Räumen mit überwiegend sakralen Kunstwerken sollte man sich umschauen, sondern auch im herrlichen Innenhof. Hier wurde ein Erholung spendender Garten angelegt.

Die Weiterfahrt erfolgt über die Staatsstraße 12 (SS 12) zum rund 35 Kilometer entfernten Sterzing, dem Endpunkt der Tour. Die Straße verläuft parallel zur Autobahn und vielfach an dem Fluss Eisack entlang. Auf der Strecke liegt u. a. die beachtliche Burg Franzensfeste.

AM ZIEL DER TOUR

Die schöne Stadt **Sterzing** (*Vipiteno*) liegt im breiten **Eisacktal** auf einer Höhe von 948 Metern und präsentiert sich mit einer prächtigen Altstadt. Bereits in der Römerzeit gab es an der wichtigen Fernhandelsstraße Via Claudia Augusta die Station Vipitenium. Erstmalig urkundlich erwähnt wurde der Ort 1180 und im Jahr 1280 verlieh der Landesfürst Graf Meinhard II. dem Ort Sterzing die Stadtrechte.

Im Jahr 1443 wurden große Teile der Stadt durch ein Feuer zerstört und der danach errichtete Stadtteil mit dem Namen »Neustadt« mit seinen zentralen Gassen gehört sicherlich zu den schönsten Altstädten Südtirols. Inmitten der Altstadt steht der Zwölferturm, Sterzings Wahrzeichen. Dieser 46 Meter hohe Turm befindet sich am Stadtplatz, in der Nähe der Heilig-Geist-Spitalkirche. Sie wurde 1399 errichtet und begeistert durch spätgotische Fresken des Malers Hans von Bruneck.

Durch den Zwölferturm geht es in die herrliche Neustadtgasse, vorbei an makellosen Häusern wie dem Rathaus und durch alte Laubengänge. Inmitten der Gasse steht auch das 1739 errichtete Nepomuk-Denkmal, das vor Überschwemmungen schützen soll – immerhin ist der Fluss Eisack nur einen Steinwurf entfernt.

Zu den weiteren Attraktionen von Sterzing gehört das Multscher- und Stadtmuseum im Deutschordenhaus. Hier ist u. a. ein Teil des großen spätgotischen Flügelaltars zu bestaunen, den der Ulmer Maler und Bildhauer Hans Multscher geschaffen hat. In der Nähe steht die Stadtpfarrkirche, die größtenteils aus dem 15. Jahrhundert stammt. Etwas außerhalb liegt die Burg Reifenstein, die zu den ältesten Burgen Südtirols gehört und bereits Anfang des 12. Jahrhunderts erwähnt wurde.

Von Sterzing gelangt man problemlos auf die Brennerautobahn, auf der man nach Österreich und weiter nach Deutschland gelangt.

PRAKTISCHE HINWEISE

KARTE

ADAC Urlaubskarte Vorarlberg–Tirol–Südtirol 1:150 000

TOURISTINFORMATIONEN

Glurns Marketing, Rathausplatz 1, 39020 Glurns, Tel. +39 0473 831288, www.glurns.eu

Kurverwaltung Meran, Freiheitsstr. 45, 39012 Meran, Tel. +39 0473 272000, www.merano-suedtirol.it

Stadtinfo Bozen, Südtiroler Str. 60, 39100 Bozen, Tel. +39 0471 307000, www.bolzano-bozen.it

Bruneck Kronplatz Tourismus, Michael-Pacher-Str. 11 A, 39031 Bruneck, Tel. +39 0474 555722,www.bruneck.com

Brixen Tourismus Genossenschaft, Regensburger Allee 9, 39042 Brixen, Tel. +39 0472 836401, www.brixen.it

Stadtinfo Sterzing, Stadtplatz 3, 39049 Sterzing, Tel. +39 0472 765325, www.sterzing.com

CAMPING- UND STELLPLÄTZE

S 300 **Reschensee:** Stellplatz Reschensee (S. 276 A2)
GPS: N 46°49′20″ E 10°30′36″
Am nordwestlichen Ufer des Reschensees befindet sich auf dem großen Parkplatz der Talstation der Schönebenbahn der Stellplatz für Reisemobile. Von dem ebenen und kostenpflichtigen Platz hat man einen herrlichen Blick über den rund 7,5 km langen See. Der Stellplatz ist im Ort Reschen ausgeschildert.

Campingplatz »Camping im Park« in Glurns

Campingplatz »Camping am See« in St. Valentin auf der Haide

C 301 **St. Valentin auf der Haide:** Camping zum See (S. 276 A2)
GPS: N 46°76′42″ E 10°53′23″
Der gute Campingplatz befindet sich zwischen dem Ort St. Valentin auf der Haide und dem Haidersee. Er ist bestens ausgestattet und brilliert durch ein modernes Sanitärgebäude und ein Restaurant. Der Campingplatz verfügt über ebene Plätze und ist ganzjährig geöffnet. Der Platz ist auch für Wintersportler interessant, denn die Talstation ist nur 300 m entfernt.
Adresse: Kirchgasse 26, 39027 St. Valentin auf der Haide, Tel. +39 0473 634576, www.zumsee.it

S 302 **St. Valentin auf der Haide:** Stellplatz Camping am See (S. 276 A2)
GPS: N 46°76′42″ E 10°53′23″
Direkt neben dem Campingplatz befindet sich ein empfehlenswerter und naturnaher Stellplatz. Hier steht das Reisemobil auf einer großen ebenen Rasenfläche.
Adresse: Kirchgasse 26, 39027 St. Valentin auf der Haide, Tel. +39 0473 634576, www.zumsee.it

C 303 **Mals** (Vinschgau): Camping Mals (S. 276 A2)
GPS: N 46°41′3″ E 10°33′2″
In Mals folgt man der Beschilderung »Glurns« und erreicht den Campingplatz Mals, von dem man einen herrlichen Panoramablick hat. Er bietet ebene Stellplätze, Hallenbad und Wellness in 200 m Entfernung. Guter Ausgangspunkt für Wanderungen und Mountainbiking.
Adresse: Bahnhofstr. 49, 39024 Mals, Tel. +39 0473 835179, www.campingmals.it

C 304 **Glurns** (Vinschgau): Camping im Park (S. 276 A2)
GPS: N 46°40′14″ E 10°32′43″
Rund 500 m von der Stadtmauer Glurns entfernt befindet sich der idyllische, einfache Campingplatz, der von der Gemeinde betrieben wird. Da größere Reisemobile nicht durch das Zentrum fahren können, muss man über die Staatsstraße 41 (Richtung Schweiz) zum Campingplatz fahren.
Tel. +39 0473 424017

S 305 **Glurns** (Vinschgau): Stellplatz Parkplatz am Schludernser Torturm (S. 276 A2)
GPS: N 46°40′16″ E 10°33′24″
Auf dem Parkplatz vor dem Schludernser Torturm befindet sich der ebene, gepflasterte Parkplatz. Hier wurden auch Stellplätze für

kleine und mittelgroße Reisemobile eingerichtet. Bezahlt wird am Parkautomaten. Durch das Tor geht es in die fantastische Altstadt.

C 306 **Glurns** (Vinschgau):
Campingplatz Gloria Vallis (S. 276 A2)
GPS: N 46°40'25" E 10°34'11"
Der schöne Campingplatz in der Nähe von Glurns bietet ebene Rasenplätze auf mehreren Terrassen. Erfreuen wird den Camper der Blick auf das Ortler-Massiv.
Adresse: Wiesenweg 5, 39020 Glurns,
Tel. +39 0473 835160, www.gloriavallis.it

C 307 **Latsch** (Vinschgau):
Camping Latsch (S. 276 B2)
GPS: N 46°37'20" E 10°51'50"
Zwischen der Hauptstraße und der Etsch befindet sich der 4-Sterne-Campingplatz. Er bietet ebene Rasenplätze und einen Blick über die Etsch. Zur Anlage gehören auch Hotel, Restaurant, Frei- und Hallenbad sowie Sauna. In wenigen Gehminuten ist der Camper im Zentrum von Latsch.
Adresse: Reichstr. 4, 39021 Latsch,
Tel. +39 0473 623217,
www.camping-latsch.com

S 308 **Schlanders** (Vinschgau):
Stellplatz (S. 276 B2)
P13, GPS: N 46°37'40" E 10°46'51"
Am Rande des Stadtzentrums, in der Nähe des Krankenhauses, befindet sich der Parkplatz, der ausgewiesene Plätze für Reisemobile bereithält. Bezahlt wird am Parkautomaten. Nebenan liegt ein kleiner Park.
Adresse: Via Ospedale, 39028 Schlanders

S 309 **Dorf Tirol**: Stellplatz
Schneeburghof (S. 276 C2)
GPS: N 46°40'32" E 11°10'3"
Außerhalb von Dorf Tirol befindet sich ein Stellplatz inmitten von Weinreben und Obstplantagen. Rund 40 Stellplätze stehen zur Verfügung. Das Reisemobil steht auf ebenen Schotterplätzen.
Adresse: Segenbühelweg 26,

Campingplatz Hermitage in Meran

39019 Dorf Tirol, Tel. +39 0473 923595, www.schneeburghof.com

C 310 **Meran:** Camping Meran (S. 276 C2)
GPS: N 46°66′31″ E 11°15′8″
Im Stadtgebiet, ca. 700 m südlich der Altstadt, befindet sich der einfache Campingplatz Meran.
Adresse: Piavestr. 44, 39012 Meran,
Tel. +39 0473 231249,
www.camping-meran.com

C 311 **Meran:** Campingplatz Hermitage (S. 276 C2)
GPS: N 46°40′18″ E 11°12′11″
Der moderne Campingplatz befindet sich rund 3 km von Meran entfernt, wo er sich an einem Hügel über mehrere Terrassen erstreckt. Er verfügt über moderne Sanitärgebäude und bei Bedarf dürfen Schwimmbad und Sauna des angegliederten Hotels mitgenutzt werden. Ein empfehlenswertes Restaurant ist ebenfalls vorhanden.
Adresse: Via Val di Nova 29, 39012 Meran,
Tel. +39 0473 232191, www.einsiedler.com

S 312 **Meran:** Stellplatz Talstation Meran 2000 (S. 276 C2)
GPS: N 46°40′17″ E 11°12′33″
Rund 3 km östlich von Meran befindet sich der Großparkplatz der Talstation der Bergbahn Meran 2000. Auf dem großen Schotterparkplatz können Reisemobile gegen Gebühr über Nacht stehen. Der Parkplatz verfügt über keine Infrastruktur und ist an Wochenenden im Winter schnell durch Pkws vollgeparkt. Nur wenige 100 m entfernt befindet sich der Campingplatz »Camping Hermitage«.
Adresse: Naiftalstr. 37, 39012 Meran,
www.meran2000.com

C 313 **Leifers:** Camping Steiner (S. 276 C3)
GPS: N 46°25′48″ E 11°20′37″
Wenige Kilometer südlich von Bozen befindet sich in Leifers der familiär geführte Campingplatz Steiner (hinter dem Hotel Steiner). Ebene Plätze, modernes Sanitärgebäude, Fahrradverleih und gute Ver- und Entsorgung kennzeichnen den Platz.
Adresse: Kennedystr. 32, 39055 Leifers,
Tel. +39 0471 950105,
www.campingsteiner.com

Stellplatz Via Maso della Peiva in Bozen

S 314 **Bozen:** Stellplatz Via Maso della Pieve (S. 276 C3)
GPS: N 46°28′23″ E 11°20′14″
Der einfache Stellplatz in der Via Maso della Pieve befindet sich rund 3 km vom Stadtzentrum Bozens entfernt. Gegenüber vom Stellplatz erstreckt sich der Radweg, über den man bequem die herrliche Altstadt erreicht. Der Stellplatz verfügt über ebene Asphaltflächen und Ver- und Entsorgungsmöglichkeiten. Er liegt direkt an der Straße und die Bahnlinie ist in Hörweite.
Adresse: Via Maso della Pieve 9,
39100 Bozen/Bolzano

S 315 **Bozen:** Stellplatz Messeparkplatz (S. 276 C3)
GPS: N 46°28′25″ E 11°19′37″
Der Messeparkplatz der Stadt Bozen kann ebenfalls als Stellplatz genutzt werden. Ebene und asphaltierte Stellflächen stehen zur Verfügung. Zum Stadtzentrum sind es rund 4 km.
Adresse: Via Bruno Buozzi,
39100 Bozen/Bolzano

S 316 **Wolkenstein:** Stellplatz Piz Sella (S. 276 D3)
GPS: N 46°31′58″ E 11°46′22″
Auf dem Weg hinauf zum Grödnerjoch, wenige Kilometer nach Wolkenstein, besteht die Möglichkeit, auf dem großen Schotterparkplatz der Talstation Piz Sella zu parken oder zu übernachten. Die Schotterflächen sind überwiegend leicht geneigt. In der

Camping Wildberg in St. Lorenzen

Nacht kann es kalt werden, denn der Stellplatz befindet sich auf einer Höhe von rund 1800 m.
Adresse: Strada Plan de Gralba 25, 39048 Wolkenstein

C 317 **Kollfuschg** (Colfosco): Camping Colfosco Corvara (S. 277 E3)
GPS: N 46°33′3″ E 11°51′39″
Der empfehlenswerte Campingplatz befindet sich in Kollfuschg nahe Corvara und ist umgeben von Wäldern und Wiesen. Er bietet herrliche Ausblicke, u. a. auf die Sella-Gruppe. Der Platz ist bestens für Winter- und Sommercamping ausgestattet. Ebene Plätze und moderne Sanitäranlagen prägen den schönen Campingplatz im Gadertal.
Adresse: Via Sorega 15, 39033 Corvara in Badia, Tel. +39 0471 836515, www.campingcolfosco.org

C 318 **St. Lorenzen:** Camping Wildberg (S. 277 E2)
GPS: N 46°46′53″ E 11°53′56″
Eine herrliche Lage hat der Campingplatz Wildberg. Er ist nur wenige 100 m vom Ortszentrum des idyllischen Örtchens St. Lorenzen entfernt. In der Nähe befindet sich auch der kleine Bahnhof und direkt am Campingplatz führt der Pustertal-Radweg vorbei. Es ist eine schöne Anlage mit überwiegend ebenen Stellplätzen, modernem Sanitärgebäude und kleinem Freibad. Familien werden sich über das Tiergehege und die freilaufenden Hühner freuen.
Adresse: Dorfstr. 9, 39030 St. Lorenzen, Tel. +39 0474 474080, www.campingwildberg.com

Campingplatz Corones

Camping Olympia in Niederdorf

S 319 **Bruneck/Amaten:** Stellplatz Hotel Amaten (S. 277 E2)
GPS: N 46°48′53″ E 11°57′45″
Oberhalb von Bruneck, in 1300 m Höhe, liegen die Reisemobilstellplätze an der Hotel- und Appartementanlage Amaten. Von der Hauptstraße 49 in Percha nach links Richtung Oberwielenbach abbiegen und nach 1,5 km nach Amaten fahren.
Adresse: Amaten 3, 39031 Bruneck, Tel. +39 0474 559993

C 320 **Rasen-Antholz:** Campingplatz Corones (S. 277 E2)
GPS: N 46°46′31″ E 12°02′13″
Der Campingplatz Corones gehört zu den besten im Pustertal und liegt am Eingang zum Antholzertal, am Rande des Ortes Rasen. Er besticht durch eine ruhige Lage und eine gute Ausstattung. Freibad, Sauna und Restaurant prägen den Campingplatz. Er ist auch ein guter Ausgangspunkt für Wanderungen.
Adresse: Gepaiden 13, 39030 Rasen-Antholz, Tel. +39 0474 496490, www.corones.com

S 321 **Pragser Wildsee:** Stellplatz Hotel Pragser Wildsee (S. 277 E2)
GPS: N 46°42′2″ E 12°5′7″
Vor dem kolossalen Hotel Pragser Wildsee, das bereits 1899 eröffnet wurde, befindet sich der kostenpflichtige Parkplatz, der auch zu Übernachtungszwecken genutzt werden kann. Hier steht das Reisemobil auf ebenen Schotterplätzen. Zum reizvollen Pragser Wildsee sind es nur wenige 100 m. Dort befindet sich auch der Badestrand.
Adresse: St. Veit 27, 39030 Prags

C 322 **Toblach/Niederdorf** (Pustertal): Camping Olympia (S. 277 E2)
GPS: N 46°44′4″ E 12°11′38″
Zwischen den Orten Niederdorf und Toblach liegt der Campingplatz Olympia. Er ist ganzjährig geöffnet und umfangreich ausgestattet. Kinder erfreuen sich an dem Streichelzoo und Erwachsene über das vielseitige Freizeitprogramm. Der Blick auf die Bergwelt ist grandios.
Adresse: Campingstr. 1, 39034 Toblach, Tel. +39 0474 972147, www.camping-olympia.com

Camping Gilfenklamm in Ratschings

Rechte Seite: Schloss Juval – die Sommerresidenz von Reinhold Messner

Der Campingplatz »Caravan Park Sexten« ist ganzjährig geöffnet.

C 323 **Toblach:** Campingplatz Toblacher See (S. 277 F2)
GPS: N 46°42'23" E 12°13'5"
Der Sommer- und Wintercampingplatz liegt 4 km südlich von Toblach am Toblacher See.
Adresse: Toblacher See 3, 39034 Toblach, Tel. +39 0474 973138, www.toblachersee.com

S 324 **Innichen/San Candido:** Stellplatz Winnebach (S. 277 F2)
GPS: N 46°44'22" E 12°21'59"
Der ebene und große Stellplatz liegt rund 6 km östlich von Innichen am Rande des Dorfes Winnebach. Er befindet sich direkt an der Hauptstraße SS49, ist ganzjährig zugänglich und gut ausgestattet. Zur italienisch-österreichischen Grenze sind es nur wenige Hundert Meter.
Adresse: Pustertaler Straße/Via Prato alla Drava, 39038 Innichen/San Candido

C 325 **Sexten** (Sextental): Campingplatz Caravan Park Sexten (S. 277 F2)
GPS: N 46°40'4" E 12°23'59"
Er gehört zu den besten Campingplätzen Südtirols. Auf ebenen gekiesten oder gepflasterten Stellplätzen steht man und kann den Ausblick auf die Berge der Dolomiten genießen. Der ganzjährig geöffnete 4-Sterne-Campingplatz bietet ein unbegrenztes Angebot, das von Wellness über Kletterwand für Kinder bis hin zu luxuriösen Sanitärmietkabinen reicht. Auch Stellplätze vor der Platzschranke werden angeboten. Hier steht ein Stellplatz für Reisemobile zur Verfügung. Eine Pizzeria und ein Restaurant sind ebenfalls vorhanden.
Adresse: St.-Josef-Str. 54, 39030 Sexten-Moos, Tel. +39 0474 710444, www.caravanparksexten.it

C 326 **Vahrn** (Brixen): Campingplatz Löwenhof (S. 276 D2)
GPS: N 46°44'5" E 11°38'45"
Im Ort Vahrn, wenige Kilometer nördlich von Brixen, liegt der Campingplatz direkt am Hotel Löwenhof.
Adresse: Brennerstr. 60, 39040 Brixen, Tel. +39 0472 836216, www.loewenhof.it

C 327 **Ratschings:** Camping Gilfenklamm (S. 276 C1/D1)
GPS: N 46°52'58" E 11°24'29"
Ein kleiner und gepflegter Campingplatz ist Camping Gilfenklamm. Für Reisemobile stehen ebene Schotterplätze zur Verfügung. Direkt nebenan befindet sich ein empfehlenswertes Restaurant.
Adresse: Jaufenstr. 2, 39040 Ratschings, Tel. +39 0472 779132, www.camping-gilfenklamm.com

4 AN DER REIZVOLLEN KÜSTE DER ADRIA ENTLANG

Von Venedig nach Ancona

Das vielseitige Reiseland Italien bietet stets einen unbeschwerten Urlaub und lockt mit abwechslungsreichen Ferienregionen zwischen Südtirol und Sizilien. Berechtigt hoch im Kurs steht die Adriaküste zwischen Venedig und Ancona, mit einem sicheren Gewässer, unendlich langen Sandstränden und historischen Städten. Die Reise entlang der Adria beginnt in der Lagunenstadt Venedig und macht Halt in schönen Urlaubsorten, bis der Reisemobilist die lebendige Hafenstadt Ancona erreicht. Unterwegs stattet man dem sehenswerten Zwergstaat San Marino einen Besuch ab. Mit an Bord sollte das Fahrrad sein, denn mittlerweile laden viele Radwege zu Radtouren ein.

Kurzer Stopp in Chioggia

Zwischen der Lagunenstadt Venedig im Norden und der ebenfalls stark frequentierten Hafenstadt Ancona im Süden stößt der Wohnmobilreisende während seiner Tour auf eine Vielzahl einladender Orte, die jedoch nicht darüber hinwegtäuschen können, dass der Tourismus die wichtigste Einnahmequelle an der Adria ist. Insbesondere Camper zieht es dorthin.

Der nordwestliche Teil der Adria wurde bereits Mitte des 19. Jahrhunderts zu einem beliebten Urlaubsgebiet vieler betuchter Italiener. Aber auch die deutschen Reisenden schätzten in der Nachkriegszeit die schönen Strände und das unbeschwerte italienische Ambiente. Ungezügelter Massentourismus und eine stetige Abnahme der Wasserqualität sorgten dann allerdings dafür, dass immer weniger Urlauber ihre Strandlaken an den Stränden der Provinzen Venetien, Emilia-Romagna und Marken ausbreiteten. Eine verbesserte Wasserqualität und gute Campingplätze sowie moderne Stellplätze für Wohnmobile ziehen in den letzten Jahren wieder verstärkt auch deutsche Touristen an, die auf einer (Wieder-)Entdeckungstour die Adria bereisen.

In vielen Orten findet zurzeit eine Art »Rückbau« der touristischen Bausünden statt, so wird z. B. in Rimini, Fano und Pesaro der Küstenstreifen neu strukturiert und es entstehen offene Strandpromenaden. Darüber hinaus werden größere unansehnliche Bauwerke abgerissen und durch modernere flache Hotels ersetzt.

DIE ENTDECKUNGSREISE GEHT LOS

Auftakt der faszinierenden Route an der Adria entlang ist der Besuch der weltberühmten Stadt Venedig. Nachdem die Anreise gemeistert ist, erreicht man über den Damm Ponte della Libertà den kostenintensiven Stellplatz, der ein guter Ausgangspunkt für den Stadtbesuch ist – auch am Abend.

Alternativ kann man einen Campingplatz im Umland von Venedig anfahren und dann den Bus oder ein Schiff zur Metropole nutzen. Vom Campingplatz »Fusina« ist die Fähre zur Lagunenstadt nicht mehr weit und vom Campingplatz »Camping della Serenissima« (Oriago) fährt ein Bus nach Venedig. Allerdings muss in der Hochsaison damit gerechnet werden, dass es auf den Campingplätzen

ROUTE 4

START- UND ENDPUNKT
Venedig und Ancona

STRECKEN
SS 309, SS 16, SS 72, A 14, SS 16

STRECKENLÄNGE
350 bis 400 km

FAHRZEIT
2 Wochen (ohne Anreise)

BESTE JAHRESZEIT
Ostern bis Oktober

Ein Highlight der Route ist die Metropole Venedig.

zu Engpässen kommen kann. In der Regel stehen auf dem Stellplatz dann noch Stellplätze zur Verfügung.

Eine weitere Möglichkeit bietet die vorgelagerte Halbinsel. Auf der nördlichen Halbinsel Cavallino-Treporti stehen zahlreiche Campingplätze zur Verfügung. Von den teils sehr großen und komfortablen Campinganlagen fahren Busse zum Ende der Halbinsel, dem Punta Sabbioni. Alternativ kann man auch gut mit dem Fahrrad fahren. Hier befinden sich mehrere Schiffsanleger, von denen die Schiffe die Lagunenstadt Venedig ansteuern. Die Schifffahrt ist sehr interessant, da man einen schönen Blick auf Venedig hat. Am Terminal befindet sich auch der Ticketverkauf. Die Überfahrt mit dem Schiff dauert rund 40 Minuten.

BELLA VENEZIA

Venedig ist die schönste Stadt der Welt! Eine Aussage, die polarisiert und heftige Diskussionen aufkommen lässt. Eines steht jedoch fest: Die Lagunenstadt an der Adria gehört zu den interessantesten Städten der Welt und ein Besuch ist ein Muss.

Wer Venedig an einem tristen Herbsttag besucht und über Holzplanken auf dem oftmals überfluteten Markusplatz balanciert, wird sicherlich den Reisenden beneiden, der von einer romantischen Gondelfahrt an einem warmen Sommernachmittag berichtet. Venedig ist eine Stadt der Gegensätze: Trubel und

SPECIAL

VOM WASSER BEDROHT

So glanzvoll wie die Vergangenheit, so düster sieht Venedigs Zukunft aus. Denn das Wasser, das durch die unzähligen Kanäle und unter den vielen Brücken an den gigantischen Palästen vorbeifließt, sorgt immer wieder für Untergangsstimmung – im wahrsten Sinne des Wortes. Die Stadt mit ihrem alten Fundament, das auf unzähligen Holzpfählen steht, sinkt immer mehr ab und die Wassermassen überfluten die Altstadt. Zahlreiche Tage im Jahr steht der Markusplatz unter Wasser. Die Venezianer nehmen es gelassen und mit viel Routine werden Holzplanken für die Touristen ausgelegt, die dann in Scharen Kameras und Handys zücken, um ein Urlaubsfoto der besonderen Art zu machen. Wie es in Zukunft mit der Gelassenheit aussehen wird, bleibt zu beobachten, denn in rund 50 Jahren soll der Platz jeden dritten Tag überflutet sein. Abhilfe soll das milliardenschwere Projekt MOSE schaffen, ein im Bau befindliches Sperrwerk, um Venedig gegen das Wasser zu schützen. 2018 soll es in Betrieb genommen werden. Aufgrund ständig steigender Kosten und vieler Verzögerungen ist es noch ungewiss, wann das Sperrwerk in Betrieb genommen wird.

Mehrfach im Jahr wird der Markusplatz überflutet

Stille, Schönheit und Schäbigkeit, Düfte und Modergerüche, Inszenierung und Natürlichkeit und schließlich Vergangenheit und Zukunft.

Auch wenn man Venedig niemals im Ganzen entdecken und verstehen kann, so sollte man einmal in dieses gigantische Freilichtmuseum eintauchen. Unvergessen werden die Eindrücke sein und wenn man geht, wird man sich auf das Wiederkommen freuen. Da man der Stadt ein eigenes umfangreiches Buch widmen kann, sind im Folgenden nur die Hauptattraktionen aufgeführt.

Die Geschichte Venedigs reicht bis in das 7. Jahrhundert zurück und auf der Insel in der Lagune entstand eine Stadt, die sich schnell zu einem Staatsgebilde entwickelte, mit Stützpunkten rund um die Adria. Schiffe wurden gebaut, Handel betrieben, Truppen aufgestellt und Kreuzzüge durchgeführt. Ab dem 16. Jahrhundert wandelte sich die Bedeutung der Stadt. Statt Weltgeschichte zu schreiben, widmete sich die Stadt vermehrt der Kunst und feierte u. a. das weltberühmte Maskenfest. Im 20. Jahrhundert hielt der Tourismus verstärkt Einzug. Leider spürt die Stadt und letztlich auch der Besucher die Auswirkungen des starken Fremdenverkehrs. Da unzählige Kreuzfahrtschiffe in die Lagune einfahren und nahe der Stadt festmachen, bleibt Venedig auch von den Emissionen nicht verschont. Eine Besserung ist jedoch in Sicht. Ein Anlass, über Änderungen nachzudenken, war die Kollision eines Touristenbootes mit einem Kreuzfahrtschiff im Juni 2019. In den nächsten Jahren sollen zahlreiche Kreuzfahrtschiffe außerhalb des historischen Zentrums anlegen, zum Beispiel in Fusina und Lombardia. Auch mit verheerenden Überschwemmungen hatte die Stadt in jüngster Vergangenheit zu kämpfen. Mitte November 2019 war der Wasserstand 1,87 m über dem Meeresspiegel. So hoch stand das Wasser seit 1966 nicht mehr! Heute zählt die Metropole rund 260 000 Einwohner und verfügt über 118 Inseln, die wiederum durch rund 400 Brücken verbunden sind und durch 160 Kanäle getrennt werden.

Die Touristenpfade in der »Serenissima«, wie Venedig mit Beinamen heißt und was so

Die Gondeln sind aus Venedig nicht wegzudenken.

Der Canale Grande ist die Lebensader von Venedig.

viel wie »die Gelassene« bedeutet, sind im wahrsten Sinne des Wortes »kanalisiert«. Venedig ist autofrei und der Personen- und Güterverkehr geht durch die Kanäle. Für viele ist die Fahrt mit der Gondel der Höhepunkt des Stadtbesuchs. In einem rund zehn Meter langen schwarzen Kunstwerk aus Holz wird man an den prächtigsten Häuserzeilen vorbeigefahren. Informationen erhält man hierbei aus erster Hand, denn nur wer in Venedig geboren ist, darf als Gondoliere eine »gondola« rudern. Hierbei führt nach Absprache die schaukelnde Fahrt vorbei an imposanten Palazzi, altem Mauerwerk und unzähligen Brücken zum Dogenpalast und der benachbarten prunkvollen Basilika San Marco an dem berühmten Markusplatz.

Hier schlägt das Herz der Stadt und es tummeln sich die Touristen. Wer über ein ausreichendes Reisebudget verfügt, nimmt in einem der vielen Straßencafés Platz und beobachtet das bunte Treiben, insbesondere die Fütterung der unzähligen Tauben. Taubenfutter kauft man direkt am Platz, wer füttert, darf nicht verwundert sein, wenn sich die Tauben auf den Kopf setzen.

Einen Besuch des Markusdomes sollte man nicht versäumen. Dieses riesige sakrale Bauwerk ist im 11. und 12. Jahrhundert errichtet worden. Im Inneren beeindrucken in erster Linie die riesigen Mosaiken, die immerhin eine Fläche von 4200 Quadratmetern einnehmen. Wer noch Lust hat, sollte sich auch in der Schatzkammer umsehen.

Über dem Markusplatz erhebt sich der 98 Meter hohe Campanile, der als höchster Turm die Silhouette Venedigs bestimmt und von dem man einen unvergesslichen Ausblick auf die Metropole hat. Im Jahre 1902 stürzte der Turm ein und wurde dann wiedererrichtet. Zur Freude der heutigen Touristen wurde ein Aufzug installiert.

Nur wenige Schritte sind es zu dem Dogenpalast (*Palazzo Ducale*), der innen wie außen ein grandioses Kunstwerk darstellt, an dem man jahrhundertelang beschäftigt war. Vor dem Palast steht auf einer hohen Säule

SPECIAL

FESTE IN VENEDIG

Mitmachen oder meiden! Der berühmte Karneval von Venedig (*Carnevale di Venezia*) beginnt zwölf Tage vor Aschermittwoch und in den letzten fünf Tagen ist der Trubel am größten. Bei unzähligen Veranstaltungen werden dann die weltberühmten Masken, die man in vielen Geschäften kaufen kann, getragen. Jedes Jahr steht der Karneval unter einem Motto und den krönenden Abschluss des bunten Treibens stellt das Feuerwerk auf der Lagune nahe San Marco dar. Ein weiteres Fest ist die »Regata storica« (historische Regatta), die am ersten Wochenende im September veranstaltet wird. Venezianer tragen dann historische Kostüme und rudern alte Boote aus dem 16. Jahrhundert. Am Canale Grande verfolgen viele Prominente von ihren Tribünen aus das Spektakel. Ende August bzw. Anfang September ist die Prominenz der Filmbranche zu Gast in Venedig, wenn bei den Internationalen Filmfestspielen der Goldene Löwe verliehen wird.

Der Karneval hat eine lange Tradition in Venedig.

der berühmte und beflügelte Markuslöwe. Vom Dogenpalast blickt man hinüber auf die Isola di San Giorgio, die Insel kann mit einer sehenswerten Klosterkirche aufwarten.

Neben dem Dogenpalast tummeln sich die Touristen an der bekannten Seufzerbrücke. Hier steht das ehemalige Gefängnis (*Palazzo delle Prigioni*). Zu den prominentesten Gefangenen zählte Casanova, der hier 1755 flüchtete. Vom Dogenpalast sollte man über die reizvolle Uferpromenade Riviera degli Schiavoni gen Osten schlendern. So gelangt man in das nette Castello-Viertel, in dem man viele Prachtbauten wie die Kirche Santi Giovanni e Paolo oder den Palazzo Danieli aus dem 14. Jahrhundert vorfindet.

Zu den schönsten Kirchen der Stadt gehört die Barockkirche Santa Maria delle Salute, die sich in dem Stadtteil Dorsoduro befindet. Auf der langen Liste der sehenswerten Bauwerke ist auch die große Rialto-Brücke zu finden, die den viel befahrenen Canale Grande überspannt. Auf ihr schieben sich die Touristen an vielen exklusiven Geschäften vorbei. Die bekannte Brücke verbindet die Stadtviertel San Polo und San Marco.

Wer es ruhiger haben möchte, sollte abseits der Hauptgassen, in denen die Pfeile mit der Aufschrift »Rialto« und »San Marco« die Ströme leiten, unterwegs sein. Dazu muss man auf jeden Fall eine Karte zur Hand nehmen, sonst verliert man sich schnell zwischen den Kanälen und den in die Jahre gekommenen Häuserfronten. Abseits der Hauptroute findet man die nötige Ruhe und ebenfalls beachtliche Bauwerke, idyllische Plätze und kann wesentlich günstiger einen *caffè* trinken oder in Ruhe schöne Kirchen besichtigen.

Abseits der Touristenpfade sieht man auch die Schattenseiten der Stadt und so stößt man auf viele verlassene und schäbige Häuser, deren Besitzer das Geld für eine nötige Renovierung nicht aufbringen können. Venedig versprüht viel Glanz und hat auch viele dunkle Seiten. Apropos dunkle Seiten! Wer abends der Lagunenstadt seine Aufwartung macht, wird begeistert sein. Das liegt zum einen an der weitaus geringeren Touristenzahl und zum anderen an der teilweise raffinierten Beleuchtung der Bauwerke.

Die Lagunenstadt verlässt man in südliche Richtung über die Staatsstraße SS 309 (E 55), die am westlichen Ufer an der Lagune Veneta entlangführt. Nach rund 50 Kilometern und dem letzten Streckenabschnitt über einen Damm erreicht man das sehenswerte Chioggia.

IN KLEIN-VENEDIG

Das pittoreske Städtchen **Chioggia** liegt im Süden der Lagune und könnte als »Klein-Venedig« bezeichnet werden. Mit den vielen Kanälen und alten Bauwerken ist das mittelal-

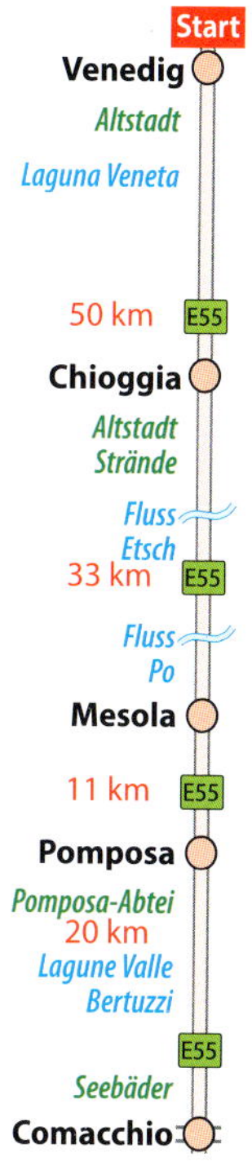

Am Abend sind die Bauwerke raffiniert beleuchtet (Dogenpalast und Markusdom).

Der Turm der Abtei von Pomposa wurde im 11. Jahrhundert errichtet.

terliche Stadtbild erhalten geblieben. Chioggia hat eine lange Fischfangtradition und ist wichtiger Fischumschlagplatz. Am Morgen wird der Fischmarkt abgehalten (außer montags) und im Sommer lockt das Fischfest.

In der Altstadt beeindrucken prächtige Bauwerke wie die gotischen Kornspeicher an der Hauptstraße Corso del Popolo, die gotische Backsteinkirche San Martino (1392) und der Dom im Renaissancestil (1674).

Über eine rund 800 Meter lange Brücke erreicht man den Badeort **Sottomarina Lido** (außerhalb der Lagune an der Adria!). Hier garantiert ein rund neun Kilometer langer Sandstrand sommerliches Badevergnügen.

Chioggia verlässt man über die Straße 309 und fährt durch die Region Veneto in südliche Richtung. Nach zwölf Kilometern überquert man die Etsch (*Fiume Adige*) und nach rund zehn Kilometern erreicht man den Po. Dieser ist mit einer Länge von 650 Kilometern der längste Fluss des Landes.

Nun ist man mitten im Naturschutzgebiet **Po-Delta**. Es gehört zu den größten Naturschutzgebieten in Europa. Im Mündungsgebiet bestimmen unzählige kleine Inseln, Reisfelder, bewaldete Flussinseln (Laubwald), Kiefern und Pinienwälder sowie Feuchtgebiete das Landschaftsbild. 350 seltene Tierarten und rund 150 Baumarten prägen hier Fauna und Flora. Wer auf dem Dach seines Wohnmobils ein Kanu mitführt, wird sicherlich eine spannende Erkundungstour unternehmen, ansonsten auch reizvolle Wanderungen.

Hat man den Po überquert, sind es nur wenige Kilometer, bis man die Provinz Veneto verlässt und die Region Emilia-Romagna erreicht. Die gut ausgebaute Straße 309 führt durch eine ebene Landschaft nach **Mesola**, ein nettes Örtchen mit einer sehenswerten Burg. Die Wehranlage mit markanten Zinnentürmen ließ Alfonso II. d'Este im 16. Jahrhundert erbauen. Heute kann man inmitten der Burgmauern in Geschäften und Ateliers stöbern oder Kaffee trinken. Rund zehn Kilometer südlich von Mesola erreicht man **Pomposa**. Hier ist ein Besuch der berühmten Pomposa-Abtei ein Muss. Große Parkplätze stehen zur Verfügung.

Weiter geht die Fahrt über die einspurige Staatsstraße 309 und links der Straße passiert man die Lagune **Valle Bertuzzi**. Nach wenigen Minuten biegt man rechts in Richtung Co-

SPECIAL

AKTIV AN DER ADRIA

Auch wenn die Strände förmlich zu einem Badeurlaub einladen und man sich bei rund 25 °C Wassertemperatur im Sommer in die Fluten stürzen kann, so kann man den Adriaurlaub auch aktiver gestalten. Da der Küstenraum und das Po-Delta überwiegend flach sind, ist man bequem mit dem Rad unterwegs und die Route »Destra Po« lädt zu reizvollen Ausflügen ein. Entlang des südlichen Ufers des Po findet man herrliche Radwege. Wer den Strand nicht verlassen will, kann auch hier aktiv werden, denn die Adria stellt in diesem Küstenabschnitt ein sicheres Gewässer dar, das für jeden Geschmack etwas zu bieten hat. Die Gezeiten sind gering und die Wellen flößen dem Strandurlauber keinen Respekt ein, sodass man sehr gut und ausdauernd schwimmen kann. Verlockend sind zudem die vielfältigen Wassersportmöglichkeiten, die von Segeln und Surfen über Wasserskifahren bis hin zum Parasailing (vom Motorboot gezogen) reichen.

Die Abtei von Pomposa begeistert durch ihre Fresken und Mosaike.

macchio ab. Wer sich vor der nächsten kulturellen Attraktion eine Pause gönnen möchte, fährt von der SS 309 ab und steuert eines der vielen kleinen Seebäder, die sogenannten Lidos, an. Hier locken Lido di Volano, Lido delle Nazioni, Lido di Pomposa oder Lido degli Scacchi mit schönen Stränden. Nach dem Relaxen am Strand sind es nur wenige Kilometer zum sehenswerten Comacchio.

STADT DER FISCHER

Das freundliche Städtchen **Comacchio** bereitet dem Besucher viel Freude, denn neben einigen Attraktionen vermittelt es eine authentische Atmosphäre. Man spaziert durch gepflegte Gassen, steht vor schmucken Geschäften, kauft Fisch in der alten Fischhalle oder speist vorzüglich in einem der guten Fischrestaurants. Die Stadt wurde auf 13 Inseln erbaut und hatte als Hafen- und Handelsstadt ihre Blütezeit im Mittelalter. Kanäle und Paläste kennzeichnen Comacchio und das bekannteste Bauwerk ist der raffinierte Brückenbau Trepponti, der bereits im Jahre 1634 geschaffen wurde. Fünf große Treppen führen im Halbkreisbogen über fünf Kanäle.

Im Stadtzentrum steht der sehenswerte Uhrenturm. Zu den weiteren Anziehungspunkten gehören die Kathedrale (17. Jh.), das

KULTUR

ABTEI VON POMPOSA

Der rund 50 Meter hohe Campanile, der zu den schönsten romanischen Kirchtürmen des Landes gehört, ist schon aus der Ferne in dem flachen Po-Delta zu sehen und weckt das Interesse.
Der Besucher wird nicht enttäuscht, denn das fantastische Kloster Abbazia di Pomposa mit der reizvollen Klosteranlage ist sehenswert. Mit dem Bau wurde bereits im 7. Jahrhundert begonnen, der Turm wurde im Jahr 1063 fertiggestellt. Im Inneren begeistert ein meisterhaftes Bodenmosaik und die Wände sind mit großen Fresken aus dem 14. Jahrhundert geschmückt. Im Mittelalter erblühte das Kloster zu einem bedeutenden Kulturzentrum. Der Mönch Guido d'Arezzo entwickelte hier die moderne Notenschrift. Musik spielt auch heute noch eine wichtige Rolle, denn an Sommerabenden werden hier klassische Konzerte veranstaltet. Gegenüber der Abtei befindet sich der Palazzo della Ragione aus dem 11. Jahrhundert, der über einen grandiosen Säulengang verfügt.

Comacchio
Brücke Treponti
Lagune Valli di Comacchio
30 km E55
Badeorte
Strände
Ravenna
UNESCO-Weltkulturerbe
Altstadt
Basilika Sant'Appolinare in Classe
24 km 16
Cervia
Strände
Salinen
10 km 16
Cesenatico

Brücke Trepponti. Attraktion in Comacchio

»Ospedale San Camillo« mit einem Volkskundemuseum und die »Galleria d'Arte Contemporanea« mit zeitgenössischen Kunstwerken im Palazzo Bellini.

Folgt man dem Weg Corso Mazzini stadtauswärts, so passiert man kleine Fischerhäuser, deren Bewohner noch vom Fischfang leben. Außerhalb der Stadt lohnt sich eine Besichtigung der Kirche Santa Maria in Aula Regia, die aus dem 17. Jahrhundert stammt und über einen Laubengang mit 140 Bögen verfügt.

Comacchio liegt am nördlichen Ufer des Flachwassersees **Valli di Comacchio**, der ein Teil des rund 400 Quadratkilometer großen Naturschutzgebietes »Parco Regionale del Delta del Po« ist. Der See ist auch heute noch ein wichtiges Fischfanggebiet. Die Lagunenfischer (*lagunari*) fischen überwiegend Aale. Wer mehr über den Fischfang, die Aalzucht und die Lagune mit den vielen Inseln und Feuchtgebieten erfahren möchte, kann an einem informativen Bootsausflug teilnehmen oder sich einer geführten Wanderung anschließen. Nähere Infos erhält man im Touristenbüro von Comacchio.

Über die vertraute SS 309 fährt man rund 30 Kilometer in südliche Richtung zur sehenswerten Stadt Ravenna, nach Venedig die interessanteste Stadt der Route. Sie steht bei vielen Touristen auf dem Programm, daher empfiehlt sich eine entspannte Anfahrt mit öffentlichen Verkehrsmitteln.

Nordöstlich der Stadt sollte man auf dem Stellplatz in **Porto Corsini** übernachten. Der große Stellplatz in der Nähe der Küste lädt zu Spaziergängen in dem benachbarten Wald (Naturschutzgebiet), entlang des Strandes oder des kilometerlangen Schutzdammes im Meer ein. Am nächsten Morgen kann man dann mit dem Bus nach Ravenna fahren. Mit einer kleinen Fähre geht es zunächst über die Kanalmündung zum Badeort **Marina di Ravenna** und weiter mit dem Bus nach Ravenna.

Von dem Stellplatz oder den umliegenden Campingplätzen in **Punto Marina** und **Lido di Dante** aus lässt sich auch gut eine reizvolle, flach verlaufende Radtour nach Ravenna unternehmen. Von der Küste benötigt man mit dem Rad rund eine Stunde über die Radwege. Alternativ bietet Ravenna zwei einfache zentrale Stellplätze.

KULTUR

ÄLTESTE MOSAIKE DER STADT

Die Basilika San Vitale wurde Mitte des 6. Jahrhunderts gebaut und hat einen achteckigen Grundriss. Im Inneren leuchten kunstvolle Mosaiken, obwohl nur wenig Licht durch die Fenster fällt. Szenen des Alten Testaments sind an den Seitenwänden zu bewundern und in der Apsis bestaunt man ein Mosaik mit Christus auf der Weltkugel. Hinter der Basilika liegt das Mausoleum der Galla Placidia, der Tochter des byzantinischen Kaisers Theodosius, die nach dem Tod des Bruders das Weströmische Reich regierte. Ihr Leichnam befindet sich wahrscheinlich nicht hier, sondern in Rom. In kleinen Gruppen betritt man nach einer Wartezeit dieses kleine Bauwerk, das um 425 errichtet wurde. Haben sich die Augen an die Dunkelheit gewöhnt, steht man völlig beeindruckt vor den ältesten Mosaiken der Stadt.

KLEINE STEINCHEN, GROSSER ERFOLG

Es sind kleine farbenprächtige Steinchen, die zusammen ein herrliches Mosaik ergeben und verantwortlich dafür sind, dass **Ravenna** bei den Adriabesuchern ganz oben auf der Liste der Besuchsziele steht. Das ist verständlich, denn wo sonst findet man Mosaiken aus dem 5. und 6. Jahrhundert!

Zu Beginn des 5. Jahrhunderts machte Kaiser Honorius die Stadt Ravenna zur Hauptstadt des Weströmischen Reiches. Es folgte die Blütezeit der Stadt. Die Seemacht Venedig, die Päpste und die Familie Da Polenta regierten in Ravenna. Der Grundriss der römischen Stadt ist größtenteils erhalten geblieben und die fantastischen Bauwerke, die in römischer Zeit entstanden sind, gehören zu den Touristenmagneten.

Die 140 000 Einwohner zählende Stadt auf ihre einzigartigen Mosaikkunstwerke zu reduzieren, wäre nicht gerechtfertigt. Ravenna befindet sich in einer Niederung und lag einst am Meer, das heute rund acht Kilometer entfernt ist. Im Stadtzentrum der einstigen Hafenstadt führen die Wege zu vielen antiken Bauwerken, von denen immerhin acht in die UNESCO-Weltkulturerbeliste aufgenommen wurden, über schöne Plätze und vorbei an prächtigen Häuserzeilen. Man steht beeindruckt vor imposanten Bauten wie der Basilika San Vitale oder dem Mausoleum der Galla Placidia, in denen der staunende Reisende die wertvollsten Mosaiken der späten Antike und der frühen christlichen Neuzeit bewundert.

Wer von den farbenfrohen Mosaiken in den Bann gezogen wurde, wird sicherlich noch das Erzbischöfliche Museum mit der St.-Andreas-Kapelle (um 500), die Taufkapelle Battistero Neoniano (5. Jh.), die Kirche Chiesa di San Francesco oder die Basilica di

Basilica di Sant'Apollinare Nuovo in Ravenna

Strand von Marina di Ravenna

Unbedingt sehenswert ist das Mausoleum von Theoderich in Ravenna.

Sant'Apollinare Nuovo besuchen. Hier können viele weitere Mosaike bestaunt werden.

Superlative hat Ravenna obendrauf zu bieten, wie das Mausoleum von Theoderich, das mit einer Kuppel aus einem einzigen Block versehen wurde. Dieser Monolith mit elf Meter Durchmesser wiegt rund 300 Tonnen und wurde mit dem Schiff transportiert. Ob gigantische Kalksteinblöcke oder kleine Mosaiksteinchen, beide beeindrucken den Besucher gleichermaßen.

SPECIAL

MARKT IN RAVENNA

Am Mittwoch und am Samstag wird vormittags der Markt auf der zentralen und lebhaften Piazza del Popolo in Ravenna abgehalten. Dann sollte man sich unter das Volk mischen und frische Produkte einkaufen. Im Juli und August findet jeden Freitagabend eine Kulturnacht statt. Dann haben die Geschäfte in der Altstadt und der Kunsthandwerkermarkt bis Mitternacht geöffnet und die Mosaike sind angestrahlt.

Die Reizüberflutung verlangt nach einer Pause und so lohnt sich eine Ruhestunde im kleinen Park innerhalb der Festungsmauern der Rocca Brancaleone. Hier geht es sehr ruhig zu und man findet auch ein gemütliches Café.

Wer es ein wenig lebendiger wünscht, freut sich über einen Platz in den Straßencafés auf der zentralen Piazza del Popolo, wo die prächtigen Bauwerke Palazzo Comunale und Palazzetto Veneziano stehen. Von dort kann man durch reizvolle Straßen schlendern. Nahezu die ganze Altstadt von Ravenna ist verkehrsberuhigt, lediglich auf Radfahrer sollte man achten. Es bereitet viel Freude, in schönen Gassen wie der Via IV Novembre, der Via Cavour oder der kleinen Via Cairoli in den netten Läden zu stöbern oder sich ein schmackhaftes Eis zu gönnen. Über die Gasse Via Cairoli erreicht man die Piazza Francesco. Hier befinden sich die eindrucksvolle Kirche San Francesco mit Ur-

sprung im 5. Jahrhundert und die Touristeninformation.

Wer sich nach dem ausgiebigen kulturellen Programm nach Erholung sehnt, sollte zur Küste fahren. Hier locken Strände und zahlreiche Campingplätze.

Die weitere Route wird über die Staatsstraße 16 in südliche Richtung fortgesetzt. Rund fünf Kilometer südlich von Ravenna lohnt der Besuch der Basilika Sant'Apollinare in **Classe**. Direkt neben dem bedeutsamen Gotteshaus befindet sich auch ein Stellplatz für Reisemobile. Der Glockenturm ist in der ebenen Landschaft weithin sichtbar. Die Kirche wurde an der Grabstätte des Märtyrers, des hl. Apollinaris (erster Bischof von Ravenna), im 6. Jahrhundert errichtet. Beim Rundgang im Inneren der Kirche wird der Besucher von den 24 Säulen aus griechischem Marmor und den großen Mosaiken in der Apsis begeistert sein. In der Kirche verteilen sich auch große Sarkophage. Das beeindruckende Gotteshaus wurde in die UNESCO-Weltkulturerbe-Liste aufgenommen.

Weiter geht es über die Straße 16 und nach rund 20 Kilometern passiert man den beliebten Ferienort **Cervia**, der inmitten einer Landschaft mit Salinen und Pinienwäldern liegt. Die rechteckige Altstadt wurde im 17. Jahrhundert geplant und die Piazza Garibaldi markiert das Stadtzentrum der Salzstadt. Im »Museo del Sale« kann man sich über die Salzsiederei informieren.

Nördlich schließt sich die Gartenstadt **Milano Marittima** an. Zwischen Pinienwäldern und dem Meer ist ein beliebtes Ferienzentrum mit mondänem Flair entstanden.

Die Straße 16 verläuft rund zwei Kilometer parallel zur Küste, an der einige Campingplätze zu finden sind. Nach wenigen Kilometern sollte man sich im Fischerörtchen Cesenatico umsehen. Man parkt am besten auf

Zentraler Platz in Ravenna ist die Piazza del Popolo.

Cesenatico
Porto Canale
Erlebnisbad
Strände
16
Bellaria-Igea Marina
gute Stellplätze
Rimini
lange Strände
Altstadt
Römische Zeugnisse
Wochenmärkte
23 km
72
San Marino

In Cesenatico liegen im alten Porto Canale interessante Schiffe.

Frischen Fisch kauft man in Cesenatico in der alten Fischhalle.

dem großen Stellplatz. Auf dem Weg in die benachbarte Altstadt geht es an Fischerhäusern mit aufgespannten Netzen vorbei.

ANZIEHENDER PORTO CANALE

In den Fremdenverkehrszentren rund um **Cesenatico** hat der Tourismus ungezügelt Einzug gehalten und das Leben der Menschen und das Erscheinungsbild der Küstenorte stark verändert. Anders hingegen präsentiert sich das kleine Städtchen Cesenatico. Im 14. Jahrhundert wurde Cesenatico als Hafen von Cesena angelegt und 1502 wurde kein Geringerer als Leonardo da Vinci mit der Planung des neuen Kanalhafens beauftragt. Rund um den alten Porto Canale pulsiert das Leben und mittendrin haben historische Schiffe festgemacht. Sie sind die interessanten Exponate des maritimen Museums (*Museo della Marineria*) und mit ihren bunten Segeln ein unschlagbar schönes Fotomotiv. Am Kai laden Restaurants und Cafés zum Verweilen und die Fischhalle zum Einkauf ein.

Das Umland bietet sich für eine Radtour an. Cesenatico ist die italienische Hochburg des Radsports und lockt beim Nove-Colli-Rennen, ein Langstreckenwettbewerb, namhafte Radsportler an. Die meisten Urlauber in der Region sparen jedoch ihre Kräfte und sonnen sich an den Stränden südlich von Cesenatico.

Für Familien bietet sich ein Besuch des Erlebnisbades Parco Acquatico Atlantica Cesenatico an. Dieser Freizeitpark liegt wenige Kilometer nördlich von Cesenatico und bietet dank vieler Becken und Rutschen unbegrenzten Badespaß (www.atlanticacesenatico.com).

Über die Staatsstraße 16, die im weiteren Verlauf zu einer Schnellstraße ausgebaut wurde, geht es zügig voran. An der Küste liegen

SPECIAL

FANGFRISCHER FISCH

Mitten in Cesenatico, direkt an dem Kanal Porto Canale, befindet sich die alte Fischhalle (*La Pescheria*) von 1911, wo fangfrischer Fisch und Meeresfrüchte angeboten werden. Die Kutter haben am Kai direkt vor der betagten Verkaufshalle festgemacht.

Die Piazza Cavour gehört zu den vielen schönen Plätzen von Rimini.

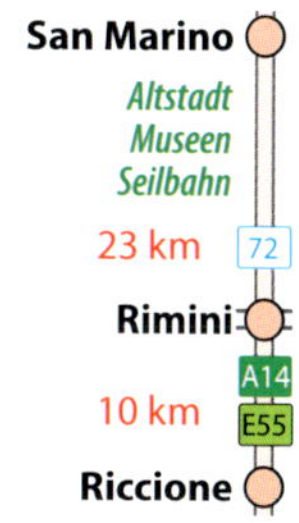

beliebte Badeorte wie **San Mauro a Mare** und **Bellaria-Igea Marina**. Der kleine Küstenort Bellaria-Igea Marina kann mit einem langen Strand und zwei sehr schönen und in Strandnähe gelegenen Stellplätzen aufwarten. Wenige Kilometer vor Rimini passiert man den kleinen Freizeitpark »Italia in Miniatura«, in dem man alle wichtigen Sehenswürdigkeiten Italiens im kleinen Maßstab bestaunen kann.

Rund um Rimini locken Strände die Touristen an.

MEHR ALS SAND UND STRAND

Im Jahr 1843 zog es die Badepioniere in die erste Badeanstalt und heute kommen die Urlauber in Scharen nach **Rimini**, um sich vor den aufgereihten Hotels und den vielen Badekabinen von der Sonne bräunen zu lassen und in die Fluten der Adria zu springen. Der rund 15 Kilometer lange Sandstrand bietet sich auch zum Beach-Volleyball oder zu ausgedehnten Strandspaziergängen an.

Abseits des Strandrummels lockt die Altstadt mit römischer Vergangenheit und einigen sehenswerten Bauwerken wie den Resten des Amphitheaters sowie Teilen der Stadtmauer. Das wichtigste und wuchtigste Zeugnis der Römerzeit ist der große Augustusbogen, der älteste existierende römische Triumphbogen. Gegenüber liegt der ruhige und ansprechende Parco a Cervi, ein schöner Park, der zu einer erholsamen Pause einlädt.

Aus der Renaissance, der Blütezeit der Stadt, stammt die Kathedrale mit ihren vielen Skulpturen. Kunstliebhaber werden das Stadtmuseum ansteuern, in dem Gemälde, Fresken, Mosaiken und Skulpturen zu bestaunen sind. Staunen wird sicherlich der Besucher auch über die vielen Radfahrer, die selbst in der Fußgängerzone der Altstadt radeln dürfen. Rimini hat sich zu einer fahrradfreundlichen Metropole entwickelt. Leihräder

SPECIAL

ROMAGNA CENTER

Zwischen Cesenatico und Bellaria, nahe der Autobahn, befindet sich das riesige Einkaufszentrum »Romagna Center«. Ob Lebensmittel, Haushaltswaren, Sportartikel, Mode oder Autozubehör, hier bekommt man wirklich alles und kann sich über die Vielfalt der italienischen Produkte informieren. Natürlich sind ausreichend große Parkplätze vorhanden.

Der Parco a Cervi sorgt in Rimini für ruhige Momente.

stehen an vielen Stellen zur Verfügung. Das Herz der Stadt, die rund 130 000 Einwohner zählt, schlägt an der schönen Piazza Tre Martiri

Der Augustusbogen von Rimini ist der älteste noch bestehende römische Triumphbogen.

SPECIAL

WOCHENMARKT IN RIMINI

Am Mittwoch und Samstag lockt der Wochenmarkt die Besucher und Bürger der Region in die Stadt. Dann sind die Plätze und Straßen der Altstadt durch die Stände belegt, wo Kleidung, Haushaltsartikel, Obst, Gemüse, Fleisch, Fisch und Käse zum Kauf angeboten werden.
Das Angebot ist riesig und die Preise oft sehr klein.

mit dem auffälligen Uhrenturm. Von diesem lebendigen Platz geht es durch viele verkehrsberuhigte Straßen an netten Cafés, Restaurants und kleinen Geschäften vorbei. Ein weiterer wichtiger Platz ist die Piazza Cavour, an der sich der von Zinnen gekrönte mittelalterliche Palazzo dell'Arengo (1204) befindet.

Geht man an dem Theater mit der neoklassizistischen Fassade vorbei, erreicht man die eindrucksvolle Festung Castel Sismondo. Wer sich für den am 20. Januar 1920 in Rimini geborenen preisgekrönten Filmemacher Federico Fellini interessiert, sollte das »Museo Fellini« besuchen. Es ist in seinem Geburtshaus untergebracht.

Weitaus interessanter als Rimini ist die Republik San Marino, deren Staatsgrenzen rund zehn Kilometer entfernt sind. Auf der Fahrt über die Straße 72 hat der Reisemobilist den markanten Monte Titano und somit das Ziel immer vor Augen. Zunächst fährt man durch kleine Orte wie Dogana, Domagnano oder Borgo Maggiore, bevor man mit hoher Drehzahl den Berg hinauffährt.

Unterhalb der Altstadt der Stadt San Marino befinden sich große Parkplätze für Wohnmobile. Ein Aufzug bringt den neugierigen Touristen nach oben. Wer sich die Auffahrt mit dem Wohnmobil ganz ersparen möchte, kann in **Borgo** auf dem Stellplatz P13 parken und mit der Gondelbahn direkt in die Altstadt hinauffahren.

KLEINSTE REPUBLIK DER WELT

Es ist lustig, die schöne Adriaküste und somit Italien für einige Zeit zu verlassen, um der kleinsten Republik der Welt, der Repubblica di San Marino, einen Besuch abzustatten. Von der flachen Küste aus ist **San Marino** am mächtigen Berg Monte Titano (739 m) von Weitem gut zu erkennen. Hat man erst einmal die Hürde der steilen Auffahrt genommen, macht es Spaß, durch die »Hauptstadt« San Marinos zu gehen. In San Marino-Città leben immerhin rund 4000 Bürger.

Gründer des Landes war angeblich der heilige Marinus von Rimini. Er floh vor der Christenverfolgung und gründete im Jahre 301 die Republik. Seit dem 14. Jahrhundert ist San Marino offiziell unabhängig und somit nach Andorra die älteste Republik der Welt.

Namentlich bekannt ist das Autorennen »Großer Preis von San Marino«, das jedoch im italienischen Imola ausgetragen wird. Keine Arbeitslosigkeit, niedrige Steuern und ein kostenloses Bildungs- und Gesundheitswesen gehören zu den Vorzügen des Landes. In San Marino leben rund 32 000 Einwohner. Das Land verfügt über zwei gewählte Staatspräsidenten, die »Capitani Reggenti«.

Der Charme der Hauptstadt tritt angesichts der vielen Touristen in der Hochsaison in den Hintergrund, die sich auf den Plätzen, zwischen den Gassen und auf den drei alten Festungen breitmachen. Am Abend, wenn die ersten Souvenirgeschäfte schließen, kehrt die Idylle zurück und mit der Sonne im Rücken kann man den Blick über die Adriaküste genießen. Um den Berg liegen nur wenige kleine Orte, die zu San Marino zählen, dessen Landesfläche lediglich 61,2 Quadratkilometer beträgt. Die wehrhafte Altstadt bietet nicht nur viele Touristenläden, in denen eigene Euro-Münzen und Briefmarken des Landes zu horrenden Preisen angeboten werden, sondern etliche sehenswerte Bauwerke, wie den kleinen, aber prächtigen Palazzo Pubblico (Regierungssitz) an der Piazza Libertà, von wo man einen herrlichen Ausblick aus luftiger Höhe hat und dem Wachwechsel der 1741 gegründeten Ehrengarde »Guardia del Consiglio« zuschauen kann. Eingeweiht wurde der Palast im Jahre 1894. Wer möchte, kann ihn besichtigen.

Gasse in der Altstadt von San Marino

Mitten auf dem Platz der Freiheit steht die Freiheitsstatue, die 1876 aufgestellt wurde. Hier weht stets ein laues Lüftchen und so nimmt man gern in dem Außenbereich der Cafés und Restaurants Platz. Neben einigen imposanten Bauwerken, insbesondere den Burgen, der Basilika und der Kapuzinerkirche, gibt es verschiedene Museen zu besichtigen (u. a. Wachsmuseum, Philatelie- und Numismatik-Museum, Kuriositäten-Museum, Staatliches Museum, Foltermuseum, Aquarium). Wichtigstes sakrales Bauwerk ist die Basilika des Heiligen Marinus, die im 19. Jahrhundert auf den Fundamenten einer frühromanischen Kirche gebaut wurde.

Den Zwergstaat San Marino verlässt man über die Straße 72, die durch **Serravalle** führt.

Die Piazza Libertà ist der Hauptplatz der kleinen Republik San Marino.

Serravalle ist mit rund 11 000 Einwohnern immerhin die größte Stadt der Republik. Wer sich hier umschauen möchte, parkt am besten am Sportzentrum (Übernachtungsplatz). In diesem Stadion besiegte die deutsche Fußballnationalmannschaft die Auswahl von San Marino im Jahr 2006 mit 13:0! Der Weg führt hinauf in die Altstadt mit einigen netten Gassen und einer Burg.

Richtung Rimini bleibt man auf der Straße 72 und erreicht die Autobahnauffahrt »Rimini Sud« der A 14. Auf den italienischen Autobahnen wird zwar eine Maut erhoben, dafür spart man viel Zeit, denn die alternative Route führt über die einspurige Staatsstraße 16, welche die vielen Küstenorte verbindet und für die Fahrt wesentlich mehr Zeit beansprucht. Bei den folgenden Autobahnabfahrten kann man nach Lust und Laune und der verbleibenden Urlaubszeit entscheiden, welches Ziel angesteuert werden soll.

Von der Abfahrt »Riccione« sind es nur zwei Kilometer zum vielbesuchten Urlaubsort Riccione.

Strandbuden von Riccione

FEINES SEEBAD

Einen Besuch wert ist der Bade- und Kongressort **Riccione**, der sich in den letzten Jahren herausgeputzt hat. Er verfügt über lange Sandstrände und eine schöne Promenade. Mitten im Ort wurden die Straßen verkehrsberuhigt und geschmackvoll gestaltet. Ein gutes Beispiel ist die Viale Ceccarini mit vielen ansprechenden Modegeschäften und einladender Gastronomie. Zum neuen und verglasten Kongresszentrum sind es nur wenige Schritte.

Rund um Riccione stehen einige Campingplätze zur Verfügung. Für Familien ist sicherlich der größte Wasserpark Europas von Interesse. Relaxen kann man bestens an dem rund sieben Kilometer langen Strand (www.visitriccione.com) und in der Therme.

Die nächste Abfahrt ist **Cattolica** und nach wenigen 100 Metern erreicht man den wichtigen Hafenort, der von der Burg von Gradara überragt wird. Auch hier prägt der Fremdenverkehr den Alltag des Küstenstädtchens. Bereits in den 1930er-Jahren wurde ein Meerespark eingerichtet.

Mit Cattolica verlässt man die Region Emilia-Romagna und verbringt von nun an seine Urlaubstage in der Region Marken (*Marche*). Zwischen Cattolica und Pesaro erstreckt sich am Küstensaum das Naturschutzgebiet Parco Naturale del Monte San Bartolo.

Vom erlebenswerten Naturpark sind es über die Staatsstraße 16 nur wenige Kilometer bis Pesaro.

AUF DEN PFADEN VON ROSSINI

Pesaro gehört zu den schönsten Küstenorten der Provinz Marken und so sollte man ein wenig Zeit für einen Rundgang einplanen. Die schöne Stadt mit einem antiken Stadtkern ist der Geburtsort des Komponisten Gioacchino Rossini (1792–1868). In seinem Geburtshaus kann man sich über Leben und Werk des Komponisten informieren und sich beim »Rossini Opera Festival« (Teatro Rossini) im August u. a. an der Oper »Barbier von Sevilla« erfreuen. An dem zentralen Platz, der Piazza del Popolo, erinnert eine Statue an den großen Sohn der Stadt.

Rundum reihen sich imposante Bauwerke, wie z. B. der Palazzo Ducale, der Anfang des 15. Jahrhunderts errichtet wurde. Wenige Schritte entfernt verblüfft das gotische Portal der einstigen Kirche San Domenico, in der heute ein Verwaltungsbau untergebracht ist. Von dem zentralen Platz geht man am besten über die Via Rossini hinunter zur Küste. Hierbei passiert man die »Casa Rossini« (heute Museum), in dem Gioacchino Rossini am 29. Februar 1792 das Licht der Welt erblickte.

Wenige Schritte sind es zur Kathedrale (überwiegend 13. Jh.), die ihr heutiges Erscheinungsbild umfangreichen Rekonstruktionsmaßnahmen im 19. Jahrhundert ver-

Lohnenswert ist ein Besuch in dem Naturpark San Bartolo und in dem Ort Fiorenzuola di Focara.

SPECIAL

NATURPARK SAN BARTOLO

Der schöne Parco Naturale del Monte San Bartolo erstreckt sich zwischen der SS 16 und der Küste sowie zwischen den Städten Gabicce Mare und Pesaro. Das hügelige Gebiet mit Feuchtgebieten, Felsschluchten und reizvollen Stränden ist ein interessantes Ziel abseits der viel besuchten Touristenorte. Hier kann man ausgiebig wandern. Im Winter zieht die Gegend Zugvögel an, die hier überwintern. Ein malerischer Ort ist Fiorenzuola di Focara, wo sich auch die Touristeninformation des Naturparks befindet. Über Serpentinen läuft man von hier in rund 20 Minuten hinunter an den schönen Strand. Hinauf geht es wieder zu Fuß oder in der Hauptsaison mit dem Shuttle. Sehenswert im Naturpark sind der Badeort Gabicce Mare und der auf einer Anhöhe liegende malerische Ort Gabicce Monte. Durch die Region führt eine kurvenreiche Straße mit vielen Aussichtspunkten (www.parcosanbartolo.it). Wer länger in dem Naturpark verweilen möchte, sollte den Campingplatz »Panorama« bei Fiorenzuola di Focara ansteuern.

Das Herz von Fano schlägt an der Piazza XX Settembre.

dankt. Im Inneren gehören die Fußbodenmosaike zum wertvollen Kircheninventar.

Von der Kathedrale lohnt sich ein Abstecher zur Rocca Costanza, eine Festung, deren Bau zunächst von Costanzo Sforza im Jahre 1474 begonnen wurde. Sein Sohn Giovanni führte den Bau fort und 1505 konnte die Burg fertiggestellt werden.

Geht man wieder zurück, erreicht man die Via della Repubblica und nach wenigen 100 Metern den neugestalteten Platz Piazzale della Libertà direkt an der Promenade. Nur wenige Meter vom Sandstrand entfernt gönnt man sich einen Kaffee und lässt sich die Seeluft um die Nase wehen. Der Blick fällt hierbei auf die runde Skulptur »Sfera Grande« des Künstlers Arnaldo Pomodoro.

Nach einem abschließenden Besuch des Kunstmuseums »Musei Civici« locken die Strände. Pesaro hat als Badeort eine lange Tradition und so sind die Strandbäder Spiaggia di Levante, Spiaggia di Ponente, Spiaggia Baia Flaminia und Spiaggia libera bei den Touristen sehr angesagt.

Nur zwölf Kilometer sind es bis zum nächsten sehenswerten Ort, dem Badeort Fano. Wer Fano besichtigen möchte, sollte direkt den Stellplatz ansteuern.

STADT DER MÄRKTE UND DES KARNEVALS

Fano gehört zweifelsfrei zu den interessantesten Orten zwischen Venedig und Ancona. In dem Städtchen kann man sich kurzzeitig vom Trubel des Fremdenverkehrs verabschieden. Die Kleinstadt ist ein malerischer Badeort mit einer sehenswerten Altstadt. Gerade am Mittwoch und am Samstag, wenn auf der Piazza Costa der Markt abgehalten wird, sollte man sich unter das Volk mischen

KULTUR

SPUREN DER ALTEN RÖMER

Einige imposante Bauwerke Fanos stammen aus der Römerzeit. Ein gutes Beispiel ist der L'Arco di Augusto, der Triumphbogen aus dem 1. Jahrhundert. Vor diesem erstreckt sich der römische Park, wo Modelle über das Stadtbild in der Römerzeit informieren. Fano war Endpunkt der von Rom ausgehenden Via Flaminia. Über die Geschichte der Stadt informiert anschaulich das Stadtmuseum im Palazzo Malatesta (15. Jh.). Zu bestaunen sind hier u. a. vor- und frühgeschichtliche Fundstücke, römische Exponate, Keramiken und Münzsammlungen.

und für die weiteren Urlaubstage »Proviant« einkaufen. Von pikanter Salami, edlen Gewürzen, über herzhaften Käse bis hin zu frischem Obst reicht das Angebot. Am zweiten Wochenende des Monats lockt der große Antiquitätenmarkt. Dann bieten immerhin rund 200 Verkäufer ihre Antiquitäten an.

Fano ist auch wegen des Karnevals bekannt. Durch die verrückte Parade soll der Winter ausgetrieben werden. Es ist das wichtigste Fest der Stadt und wurde erstmalig urkundlich im Jahre 1347 erwähnt. Mit bunten Wagen geht es durch die Stadt und zentnerweise werden Süßigkeiten geworfen.

Eine Besichtigung unbedingt wert ist Fanos Kathedrale aus dem 12. Jahrhundert. Sie wurde ursprünglich vor dem Jahr 1000 errichtet, allerdings durch einen Brand im Jahre 1124 vernichtet. Für den anschließenden Neubau zeichnete Rainerio verantwortlich. Sehenswert sind das romanische Portal und die Fresken von Domenichino in der Cappella Nolfi, die in den Jahren 1618–1619 geschaffen wurden. Ein weiteres besonderes Bauwerk ist die Festung Malatesta.

Das Herz der Stadt schlägt an der zentralen Piazza XX Settembre, auf der ein kunstvoll gestalteter Brunnen steht. Rund um den Platz reihen sich schöne Bauwerke, wie das Theater. Ebenfalls lebendig geht es in dem Fischerhafen zu, wenn die teils betagten Fischerboote ein- und auslaufen. Von dort sind es nur wenige Schritte zur Promenade, von wo aus man den 20 Kilometer langen Strand erreicht.

Ein beliebter Badeort südlich von Fano ist **Torrette di Fano** mit feinstem Sandstrand und natürlich »Blauer Flagge«.

Von Fano führt die weitere Strecke parallel zur Eisenbahnlinie und Küste mit endlos langen Stränden gen Süden. Bis Senigallia reihen sich kleine Touristenorte wie **Torrette**, **Marotta** und **Cesano** mit erlebenswerten Stränden aneinander.

ALT UND EHRWÜRDIG

Auch **Senigallia**, einstige Hauptstadt der gallischen Senonen, hat weißen, feinen Sand und beste Wasserqualität (Blaue Flagge) zu bieten. Der Strand erstreckt sich über 13 Kilometer. Ein Stadtspaziergang führt außerhalb der Stadtmauern durch reizvolle Parkanlagen, durch schöne Alleen oder durch die Fußgängerzone Corso II Giugno vorbei an interessanten Läden, einladenden Gastronomiebetrieben und feinen Boutiquen.

Hauptattraktion der Stadt ist die altehrwürdige Festung Roveresca aus dem Jahre 1480. In der Nähe befindet sich der antike runde Marktplatz Foro Annonario, wo man vormittags frischen Fisch kaufen kann. Wenige Schritte sind es zu den Häuserzeilen am Flussufer, die mit schönen Arkaden aufwarten. Ende August zieht das Stadtfest »Fiera di Sant'Agostini« bei einer Meeresprozession und einem abschließenden Feuerwerk viele Besucher in die Stadt.

Von hier sind es noch 25 Kilometer bis Ancona. Die Staatsstraße 16 führt auf dieser Etappe über den Fluss Esino und später durch den Badeort **Falconara Marittima**. Ab dort fährt man nur wenige Minuten bis zur bedeutenden Hafenstadt.

Küste bei Fano

Fano
Arco di Augusto
Märkte
Karneval
Adriaküste
Strände
50 km 49
Ausflug ins Hinterland
Senigallia
Altstadt
Festung Roveresca
Ancona
Hafen
Altstadt
Einkaufsstraßen
Dom
Porta Pia
Ziel

SPECIAL

ALLES FANGFRISCH

Spätestens beim Anblick der ein- und auslaufenden Fischerboote bekommt man Lust auf ein schmackhaftes Fischmenü. In Fano ist die »Trattoria da Maria« in der Via IV Novembre 86 eine gute Adresse. Der Fisch ist stets fangfrisch, denn das Restaurant hat nur geöffnet, wenn die Fischer erfolgreich waren.

Eine authentische Atmosphäre herrscht in der Altstadt von Senigallia.

BETRIEBSAME HAFENSTADT

Rund um den großen und geschützten Naturhafen ist eine große Stadt mit rund 100 000 Einwohnern entstanden. Die Geschichte **Anconas** lässt sich bis ins Jahr 390 v. Chr. zurückverfolgen, als die umliegenden Hügel besiedelt wurden. Die Römer gründeten eine Kolonie und hinterließen zahlreiche sichtbare Spuren. In der Folgezeit wurde die Stadt von den Barbaren, den Sarazenen oder von Barbarossa geplündert.

Im Mittelalter war Ancona eine bedeutende Seerepublik, wurde Teil des Kirchenstaats und im Jahre 1860 italienisch. Großer Schaden wurde im Zweiten Weltkrieg angerichtet und 1972 erlebte die Stadt ein Erdbeben.

AUSFLUG

AUSFLUG INS HINTERLAND

Wer der Küste für kurze Zeit den Rücken kehren möchte, fährt von Fano in das hügelige Hinterland. Hier lohnt sich die Übernachtung auf dem Campingplatz »Mar y Sierra« in der Nähe von San Costanzo. In dieser grünen, hügeligen Agrarregion kann man wandern und die Seele baumeln lassen. Hierbei sollte man den Dörfern San Costanzo oder Mondolfo etwas Aufmerksamkeit schenken.

Heute stößt der Besucher auf eine moderne Stadt mit einem antiken Herz. Bei der Beurteilung gehen die Meinungen sicherlich auseinander, jedoch bietet die lebendige Hafenstadt ein breitgefächertes Angebot, das von guten Einkaufsmöglichkeiten, lauschigen Plätzen und Gassen, architektonischen Attraktionen bis hin zu einer Vielzahl von empfehlenswerten Restaurants reicht.

Ein lohnenswerter Stadtrundgang führt vorbei an der Festung Lazzaretto. Dieser fünfeckige Bau ist heute Schauplatz kultureller Veranstaltungen und diente im 18. Jahrhundert als Lazarett und Armeelager. Gegenüber der Festung machen die Fischkutter fest.

Von der Festung geht es eine Treppe hinauf zur isoliert stehenden, mächtigen Porta Pia, dem Stadttor. Weiter geht's über die Promenade immer mit Blick auf den Hafen mit den vielen ein- und auslaufenden Fähren. Ancona verfügt über den wichtigsten Hafen an der mittleren Adria. So sieht man große Frachtschiffe, Trawler und die Fähren Richtung Kroatien und Griechenland legen hier ab. Fesselnd ist übrigens Anconas Fischmarkt, der auf der Piazza Ugo Bassi abgehalten wird. In der Altstadt schlendert man

KULTUR

AUSBLICK VOM DOM

Der Weg hinauf zum Dom San Ciriaco lohnt sich, denn hier hat man einen grandiosen Ausblick und ein laues Lüftchen weht dem Ancona-Besucher um die Nase. Man lässt die Blicke schweifen und schaut über den riesigen Hafen und die große Werft Fincantieri sowie den im Jahre 115 errichteten Trajansbogen. Auf dieser Anhöhe Monte Guasco wurde um 1140 auf den Resten eines römischen Venustempels und einer Basilika aus dem 5. Jahrhundert das sakrale Bauwerk errichtet. Im 13. und 14. Jahrhundert wurde die Kirche erweitert und sie gehört heute zu den bedeutendsten romanischen Kirchen der Marken. In der Krypta werden in einer gläsernen Urne die Überreste des San Ciriaco aufbewahrt. In der Nähe der Kirche befinden sich die Reste eines römischen Amphitheaters, der Palazzo di Segnato (13. Jh.) und der Palazzo Ferretti (16. Jh.), in dem das Nationalmuseum u. a. mit interessanten archäologischen Fundstücken untergebracht ist.

durch alte Gassen mit hohen Häusern, die viel Schatten spenden. Heller wird es an bezaubernden Plätzen wie der Piazza del Plebiscito, dem schönsten Platz der Stadt. Oberhalb steht die imposante Kirche San Domenico mit einer Kreuzigungsdarstellung von Tizian. Vor der großen Treppe befindet sich ein Denkmal für Papst Clemens XII, welches dem Platz den Beinamen Piazza del Papa einbrachte.

Die Liste der Sehenswürdigkeiten Anconas ist lang und reicht von der interessanten Fontana del Calamo (1560), dem Brunnen mit wasserspeienden skurrilen Bronzeköpfen, über das Kunstmuseum »Pinacoteca Comunale« und die gotische »Loggia dei Mercanti« mit Renaissance-Skulpturen bis hin zu sehenswerten Kirchen, wie der romanischen Kirche Santa Maria della Piazza mit ihrer dreigeteilten romanischen Fassade. Einen Besuch wert ist auch die Kirche San Francesco delle Scale. Das Gotteshaus begeistert durch ein gotisch-venezianisches Portal, das Giorgio Orsini im Jahr 1454 schuf.

In der lebendigen Hafenstadt Ancona machen Fähren, Frachter und Fischtrawler fest.

PRAKTISCHE HINWEISE

KARTE/ATLAS

Marco Polo Reiseatlas Italien, 1:300 000

TOURISTINFORMATIONEN

APT der Provinz von Venedig, San Marco 2637, 30124 Venezia, Tel. +39 041 5298711, www.turismovenezia.it

Touristeninformationen findet man in Venedig am Bahnhof, an der Piazzale Roma und am Markusplatz.

Ufficio Informazione Ravenna, Piazza San Francesco 7, 48121 Ravenna, Tel. +39 0544 33755, www.turismo.ra.it

Naturpark San Bartolo, Piazza Dante Alighieri, 61010 Fiorenzuola di Focara, www.parcosanbartolo.it

Ufficio del Turismo San Marino, Contrada Omagnano 20, 47890 San Marino, Tel. +378 549 882914, www.visitsanmarino.com

Centro I.A.T. di Pesaro, Piazzale della Libertà, Tel. +39 0721 69341, www.turismi.pesarourbino.it

Tourismus-Service Fano, Via Cesare Battisti 10, 61032 Fano, Tel. +39 0721 887617, www.turismofano.com

Stellplatz in Venedig

Touristenbüro Ancona, Piazza Roma, 60131 Ancona, Tel. +39 071 54954, www.turismomarche.it

CAMPING- UND STELLPLÄTZE

C 400 **Venedig** (Fusina): Camping Fusina (S. 279 G3)
GPS: N 45°25′10″ E 12°15′22″
Der Campingplatz Fusina ist ganzjährig geöffnet und ein guter Ausgangspunkt, um Venedig zu entdecken. Er liegt an der Laguna Veneta, an der Mündung des Brenta-Kanals. Mit dem Schiff geht es in 20 Minuten vom Campingplatz nach Venedig. Zur guten Ausstattung des Campingplatzes gehören u. a. ein Restaurant, eine Pizzeria und ein Mini-Markt. Wer ein Boot dabeihat, kann es in dem kleinen Hafen zu Wasser lassen.
Adresse: Via Moranzani 93, 30176 Fusina, Tel. +39 041 5470055, www.campingfusina.it

C 401 **Venedig** (Cavallino Treporti/Halbinsel): Campingplatz Marina di Venezia (S. 279 G3)
GPS: N 45°26′15″ E 12°26′18″
Der große Campingplatz gehört zu den besten des Landes und erstreckt sich im südlichen Teil der Halbinsel Cavallino-Treporti. Er kann alle Wünsche erfüllen. Zur umfangreichen Ausstattung gehören mehrere Poolanlagen, einige Restaurants, Geschäfte, Spielgeräte, moderne Sanitärgebäude und natürlich ein langer Badestrand. Die Stellplätze sind eben und bieten überwiegend Schatten. Zum Schiffsanleger »Punta Sabbione« (Fähre nach Venedig) sind es 2 km.
Adresse: Via Montello 6, 30013 Cavallino Treporti, Tel. +39 041 5302511, www.marinadivenezia.it

C 402 **Venedig** (Oriago): Camping della Serenissima (S. 279 G3)
GPS: N 45°27′8″ E 12°11′0″
Rund 15 km ist der Campingplatz von Venedig

Pool-Landschaft Marina di Venezia

entfernt. Hier steht das Reisemobil auf einer großen Wiese, teilweise unter alten Bäumen. Alle 30 Minuten bringt ein Bus die Gäste nach Venedig. Lohnenswert sind auch Fahrradausflüge vom Campingplatz aus z. B. auf dem Radweg am Brenta-Fluss entlang.
Adresse: Via Padana 334 A,
30176 Malcontenta, Tel. +39 041 921850,
www.campingserenissima.com

S 403 **Venedig:** Stellplatz Insel Tronchetto (S. 279 G3)
GPS: N 45°26'37" E 12°18'24"
Ein ganz besonderer Stellplatz ist der große Parkplatz von Venedig. Er befindet sich direkt am Wasser auf der Insel Tronchetto, ca. 15 Gehminuten von der Altstadt der grandiosen Lagunenstadt entfernt. Zunächst fährt man über den Damm in Richtung Venedig und biegt am Ende rechts ab, folgt der Straße und der Ausschilderung zum Parkplatz Tronchetto. Am Ende geht es durch eine hohe Unterführung auf den großen Parkplatz, der auch über Ver- und Entsorgungsmöglichkeiten verfügt. Das Reisemobil steht auf ebenen Asphaltflächen. Bezahlt wird am Parkautomaten.
Adresse: Isola Nova del Tronchetto,
30135 Venezia.

S 404 **Chioggia-Sottomarina:** Stellplatz 2 Palme (S. 279 G4)
GPS: N 45°13'19" E 12°17'44"
Der große Stellplatz »Area Sosta 2 Palme« befindet sich in dem Ort Chioggia-Sottomarina, wenige 100 m vom Hafen entfernt.

Stellplatz in Mesola

Oben: Camping Village Adriano in Punta Marina

Rechts oben: Stellplatz in Porto Corsini

Rund 15 Gehminuten sind es zur Insel mit der herrlichen Altstadt von Chioggia. Der gebührenpflichtige Stellplatz verfügt über parzellierte ebene Flächen auf Schotter. Er ist gut ausgestattet und bietet auch ein Sanitärgebäude. Der Strand ist vom Stellplatz nur 200 m entfernt.
Adresse: Lungomare Adriatico, 30015 Chioggia-Sottomarina

S 405 **Mesola:** Stellplatz Sportplatz (S. 279 G5)
GPS: N 44°55'25" E 12°13'58"
Am Sportplatz stehen auf dem Parkplatz wenige Stellflächen für Reisemobile zur Verfügung.
Adresse: Via Biverare, 44026 Mesola

Stellplatz in Casal Borsetti

C 406 **Lido delle Nazioni:** Tahiti Camping & Thermae (S. 279 G5)
GPS: N 44°44'4" E 12°13'53"
Der sehr gut ausgestattete Campingplatz gehört zu den besten der Route und bietet sich für Reisemobilisten an, die einfach mal ausspannen wollen. Hier steht man in einer blumenreichen, parkähnlichen Anlage und kann sich über ein reichhaltiges Kur- und Wellnessangebot freuen. Zum Strand des Campingplatzes sind es rund 10 Gehminuten. Ein Shuttleservice steht zur Verfügung.
Adresse: Viale Libia 133, 44020 Lido delle Nazioni, Tel. +39 0533 379500, www.campingtahiti.com

S 407 **Comacchio:** Stellplatz Comacchio (S. 279 G6)
GPS: N 44°41'27" E 12°11'6"
Am Ortsrand von Comacchio befindet sich der ebene und asphaltierte Stellplatz.
Adresse: Via Fattibello, 44022 Comacchio

C 408 **Comacchio/Lido di Spina:** Camping Mare e Pineta (S. 279 G6)
GPS: N 44°39'20" E 12°14'43"
Der 4-Sterne-Campingplatz liegt direkt am Meer in dem kleinen Badeort Lido di Spina in einem natürlich gewachsenen Pinienwald. Am breiten Sandstrand kann man ebenso gut relaxen wie beim guten Wellnessangebot. Umfangreich ist auch das sportliche Angebot.

Adresse: Via delle Acacie 67, 44029 Lido di Spina, Tel. +39 0533 330110, www.campingmarepineta.it

S 409 **Casal Borsetti:** Stellplatz Mare & Parco (S. 279 G6/S. 283 G1)
GPS: N 44°32'00" E 12°16'48"
Am Rande des kleinen Fischerdorfes Casal Borsetti in der Nähe des Meeres befindet sich der große Reisemobil-Stellplatz. Mehr als 200 Plätze stehen auf einer großen Wiese zur Verfügung. Der Stellplatz ist gut ausgestattet und bietet auch sanitäre Anlagen. Adresse: Via Stefano Ortolani, 48010 Casal Borsetti, www.casalborsetti.it

Stellplatz in Comacchio

S 410 **Porto Corsini** (Ravenna): Stellplatz Ancora Blu (S. 279 G6/S. 283 G1)
GPS: N 44°29'44" E 12°16'47"
An der Küste, rund 10 km nordöstlich von Ravenna, befindet sich der empfehlenswerte Stellplatz in Porto Corsini. Er verfügt über zahlreiche ebene Stellplätze, Ver- und Entsorgungsmöglichkeiten und einen Imbiss. In der Nähe kann man im Wald oder an der Küste spazieren. Mit der Fähre geht es in 2 Min. über den Kanal zum Badeort Marina di Ravenna und hier fährt der Bus nach Ravenna ab. Natürlich kann man auch mit dem Rad auf die Fähre und von Marina di Ravenna nach Ravenna (16 km) radeln. Nördlich des Stellplatzes liegen einige Campingplätze.
Adresse: Via G. Guizzetti, 48010 Porto Corsini, Tel. +39 0544 447399

C 411 **Punta Marina:** Camping Village Adriano (S. 283 G1)
GPS: N 44°26'0" E 12°17'48"
Rund 10 km östlich von Ravenna liegt der Campingplatz »Camping Adriano«. Der gute Campingplatz lässt keine Wünsche offen und bietet überwiegend parzellierte Stellplätze unter Bäumen. Zur guten Ausstattung des Campingplatzes gehören Restaurant, Bar, kleiner Supermarkt und

Stellplatz Sant'Apollinare in Classe

Stellplatz in Cesenatico

Freibad. Der Strand ist rund 500 m entfernt. Der Radweg führt am Campingplatz vorbei. Über den Radweg sind es 12 km bis Ravenna.
Adresse: Via dei Campeggi 7, 48122 Punta Marina Terme, Tel. +39 0544 437230, www.adrianocampingvillage.com

S 412 **Ravenna:** Stellplatz Piazza della Resistenza (S. 283 G1)
GPS: N 44°24′51″ E 12°11′18″
Am Rande der Altstadt werden auf dem Parkplatz des großen Platzes Piazza della Resistenza markierte und ebene Stellflächen angeboten. Nach italienischer Art stehen die Reisemobile hier sehr dicht. Bezahlt wird am Parkautomaten.
Adresse: Piazza della Resistenza, 48100 Ravenna, www.turismo.ra.it

S 413 **Ravenna:** Stellplatz Via Teodorico (S. 283 G1)
GPS: N 44°25′24″ E 12°12′35″
Gegenüber vom Mausoleum des Theoderich, in der Nähe des Hafenbeckens, befindet sich der Parkplatz, auf dem auch (noch) Reisemobile stehen dürfen. Der Parkplatz verfügt über ebene Asphaltflächen.
Adresse: Via Teodorico, 48100 Ravenna

S 414 **Classe:** Stellplatz Sant'Apollinare in Classe (S. 283 G1)
GPS: N 44°22′43″ E 12°14′06″
In unmittelbarer Nähe zur beeindruckenden Kirche Basilica di Sant'Apollinare (UNESCO-Weltkulturerbe) befindet sich der große Parkplatz, auf dem ein Teil als Stellplatz eingerichtet wurde. Hier steht man auf markierten Parkflächen auf Rasengittersteinen und zahlt am Parkautomaten.
Adresse: Via Roma Sud 226, 48023 Ravenna-Classe

C 415 **Cesenatico:** Camping Cesenatico Village (S. 283 H2)
GPS: N 44°12′55″ E 12°22′46″
Rund 2 km ist der Campingplatz vom Stadtzentrum entfernt. Er ist gut ausgestattet und das ganze Jahr geöffnet. Auf dem ebenen Gelände steht das Reisemobil unter hohen Laubbäumen.
Adresse: Via Mazzini 182, 47042 Cesenatico, Tel. +39 0547 81344, www.campingcesenatico.com

S 416 **Cesenatico:** Stellplatz Cesenatico (S. 283 H2)
GPS: N 44°11′54″ E 12°23′27″
Lediglich 300 m von der herrlichen Altstadt entfernt befindet sich der einfache Stellplatz von Cesenatico. Hier stehen rund 30 ebene und gepflasterte Stellflächen zur Verfügung. Ver- und Entsorgungsmöglichkeiten sind ebenso vorhanden. Eine gute Variante, um der Altstadt auch abends bei reizvoller Beleuchtung einen Besuch abzustatten.
Adresse: Via Adriatica/Piazzale della Rocca, 47042 Cesenatico

C 417 **Bellaria-Igea Marina:** Happy Camping (S. 283 H2)
GPS: N 44°9′39″ E 12°26′54″
Der Campingplatz glänzt in erster Linie durch seine Lage direkt am Meer (mit Privatstrand) und mit vier Sternen. Auf dem ebenen Wiesengelände steht man teils unter Bäumen.
Adresse: Via Panzini 228, 47814 Bellaria-Igea Marina, Tel. +39 0541 346102, www.happycamping.it

S 418 **Bellaria-Igea Marina:** Wohnmobilstellplatz Rio Pircio (S. 283 H2/S. 284 A2)
GPS: N 44°07'38" E 12°29'19"
Der Stellplatz im Touristenort Bellaria-Igea Marina, rund 10 km nordwestlich von Rimini, ist gerade mal 50 m vom Strand entfernt. Er bietet grüne ebene Flächen und ein Sanitärgebäude.
Adresse: Via Benivieni 6, 47814 Bellaria-Igea Marina, Tel. +39 0541 333088, www.riopircio.com

S 419 **Bellaria-Igea Marina:** Wohnmobilstellplatz L'Adriatico Parking (S. 283 H2/S. 284 A2)
GPS: N 44°07'35" E 12°29'15"
Ein herrlicher Stellplatz ist das L'Adriatico Parking in dem Badeort Bellaria-Igea Marina. Nur rund 100 m sind es bis zum Strand. Die Plätze sind eben und das Reisemobil steht auf gepflasterten Bereichen auf einer großen Wiese, teilweise auch unter Bäumen. Zur guten Ausstattung gehört darüber hinaus ein modernes Sanitärgebäude.
Adresse: Via Benivieni 12, 47814 Bellaria-Igea Marina, www.ladriaticoparking.it

S 420 **Rimini:** Stellplatz Rimini (S. 283 H3/ S. 284 A3)
GPS: N 44°3'38" E 12°34'39"
In der Nähe des Bahnhofs von Rimini stehen auf einem Großparkplatz unzählige Stellplätze für Reisemobile zur Verfügung. Der gebührenpflichtige Parkplatz bietet auch Ver- und Entsorgungsmöglichkeiten.
Adresse: Via Roma 70, 47037 Rimini

C 421 **San Marino:** Campingplatz Centro Vacanze San Marino (S. 283 H3)
GPS: N 43°57'33" E 12°27'39"
Der Campingplatz nördlich der Altstadt ist über die Straße 72 in Richtung San Marino Stadt erreichbar und ausgeschildert. Er erstreckt sich über mehrere Terrassen am Hang und bietet teilweise Ausblicke auf Rimini und die Adria. Die Ausstattung mit Schwimmbad, Restaurant und Mini-Markt sowie das ganzjährige Angebot machen ihn zu einem guten Übernachtungsplatz.
Adresse: Strada San Michele 50, 47893 San Marino, Tel. +39 549 903964, www.centrovacanzesanmarino.com

Stellplatz Ravenna, Piazza della Resistenza

Links unten: Stellplatz L'Adriatico Parking in Bellaria-Igea Marina

Unten: Stellplatz Rio Pircio in Bellaria-Igea Marina

Oben: Stellplatz P13 in San Marino

Rechts oben: Stellplatz Azzurra Fano

S 422 **San Marino:** Stellplatz P13 (S. 283 H3)
GPS: N 43°56'27" E 12°26'31"
Der Zwergstaat San Marino verfügt auch über einen Stellplatz, der bei der Anfahrt zur Altstadt mit »P13« ausgeschildert ist. Er erstreckt sich in einem grünen Umland und bietet in mehreren Sektionen auf terrassierten Parkplätzen eine schöne Übernachtungsmöglichkeit für Reisemobilisten. Von dem Stellplatz gibt es einen Fußgängeraufgang zur Seilbahnstation Borgo Maggiore. Freude bereitet das Verlassen des Stellplatzes, denn die Straße verläuft unterhalb der steilen Kalkfelsen und an einem schönen Picknickplatz vorbei. Die Aussicht ist herrlich.
Adresse: Via Bigelli, 47890 San Marino

C 423 **Riccione:** Camping Riccione (S. 284 A3)
GPS: N 43°59'7" E 12°40'45"
Der 4-Sterne-Campingplatz Riccione bietet ebene Stellplätze, teils unter Schatten spendenden Bäumen. Zur guten Ausstattung gehören u. a. ein Shop, ein empfehlenswertes Restaurant, Schwimmbad und ein Fitnessraum. Ein Shuttle bringt die Gäste nach Riccione.
Adresse: Via Marsala 10, 47838 Riccione, Tel. +39 0541 690160, www.campingriccione.it

Stellplatz in Senigallia

C 424 **Naturpark San Bartolo:** Camping Panorama (S. 284 A3)
GPS: N 43°56'30" E 12°50'45"
Mitten im interessanten Naturpark San Bartolo erstreckt sich der 3-Sterne-Campingplatz Panorama. Er liegt rund 100 m über dem Meer, außerhalb des Ortes Fiorenzuola di Focara.
Adresse: Strada Brisighella 7 C, 61121 Fiorenzuola di Focara/Pesaro, Tel. +39 0721 208145, www.campingpanorama.it

C 425 **Pesaro:** Camping Marinella (S. 284 B3)
GPS: N 43°52'53" E 12°57'43"
Der umfangreich ausgestattete Campingplatz liegt rund 6 km südlich von Fano, fast genau zwischen Fano und Pesaro. Er verfügt über einen 250 m langen Sandstrand und eine gehobene Sanitärausstattung.
Adresse: Strada Statale Adriatica Nord, 61121 Pesaro, Tel. +39 0721 55795, www.campingmarinella.it

C 426 **Fano:** Camping Fano (S. 284 B4)
GPS: N 43°48'40'' E 13°4'36''
Südöstlich von Fano nahe Madonna del Ponte befindet sich die Campinganlage Camping Fano mit einem langen Sandstrand.
Adresse: Via Foce del Metauro, 61032 Madonna del Ponte, Tel. +39 0721 802652, www.campingfano.it

S 427 **Fano:** Stellplatz Azzurra Fano (S. 284 B3)
GPS: N 43°50'34'' E 13°1'52''
Einen Steinwurf vom Kiesstrand entfernt befindet sich der Stellplatz. Das schöne Zentrum von Fano ist rund 1 km entfernt. Auf der großen Rasenfläche stehen ausreichend Stellflächen zur Verfügung.
Adresse: Viale Ruggero Ruggeri, 61032 Fano

C 428 **San Costanzo:** Camping Mar y Sierra (S. 284 B4)
GPS: N 43°44'44' E 13°4'56''
In dem hügeligen Hinterland der Region Marken lohnt sich ein Abstecher zu dem schönen Campingplatz Mar y Sierra in der Nähe des Dorfes San Costanzo. Der gepflegte Campingplatz verfügt über ein gutes Restaurant, einen Pool und moderne Sanitärgebäude. Das Reisemobil steht auf Terrassen unter Bäumen. Für große Reisemobile stehen Abstellflächen in der Nähe der Rezeption zur Verfügung.
Adresse: Strada San Gervasio 3, 61039 San Costanzo, Tel. +39 0721 930044, www.marysierra.it

C 429 **Torrette di Fano:** Camping Stella Maris (S. 284 B4)
GPS: N 43°47'55'' E 13°5'40''
Der gepflegte Campingplatz nahe des kleinen Touristenortes bietet eine gute Ausstattung, ebene Stellplätze und einen schönen Strand.
Adresse: Via Cappellini, 61032 Torrette di Fano, Tel. +39 0721 884231, www.campingstellamaris.it

S 430 **Senigallia:** Stellplatz SS 16 (S. 284 B4)

Camping Mar y Sierra in San Costanzo

GPS: N 43°42'18'' E 13°14'14''
An der Hauptstraße 16 auf der rechten Seite, rund 1 km vom Stadtzentrum entfernt, liegt der asphaltierte Wohnmobilstellplatz (Ortsausgang). Die Stellflächen sind markiert und für italienische Verhältnisse groß bemessen.
Adresse: Via Francesco Podesti 234, 60019 Senigallia

C 431 **Senigallia:** Villagio Turistico Camping Summerland (S. 284 B4)
GPS: N 43°42'16'' E 13°14'18''
Der Campingplatz befindet sich südlich des Ortszentrums und ist ausgeschildert. Zum feinen Sandstrand sind es rund 200 m. Der Campingplatz verfügt auch über Freibäder.
Adresse: Via Podesti 236, 60019 Senigallia, Tel. +39 071 7926816, www.campingsummerland.it

S 432 **Ancona:** Stellplatz Via Sanzio Blasi (S. 284 C4)
GPS: N 43°35'59'' E 13°29'09''
Leider hat die Stadt Ancona keinen Campingplatz zu bieten. Rund 4 km südöstlich der Altstadt von Ancona, im Ortsteil Posatora, steht ein offizieller, kostenpflichtiger Stellplatz zur Verfügung. Hier finden rund 30 Reisemobile auf einer ebenen Asphaltfläche Platz. Achtung: In der Nähe befindet sich ein Parkplatz, der zum Abstellen von Wohnwagen und Reisemobilen genutzt wird und dementsprechend irrtümlich für den Stellplatz gehalten werden kann!
Adresse: Via Sanzio Blasi, 60126 Ancona

5 GENUSSVOLLER BADEURLAUB AN DER ITALIENISCHEN RIVIERA

Zwischen Ventimiglia und Cinque Terre

Zwischen Ventimiglia nahe der italienisch-französischen Grenze und den Dörfern der Cinque Terre liegt man am Strand, flaniert über die Promenade oder durch die Gassen mondäner Badeorte wie San Remo oder der quirligen Metropole Genua. Die Reise entlang der italienischen Riviera bietet sich für einen entspannten Wohnmobilurlaub an. Ein langer Sommer ist garantiert und das Dolce Vita versüßt den Badeurlaub. Eines der vielen Highlights ist der Bilderbuchort Portofino. Die Reise endet in der Region Cinque Terre, die wegen ihrer malerischen Fischerdörfer an der steilen Felsenküste weltberühmt ist.

Manarola an der Cinque Terre

Die Küste der kleinen Region Ligurien erstreckt sich sichelförmig am nördlichen Teil des westlichen Mittelmeeres. Die ligurische Küste bzw. die klangvollere »italienische Riviera« ist rund 300 Kilometer lang und unterteilt sich in zwei Küstenabschnitte. In der Mitte nimmt die wichtige Hafenstadt Genua, das kulturelle und wirtschaftliche Zentrum des Landstrichs, eine große Fläche ein. Westlich von Genua erstreckt sich die **Riviera di Ponente** und östlich die **Riviera di Levante**. Das Landschaftsbild ist grandios, vielfach reichen die bewaldeten Berge der Seealpen und der Apennin bis an Küstenstädte heran oder fallen ins Meer ab.

Beide Küstenabschnitte sind gleichermaßen attraktiv. Das Klima lädt zum Baden ein, rund 300 Sonnentage garantieren einen langen Sommer. Selbst in den kalendarischen Wintermonaten ist es sehr mild. Das Klima ist auch Grundlage für einen »florierenden« Wirtschaftszweig: In unzähligen Treibhäusern werden Schnittblumen und Bindegrün gezüchtet.

Generell ist die Flora entlang der ligurischen Küste so vielfältig wie kaum irgendwo in Italien. So liegt es auf der Hand, dass man in fast jedem Ort prächtige Gärten antrifft. Beim Anblick von violetten Bougainvilleen, roten Rosen oder gelben Mimosen ist es nicht verwunderlich, dass der westliche Teil der ligurischen Küste den klangvollen Namen **Riviera dei Fiori** (Blumenriviera) erhalten hat.

Aus Ligurien stammt das berühmte Pesto, das so mancher Pasta den richtigen Kick gibt. Als Zwischenmahlzeit empfiehlt sich das an den Verkaufsständen und in Bäckereien erhältliche salzige Fladenbrot (*focaccia*), ein guter Proviant für die Reise von Ventimiglia nach Cinque Terre. Die Route führt über die Staatsstraße SS 1, die Via Aurelia, an der Küste entlang. Hier reihen sich nette Badeorte mit schönen Stränden und malerischen historischen Altstädten aneinander. Da es in den Orten sehr eng zugeht, sollte man direkt die Camping- und Stellplätze ansteuern.

START IN VENTIMIGLIA

Aus dem Norden kommend erreicht man u. a. über die Autobahn A 7 im Großraum Genua die mautpflichtige Autobahn A 10. Auf der A 10 fährt man im Abstand von einigen Kilometern parallel zur Küste in Richtung Südwesten (Richtung Ventimiglia; 160 km). Rund um den Kurort San Remo kann man sehr eindrucksvoll die vielen Treibhäuser sehen, hier hat die mannigfaltige Produktion von Schnittblumen einen hohen wirtschaftlichen Stellenwert.

ROUTE 5

START- UND ENDPUNKT
Ventimiglia und Sestri Levante

STRECKEN
überwiegend Küstenstraße Via Aurelia (Staatsstraße SS 1)

STRECKENLÄNGE
400 km

FAHRZEIT
10 bis 14 Tage (ohne Anreise)

BESTE JAHRESZEIT
Ostern bis Oktober

Altstadt von Ventimiglia

FANTASTISCHE ALTSTADT

Die mittelalterliche Altstadt von **Ventimiglia** erhebt sich westlich des Flusses Roia. Inmitten der historischen Stadtmauern steht die bedeutende romanische Kathedrale Santa Maria Assunta (überwiegend 11. Jh.). Sie gehört zu den wichtigsten romanischen Bauwerken in Ligurien. Über die alte Gasse Via Garibaldi erreicht man nach wenigen Metern die fotogene kleine Piazza della Fontana mit markanter Uhr. Von einigen Stellen der hoch aufragenden Altstadt erhält man schöne Ausblicke u. a. auf die Neustadt östlich des Flusses, die neue Marina oder man blickt in westliche Richtung zum Zwergstaat Monaco.

Im 19.und 20. Jahrhundert wurde die weniger reizvolle Neustadt regelmäßig angelegt. Einen Lichtblick bieten die Promenade und die Strände vor der Neustadt und unterhalb der Altstadt. Östlich von Ventimiglia in dem Ort **Nervia** (Campingplatz) befindet sich direkt an der Hauptstraße Corso Genova die Ruine eines römischen Amphitheaters.

Farbenfroh wird es in den berühmten Hanbury-Gärten, die sich rund neun Kilometer westlich von Ventimiglia in **Mortola** befinden. In diesem botanischen Garten, den im Jahr 1867 der Engländer Sir Thomas Hanbury anlegte, gedeihen tropische und subtropische Pflanzen.

Ventimiglia verlässt man über die Via Aurelia in östlicher Richtung. Sie führt am Küstenabschnitt der Riviera dei Fiori über viele Kilometer durch die Orte entlang der dicht bebauten Küste. Ein Stopp lohnt sich in Bordighera.

SPECIAL

WOCHENMARKT

In Ventimiglia sollte man freitags den bunten Wochenmarkt nicht verpassen. Entlang der Via Vittorio Veneto reihen sich unterschiedliche Verkaufsstände aneinander. Es bereitet viel Freude, an den Ständen entlangzuschlendern und frisches Obst und weitere Lebensmittel einzukaufen. Das Angebot ist groß und qualitativ sehr hochwertig.

VIELSEITIGER BADEORT

Am Ortseingang des Kur- und Badeortes **Bordighera** befindet sich rechts ein Parkplatz, von wo man einen herrlichen Ausblick über den großen Wassersporthafen und die Küste hat. Im Ort gehören die Ruine des Doria-Kastells (12. Jh.) und die alte Ponte Vecchio (15. Jh.), die den Fluss Nervia über-

Kirche Sant'Ampelio in Bordighera

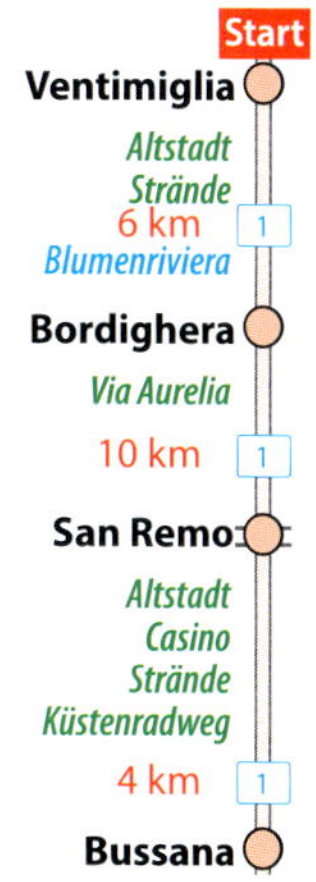

spannt, zu den Attraktionen. Sehenswert ist auch die kleine Kirche Sant'Ampelio, die im Inneren durch den Glasboden einen Blick auf die alten Fundamente bietet.

Vor der Kirche blickt man über die felsenreiche Küste und geht in westliche Richtung über die Promenade am Strand vorbei. Hier laden zahlreiche Bars, Cafés und Restaurants zu einer kleinen Pause ein. Geht man von der Kirche über die Straße, erreicht man den sehenswerten botanischen Garten. Westlich liegt die Mitte des 19. Jahrhunderts angelegte Gartenstadt mit schönen Straßenzügen und prächtigen Häusern. Südlich der Bahnlinie erstreckt sich die nette Strandpromenade Lungomare Argentina.

Im weiteren Verlauf der Reiseroute passiert man einige Fremdenverkehrsorte mit einladenden Stränden, bevor in San Remo dann der Trubel einsetzt. Die SS1 führt mitten durch San Remo. Es empfiehlt sich, auf den Wohnmobilstellplatz am Ortseingang rechts der Straße zu fahren. Nach rund zwei Kilometern erreicht man zu Fuß oder mit dem Bus das Stadtzentrum. Am Ortseingang rechts von der Straße, in der Nähe des Casinos, steht ein großer Parkplatz direkt am Meer zur Verfügung. Wer nur einen kurzen Rundgang plant, sollte diesen Parkplatz anfahren. Er befindet sich direkt am Küstenradweg und so kann man auch eine kleine Radtour starten.

Strand von Bordighera

Küstenradweg in San Remo

VIEL GLÜCK BEIM SPIEL!

Beim Namen **San Remo** denkt man unweigerlich an Glücksspiel. Wer im Casino sein Geld einsetzt, macht sicherlich ein kleines Vermögen – vorher hatte er ein größeres. Das schöne Casino Municipal im Belle-Époque-Stil ist aber auch für nicht am Glücksspiel Interessierte ein Anziehungspunkt und Ende Februar der Schauplatz des »Festival della Canzone Italiana«. Seit 1951 wird dieses berühmte Schlagerfestival durchgeführt. Zu den weiteren Events in San Remo gehört das Radrennen Mailand–San Remo. Beliebt sind auch das Oldtimer-Festival und die Rallye von San Remo (www.rallyesanremo.it).

Nur wenige Schritte vom Casino ist die lebendige Altstadt der einst mondänen Hafenstadt entfernt. Besonders anziehend ist der Innenstadt-Boulevard Via Matteotti mit

AUSFLUG

KÜSTENRADWEG

Zu den schönsten Radwegen im gesamten Mittelmeerraum gehört der zwischen San Lorenzo und San Remo. Dieser zweispurige, asphaltierte Fahrradweg ist komplett autofrei, verläuft an der Küste entlang und wurde auf der alten Eisenbahnstrecke angelegt. Witzigerweise radelt man dabei auch durch die alten Eisenbahntunnel. Auf einer Strecke von 28 Kilometern ist der Radfahrer unterwegs und kann sich über Pausenplätze mit Bänken und Meerblick freuen. Einige Imbissstationen sorgen für eine Stärkung zwischendurch. Wer kein Rad dabeihat, kann sich an den ehemaligen Bahnhöfen von San Remo und San Lorenzo unterschiedliche Fahrradmodelle ausleihen.

Mastenwirrwarr im Hafen von San Remo

einladenden Bars, Restaurants und schicken Boutiquen. Zentrales Bauwerk ist die romanisch-gotische Kathedrale San Siro (13. Jh.).

Über die prächtige palmenbestandene Promenade der Stadt gelangt man zur kleinen Festung und gleich nebenan befindet sich der Hafen, in dem große Motorjachten ebenso angelegt haben wie alte Fischerboote und Segelschiffe. Von der Promenade hat man das Meer, die vielen prächtigen Hotels und palastähnlichen Villen ebenso im Auge wie das bunte Treiben am Strand. Baden und Sonnenbaden sind hier gut organisiert und so ist der Strand in verschiedene Badesektionen unterteilt. Westlich des ehemaligen Bahnhofs liegen die öffentlichen Strände.

Auf der Promenade ostwärts kommt man zur Festung Santa Tecla aus der Mitte des 18. Jahrhunderts. Geht man weiter, so flaniert man über die neu angelegte Promenade Lungomare delle Nazioni am Hafen vorbei.

Im oberen Teil San Remos erstreckt sich die mittelalterliche Altstadt La Pigna, die erst seit den letzten Jahren durch eine behutsame Subventionspolitik erstrahlt. Wegzug und Überalterung der Bewohner sorgten für einen allmählichen Verfall, der jedoch durch Mietfreiheit und Renovierungszwang aufgefangen wurde.

Viele Adelige und Prominente zog es seit jeher nach San Remo und kein Geringerer als der schwedische Wissenschaftler Alfred Nobel wählte die Stadt, um hier seine letzten Lebensjahre zu verbringen, wo er dann 1896 starb. In der »Villa Nobel« ist ein kleines Museum untergebracht, das Alfred Nobel und sein Wirken beschreibt. Das Wohnhaus von Alfred Nobel steht in der Straße Corso Felice Cavallotti und hat die Nummer 116. Das prachtvolle Gebäude wurde im neuromanischen Stil errichtet.

Von San Remo sind es nur wenige Kilometer über die SS1 bis zum Küstenort **Bus-**

Blick vom Bergdorf Bussana Vecchia über die Küste

Bussana
Bussana Vecchia
22 km 1
Imperia
Altstadt
Promenade
8 km 1
Cervo
Altstadt
Ausblick
14 km 1
Alassio
Muretto
Strände
Promenade
7 km 1
Albenga
Kathedrale
Palazzo Vecchio
Geschlechtertürme
Wanderweg
19 km 1
Finale Ligure

sana, der 1887 nach einem Erdbeben entstand. Von hier aus lohnt ein Ausflug zum Bergdorf Bussana Vecchia.

Von Bussana bringt die Via Aurelia den Reisemobilisten ostwärts zu vielen kleinen Orten, die sich dem Fremdenverkehr verschrieben haben und mit schönen Stränden locken. In **Santo Stefano al Mare** wurde ein riesiger Wassersporthafen angelegt. In Imperia (Stellplatz) wird es wieder städtischer und lebhafter (San Remo–Imperia 26 km). Große Parkmöglichkeiten gibt es im Stadtteil Oneglia nahe des Hafens.

CHARMANT HERRSCHAFTLICH

Die beiden Orte Oneglia und Porto Maurizio wurden 1923 vereinigt und tragen seitdem den klangvollen Namen **Imperia**. Namensgeber war hierbei der einst trennende Fluss Impero. Das Ergebnis sind zwei Altstädte und zwei Häfen. Östlich des Flusses befindet sich der Hafen von Oneglia. Er gehört zu den wichtigen Häfen an der Küste. Nur wenige Schritte entfernt lohnt sich die Besichtigung der 1762 vollendeten barocken Kirche San Giovanni Battista.

AUSFLUG

BERGDORF BUSSANA VECCHIA

Zu einem Ort der besonderen Art gehört Bussana Vecchia, das alte Bussana, gelegen auf einem 200 Meter hohen Hügel. Es wurde 1887 durch ein Erdbeben zum Großteil zerstört, weshalb sich die Bewohner in Küstennähe wiederansiedelten. 1961 kamen der Maler Clizia und der Dichter Giovanni Fronte in das Ruinendorf und blieben. Ihnen folgten zahlreiche Künstler, die dem Geisterdorf neues Leben einhauchten. Etliche Galerien und kleine Restaurants in luftiger Höhe sind heute ein lohnenswertes Ausflugsziel, das man zwar mit dem Pkw, aber nicht mit dem Wohnmobil (außer Campingbusse und kompakte Kastenwagen) erreicht. In Bussana sollte man das Wohnmobil parken und die zwei Kilometer lange Straße hinaufwandern. Dabei blickt man hinab auf das Meer und die Treibhäuser. Oben lohnt eine Pause in dem Restaurant La Casaccia. Von der Terrasse ist der Ausblick fantastisch. Gestärkt bereitet es Freude, durch das Bergdorf zu spazieren. Beeindruckend ist die verfallene Kirche, deren Fresken und Stuckarbeiten teilweise noch zu erkennen sind. In den Galerien mit ausgefallenen Kunstobjekten kann man gut stöbern.

Die Altstadt von Imperia erstreckt sich auf einem Hügel.

Wer eine idyllische Altstadt sucht, wird den Spaziergang durch die malerischen Gassen von Porto Maurizio, westlich des Flusses, zu schätzen wissen. Auf dem rund 50 Meter hohen Parasio-Hügel hat sich das mittelalterliche Städtchen ausgebreitet. Hier thront der klassizistische Dom San Maurizio (1781–1832), der immerhin das größte Gotteshaus in Ligurien ist und die Silhouette der Stadt bestimmt. In der Nähe lohnt sich der Besuch des Schifffahrtmuseums im ehemaligen Palazzo Comunale.

Imperia verlässt man über die vertraute Via Aurelia. Nach wenigen Kilometern gelangt man in den Badeort **Diano Marina** mit einem großen und modernen Reisemobil-Stellplatz. Der Ort bietet breite Sandstrände und eine gute Gastronomie.

Im Hafen von Imperia machen viele Luxusjachten fest.

SPECIAL

ZAUBERHAFTE PROMENADE

Vom Stellplatz in Borgo Prino, einem Ortsteil von Imperia, kann man bis zum Hafen von Imperia spazieren. Zunächst geht es durch einen kleinen Tunnel zum Ufer und zu den Stränden. Hier beginnt die Promenade, der man in östlicher Richtung folgt. Nachdem man eine Häuserzeile mit Bars und Eiscafés passiert hat, blickt man hinauf auf die historischen Bauwerke der Altstadt von Imperia. Wenig später ist die neue Promenade erreicht, die unterhalb der Altstadt verläuft und einen grandiosen Blick auf das Meer bietet. An der großen Marina, wo große Luxusjachten ins Auge fallen und einige Bars mit Außenbewirtung zu einer Pause einladen, endet sie.

Inventar der Kirche San Giovanni Battista in Cervo

Wesentlich reizvoller ist das Städtchen Cervo, das man nach wenigen weiteren Kilometern erreicht. Der malerische Küstenort besitzt gleich mehrere Campingplätze direkt am Meer, am Fuße der Altstadt.

Altstadt Cervo

STADT DER KAMMERMUSIK

Über schmale Gassen geht es hinauf in die mittelalterliche Altstadt von **Cervo** und von hier hat der Besucher einen grandiosen Ausblick über die ligurische Küste. Am späten Nachmittag, wenn sich die Besucherzahl in Grenzen hält, kann man in aller Ruhe die wunderbare Altstadt mit den engen und dunklen Gassen, die kleinen Läden und die Hauptattraktion, die Barockkirche San Giovanni Battista, unter die Lupe nehmen. Man tritt in das Gotteshaus ein und ist auf Anhieb von den Wandmalereien und den Stuckarbeiten begeistert. Das schöne sakrale Bauwerk wurde in den Jahren zwischen 1686 und 1722 errichtet. Von dem Kirchplatz ist der Blick über das Meer grandios.

Ruhig bleibt es auch in dem Castello dei Clavesana aus dem 12. Jahrhundert, das man über ebenfalls enge Gassen erreicht. In der Burg ist das Volkskundemuseum der Ponente untergebracht und sehr anschaulich erzählen Alltags- und Wohngegenstände vom Leben in der Region. Richtig lebendig wird es dort im Juli/August, wenn beim Internationalen-Kammermusik-Festival aufgespielt wird.

Von Cervo sind es 14 Kilometer zum Badeort Alassio. Dazwischen bietet die Via Aurelia weiterhin reizvolle Ausblicke auf das Meer und immer wieder passiert man Sporthäfen. Bei **Andora** trifft man auf die große Marina. Anschließend verläuft die Küstenstraße oberhalb des Kaps Capo Mele.

Fährt man wieder hinunter, so erreicht man den herrlichen Ferienort **Laigueglia** mit schönen Sandstränden und ansprechender Promenade. Vom einladenden Strand erblickt man gen Osten schon den Ort Alassio. Laigueglia ist mit Alassio durch die Promenade verbunden.

BEINAHE IN DEUTSCHER HAND

Mit rund 12 000 Einwohnern gehört **Alassio** zu den größeren Seebädern an der ligurischen Küste. In den Sommermonaten zieht es v. a. unzählige deutsche Urlauber an den flach abfallenden und rund vier Kilometer langen, feinsandigen Strand.

Seit Ende des 19. Jahrhunderts ist Alassio ein beliebter, ganzjährig besuchter Luftkurort und neben Bademöglichkeiten bietet der Ort eine nette Altstadt mit engen Gassen, Bogengängen, interessanten Geschäften und einladenden Restaurants. Eine Besonderheit ist die Seebrücke, die einen schönen Blick auf den Ort und die dahinterliegenden Berge bietet. Sehenswert ist in der Via Dante die niedrige Mauer Muretto mit einer Vielzahl von Fliesen, auf denen sich Berühmtheiten verewigten, sowie die Pfarrkirche Sant'Ambrogio (11. Jh.) in der Via Mazzini.

Mit Alassio verlässt man auch die Blumenriviera, ohne auf der weiteren Reise auf farbenfrohe Gärten und eine vielfältige Pflanzenwelt verzichten zu müssen. Nach sieben Kilometern trifft der Reisemobilist in Albenga ein.

GESCHLECHTERTÜRME GANZ GROSS

Auf dem lohnenswerten Stadtrundgang in der gut erhaltenen Altstadt von **Albenga** wird man vom Gesamtbild der schmucken Plätze, prachtvollen Häuser und hohen Geschlechtertürme beeindruckt sein. Keine andere Stadt im Norden Italiens verfügt über so viele Geschlechtertürme wie Albenga.

In der Römerzeit wurde die Hafenstadt Albium Ingaunum gegründet, doch die Blütezeit hatte Albenga zwischen dem 11. und 14. Jahrhundert. Aus dieser Zeit stammen noch viele Bauwerke, wie die Kathedrale San Michele (11. Jh.) oder der benachbarte Palazzo Vecchio (14. Jh.) mit dem 60 Meter hohen Torre del Comune. Bedeutend ist auch das Baptisterium, das umrahmt von größeren Bauten nicht auf Anhieb auffällt. Es wurde im 5. Jahrhundert errichtet und beeindruckt im Inneren durch zahlreiche Säulen, ein byzantinisches Mosaik und eine romanische Wandmalerei.

Laigueglia gehört zu den lebendigen Orten an der italienischen Riviera.

Die Geschlechtertürme von Albenga prägen die Stadtsilhouette.

Die Altstadt von Albenga verfügt über schöne Gassen.

Darüber hinaus bietet die Stadt viele sehenswerte Palazzi und schöne Gassen wie die Via Medaglie d'Oro, durch die man ausgiebig bummeln kann. Außerhalb der teils noch erhaltenen Stadtmauern befindet sich die nette Piazza del Popolo mit einem kleinen Museum, das sich der Medizin verschrieben hat.

Dann sind es nur noch wenige Schritte zur modernen Brücke, die über den Fluss Centa führt. Nur wenige 100 Meter sind es zur Meeresmündung. Der Stadt vorgelagert ist die Isola di Gallinara, die unter Naturschutz steht.

Wer mit Kindern unterwegs ist, wird in Albenga ebenfalls fündig, denn die Stadt verfügt mit »Le Caravelle« über einen Wasserpark mit Rutschen, Stromschnellen, Wellenbad und Piratenschiffen.

Über die Geschichte von Albenga, dessen Niedergang mit der Versandung des Hafens um 1400 und damit dem Ende des Seehandels einsetzte, kann man sich anschaulich in dem Stadtmuseum »Museo Civico Ingauno« informieren. Es befindet sich im alten Rathauspalais und kann mit einer Vielzahl von archäologischen Fundstücken aus der Römerzeit und dem Mittelalter aufwarten.

Ein weiteres interessantes Museum ist das römische Seefahrtsmuseum, das »Museo

Übersichtskarte Via Julia Augusta

AUSFLUG

AUF DER VIA JULIA AUGUSTA

Eine aussichtsreiche Wanderung, die mit mittlerer Kondition zu meistern ist, führt über ein Teilstück der einstigen Römerstraße Via Julia Augusta. Der 5,5 Kilometer lange und gut markierte Wanderweg verbindet die alten Kirchen San Martino in Albenga und Santa Croce in Alassio. Er beginnt im Zentrum von Albenga und führt zunächst über die Brücke mit dem roten Bogen auf die andere Uferseite des Flusses Centa. Dann geht es durch ein Wohngebiet und an der Kapelle hinauf in die Berge. Über einige Kilometer führt der Weg auf einem Höhenniveau entlang und der Ausblick auf das Meer und die Insel Gallinara (Naturschutzgebiet) ist fantastisch. Entlang des Wanderwegs ist stellenweise noch das alte römische Pflaster aus Flusssteinen zu erkennen. Einige Tafeln informieren über die sichtbaren Ruinen und Relikte der Römerzeit. Eröffnet wurde die römische Verbindungsstraße um das Jahr 12 v. Chr.. In Alassio angekommen, kann man sich stärken und die Wanderung zurück antreten oder man fährt von dort aus mit dem Bus.

Navale Romano« im Palazzo Peloso Cepolla. Zu den bedeutendsten Ausstellungsstücken gehört ein römisches Schiffswrack, das immerhin 60 Meter lang ist und um 180 v. Chr. gebaut wurde.

Wer sich mehr für die Gegenwart und das bunte Leben in der Altstadt interessiert, sollte es nicht versäumen, morgens den Obst- und Gemüsemarkt auf dem Piazzetta delle Erbe in der Nähe der San-Michele-Kathedrale aufzusuchen.

MEERBLICK INKLUSIVE

Mit Albenga verlässt man einen der ältesten Orte an der Küste Liguriens. Auf den folgenden 40 Kilometern zur Stadt Savona führt die Via Aurelia an vielen Badeorten vorbei. In den Badeorten sind Parkplätze rar, jedoch kann man entlang der Via Aurelia auf dem Seitenstreifen parken.

Da die Geschmäcker verschieden sind und die Toleranz dem Touristenansturm gegenüber unterschiedlich groß sein kann, wird jeder Reisende seinen persönlichen Favoriten unter den vielen Stränden haben. Bekannt ist der Badeort **Finale Ligure** (Wohnmobilstellplatz), der sich aus drei Ortsteilen zusammensetzt. Er präsentiert sich mit einer reizvollen Promenade, breiten Stränden und natürlich auch mit einer sehenswerten Kirche, der barocken Basilika San Giovanni Battista (1675), sowie der Benediktinerabtei Santa Maria di Pia im Ortsteil Finalpia.

Die Küstenstraße nach Savona wird im weiteren Verlauf kurvenreich und so sollte man Vorsicht walten lassen. Der landschaftlich interessanteste Abschnitt liegt zwischen dem Badeort **Varigotti** und Noli. Hierbei fährt man unterhalb kahler und teils überhängender Kalkfelsen. Hat man die Landzunge Capo di Noli passiert, eröffnet sich ein herrlicher Blick auf Noli. Im Ort bieten sich am Ortseingang einige Parkplätze auf dem Standstreifen am linken Fahrbahnrand.

EINSTIGE SEEREPUBLIK

Noli war einst Fischerdorf und eine mächtige Seerepublik, davon ist im historischen Stadtzentrum noch einiges zu erkennen. Zu den nennenswerten mittelalterlichen Bauwerken gehört der älteste Geschlechterturm Torre del Canto, der an der schönen Piazza Morando steht. In der Nähe befinden sich die Kirche Sankt Anna und das alte Stadttor, der Torre San Giovanni aus dem 14. Jahrhundert. Sehr malerisch wirkt die Piazza del Milite Ignoto und zu den bedeutendsten romanischen Kirchen in Ligurien zählt die Basilika San Paragorio (11. Jh.).

Nicht versäumen sollte man einen Spaziergang über die Hauptstraße Via Colombo

In Finale Ligure liegt der Stellplatz direkt am Meer.

Finale Ligure
Basilika
Strände
Höhle Borgio Verezzi
Noli
Basilika
Strände
Promenade
16 km 1
Savona

AUSFLUG

HÖHLEN VON BORGIO VEREZZI

Auf der weiteren Route zwischen Albenga und Savona sollte man sich die beindruckenden Höhlen von Borgio Verezzi in der Nähe von Pietra Ligure anschauen. Sie wurden erst 1933 entdeckt und können an einem heißen Sommertag ein interessanter »Zufluchtsort« sein. Hier herrschen ganzjährig Temperaturen von moderaten 16 °C. Teile des rund fünf Kilometer langen Höhlensystems können besichtigt werden. Neben den klassischen Stalaktiten und Stalakmiten kann man Seen und Fossilien bewundern (www.grottediborgio.it).

Teilweise führt die Straße an steilen Felswänden entlang.

mit vielen interessanten Läden. Gleiches gilt für die schöne Promenade mit hohen Palmen, kleinen Grünanlagen, Cafés und Bars. Hier ist der Strand noch nicht durch Umkleidebuden verbaut und der Blick fällt auf die vielen kleinen Fischerboote, die am Strand liegen und bei Bedarf ins Wasser gezogen werden.

Weiter geht es über die aussichtsreiche Küstenstraße an der Riviera delle Palme entlang. In **Spotorno** laden ein Stellplatz zum Übernachten und der lange Sandstrand zum Relaxen ein. Man blickt auf die markante Isola di Bergeggi (Naturschutzgebiet). Über den Industrieort **Vado Ligure**, in dem die Fähren nach Korsika ablegen, geht es nach Savona. Hier sollte man auf dem großen Parkplatz an der Festung in der Nähe des Hafens parken.

HAFENSTADT MIT SCHÖNEM KERN

Savona nähert man sich durch triste Vorstädte. Sie ist mit rund 62 000 Einwohnern die drittgrößte Stadt Liguriens. Wichtige Wirtschaftszweige sind die Eisen- und Stahlindustrie, Elektrotechnik und der Schiffsbau. Aufgrund der industriellen Bedeutung wurde der Ort im Zweiten Weltkrieg bombardiert und teilweise zerstört.

In Savona legen auch die Kreuzfahrtschiffe ab. Der große Terminal befindet sich am Rande der Altstadt. Den lohnenswerten Stadtrundgang sollte man an der wuchtigen Fortezza del Priamar beginnen, die auf dem gleichnamigen Hügel Mitte des 16. Jahrhunderts thront. Der Seefahrer und Politiker Andrea Doria ließ diese große Festung errichten. Von der Festung (Archäologisches Museum) hat man einen Ausblick auf den Hafen und die Stadt, deren Reize beim Panoramablick noch verborgen bleiben.

Geht man erst einmal durch die Stadt, so ist man entzückt, welch schöne Plätze und Bauwerke man bestaunen kann. So sitzt man an der kleinen Piazza Maddalena und trinkt vor den Augen der barocken Madonnen-Statue Kaffee. Auch Savona hat einige Geschlechtertürme zu bieten, unter denen der Torre del Brandale (12. Jh.) immerhin 50 Meter hoch ist. Zahlreich sind die schönen Palazzi wie der Palazzo Lamba Doria mit einer kunstvoll geschaffenen Fassade. Weitere Prachtbauten stehen in der mittelalterlichen

SPECIAL

ERHOLSAME STRÄNDE

In Savona kann man auch gut baden oder am Wasser entspannen. Westlich der Festung befinden sich die breiten Strände. Wenn es zu heiß wird, setzt man sich einfach unter die Palmen in der Nähe des Garibaldi-Denkmals.

In Savona gehört die Fortezza del Priamar zu den Hauptsehenswürdigkeiten.

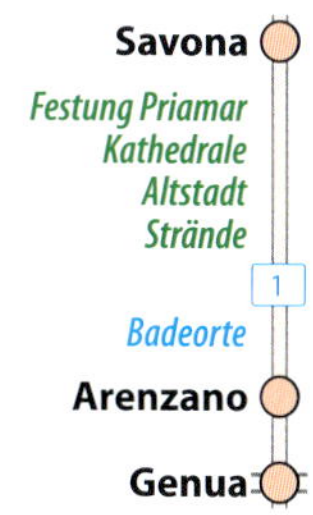

Hauptstraße Via Pia, die man durch einen Bogen erreicht.

Unweit davon verläuft die größere Via Paleocapa. Hier verfügen die stolzen Häuser über große Arkaden mit netten Geschäften. Am Ende der Straße steht der wuchtige Hafenturm Torre Pancaldo, er soll an den Seefahrer Leon Pancaldo (1482–1540) erinnern. Wenige Schritte sind es vom Turm zum Hafen Vecchia Darsena. Hier haben Jachten und Fischerboote gleichermaßen festgemacht. Am Ufer des Hafens locken einige Cafés und Restaurants.

Den Mittelpunkt der Altstadt markiert die Kathedrale Santa Maria Assunta, die 1605 vollendet wurde und im Inneren schöne Fresken, Gemälde und Skulpturen sowie ein Domschatz-Museum birgt. Kunstliebhaber werden in der »Pinacoteca Civica« auf ihre Kosten kommen. Die umfangreiche Kunstsammlung umfasst u. a. Keramiken und Gemälde und ist im ehemaligen Rathaus, dem Palazzo Gavotti, untergebracht.

Savona verlässt man in nordöstliche Richtung über die vertraute Staatsstraße SS1, die Via Aurelia, und sieht an der rechten Seite große Werften und Industriekomplexe. Die weitere Route führt zur sehenswerten Großstadt Genua, die rund 50 Kilometer entfernt ist. Bevor man sich in die pulsierende Metropole stürzt, sollte man an den Stränden der Riviera di Ponente bzw. dem Abschnitt **Riviera delle Palme** Energie tanken. Badeorte wie **Albissola Marina**, Celle Ligure, Varazze oder Cogoleto laden dazu ein. Hierbei verfügt **Celle Ligure** über einen schönen Strand. Allerdings wurde dieser mit kommerziellen Umkleidebuden so zugebaut, dass der Blick auf das Meer leider nicht mehr möglich ist.

Fischerhafen von Savona

Promenade von Arenzano

Daher sind die beiden folgenden Badeorte **Varazze** und **Cogoleto** die empfehlenswerteren Seebäder. Reizvolle Promenaden und schöne Strände kennzeichnen diese Badeorte.

Von Cogoleto sind es nur wenige Kilometer bis Arenzano, das die letzte Möglichkeit vor Genua bietet, in die sauberen Fluten zu springen (Parkplätze am Ortsausgang).

Genua
Hafen Porto Antico
Altstadt
Museen
Aquarium
Kathedrale San Lorenzo
25 km 1
Badeorte
Camogli

Küste bei Arenzano

AUTHENTISCHER CHARME

Der nette Badeort **Arenzano** hat sich trotz seiner Beliebtheit einen ursprünglichen Charme erhalten. Östlich befindet sich ein Campingplatz und so lohnt sich ein Aufenthalt. Zudem ist die Zuganbindung an Genua sehr gut, nur rund 35 Minuten dauert die Fahrt dorthin. Arenzanos Strände bieten sich zum Relaxen an und abseits der reizvoll gestalteten Promenade schlendert man vorbei an kleinen Geschäften und freut sich über die vielen einladenden Lokale. Sehenswert ist auch die Kirche Santuario del Bambino Gesù, die 1908 fertiggestellt wurde.

Im weiteren Verlauf der Reiseroute streckt Genua schon seine Fühler aus und man fährt durch das riesige Stadtgebiet. Die teils schäbige Bebauung schreckt ab und die kilometerlange Fahrt bis zum Stadtzentrum lässt an der Richtigkeit der Entscheidung, die Stadt zu besuchen, zweifeln. Hier heißt es durchhalten, denn das grandiose Stadtzentrum mit seinem modernen Hafen und der imposanten Altstadt entschädigt.

Es ist ratsam, auf der SS 1, die im Stadtgebiet Via Aldo Moro heißt, zu bleiben und sich erst nachdem man die letzten Hafenanlagen passiert hat, einen Parkplatz in den Seitenstraßen zu suchen. Einfacher ist es jedoch, im Westen der Stadt, in Arenzano oder im Stadtteil Pegli, den Campingplatz »Villa Doria« anzufahren und von hier aus mit öffentlichen Verkehrsmitteln Genua zu erkunden.

DYNAMISCHE HAFENMETROPOLE

Genua (*Genova*) ist das wirtschaftliche und kulturelle Zentrum Liguriens und eine bedeutende Hafenstadt mit dem zweitgrößten Containerhafen des Landes. Sie hat eine reizvolle Lage zwischen dem nördlichen Ende des Golfes von Genua und den steilen Hängen des Apennin. Die lebendige Metropole hat sich in den letzten Jahren zu einem attraktiven Anziehungspunkt entwickelt. Im Jahre 2004 war sie Europäische Kulturhauptstadt und viel Geld wurde in interessante Projekte, wie die Sanierung der Altstadt und einiger Kirchen, sowie in den Bau neuer Museen investiert.

Rund 590 000 Menschen leben in Genua und sie betiteln ihre Heimatstadt liebevoll als »La Superba«, die Stolze. Sie sind stolz auf ihre schmucke Stadt, ihre lebendige Geschichte und natürlich ihre großen Söhne: den Seefahrer Christoph Kolumbus, den Seehelden und Politiker Andrea Doria und den Geigenvirtuosen Niccolò Paganini.

Zu einem traurigen Ereignis der jüngsten Stadtgeschichte gehört der Brückeneinsturz der 1967 fertiggestellten Ponte Morandi, die einen Teil der Autobahn 10 darstellt. Der Einsturz am 14. August 2018 kostete 43 Menschen das Leben.

Die Hauptstadt Liguriens hat viele Gesichter. Mit den Informationen über ihre Geschichte, die Sehenswürdigkeiten und den Alltag der Stadt kann man Bände füllen. Die ersten Eindrücke sollte man am Hafen sammeln. Sofort erkennt man, warum die Stadt auch als »Pforte zum Mittelmeer« bezeichnet wird, denn große Kreuzfahrtschiffe starten hier ihren Törn auf dem Mittelmeer. Der schönste Teil des großen Hafens ist der Porto Antico. Der Name verrät nicht, dass es sich um einen neugestalteten Hafen handelt. 1992, genau 500 Jahre nach der Entdeckung Amerikas durch Kolumbus, wurde der moderne Hafen eingeweiht.

Die Piazza dei Ferrari gehört zu den schönsten Plätzen in Genua.

Der Genueser Stararchitekt Renzo Piano revitalisierte das brachliegende Hafengelände, in dessen Bars, Restaurants, Kneipen, Shops und Museen sich heute die Menschen tummeln und den Blick auf die protzigen Superjachten genießen. Hier flaniert man vorbei an Skulpturen unter Palmen oder besucht Attraktionen wie das Meeresaquarium, das

SPECIAL

HAFENRUNDFAHRT

Wer sich Genuas große Hafenanlagen aus nächster Nähe anschauen möchte, kann an einer Hafenrundfahrt teilnehmen. Hierbei erfährt man viel Wissenswertes über einen der größten Häfen Europas und blickt auf den großen Leuchtturm Torre della Lanterna. Genuas Wahrzeichen wurde bereits im Jahr 1543 errichtet und ist immerhin 77 Meter hoch. Die untere Plattform des Leuchtturms ist für Besucher zugänglich, die sich über einen guten Blick über die riesigen Hafenanlagen freuen dürfen.

Im Zentrum Genuas befindet sich auch ein kleiner Fischerhafen.

Das Flanieren über die Promenade von Rapallo bereitet Freude.

Meeresmuseum, die überdimensionale Glaskugel (Biosfera) mit einem tropischen Regenwald in Miniatur, eine Aussichtsgondel (Bigo), die 40 Meter angehoben wird, das nachgebaute historische Schiff »Neptuno« oder unternimmt eine Fahrt mit dem Ausflugsschiff. Zwischen Hafen und Altstadt verläuft die Hochstraße, die man unterquert, und man steht vor einem der schönsten Häuser der Stadt, dem Palazzo San Giorgio (13./16. Jh.) mit farbenfrohen Wandmalereien. In dem eindrucksvollen Bauwerk ist heute die Hafenbehörde untergebracht. Dahinter befindet sich die Touristeninformation.

Durch die Gassen hinter dem Bauwerk geht es in die prächtige Altstadt. Die verkehrsberuhigte Via San Lorenzo führt hinauf zur imposanten Kathedrale San Lorenzo mit schwarz-weißem Bänderdekor, an der man rund 450 Jahre baute. Sehenswert ist u.a. die Seitenkapelle, die im Renaissancestil errichtet wurde (1465).

Einen Steinwurf entfernt befindet sich der Dogenpalast Palazzo Ducale an der lebendigen Piazza Matteotti mit großem Brunnen. Gegenüber liegt die Piazza dei Ferrari. Es ist der Hauptplatz von Genua mit den Palästen der Banken, dem Gebäude der Kunstakademie und mit dem markanten »Teatro Carlo Felice«.

Entlang der nahen Via XX Settembre spaziert man durch prächtige Laubengänge mit Mosaikboden und schönen Geschäften. Die Straße führt auf die imposante Brücke zu und nach wenigen 100 Metern zur Markthalle Mercato Orientale. Hier findet man zahlreiche Stände mit frischem Obst und Gemüse, Fisch, Fleisch, Kräutern und Käse.

Palazzi sind in Genua zahlreich und so mancher schmucke Prachtbau steht neben einem einfachen fünfstöckigen Wohnhaus. Wer eine der schönsten Straßen der Stadt, die Via Garibaldi entlanggeht, wird sich im Schatten der großen Paläste sehr klein fühlen. Ein erhabenes Gefühl hat man erst wieder von der Aussichtsplattform des Palazzo Rosso. Von hier lässt sich die Stadt gut überblicken. Gemeinsam mit den benachbarten Bauwerken bildet er als »Palazzi Rossi Bianco Tursi« das umfangreiche Kunstmuseum »Musei di Strada Nuova«. Natürlich gibt es noch viele weitere Museen und grandiose Bauwerke.

In Genua kann man fantastisch einkaufen, wie in der »Galleria Mazzini« oder in der Via Roma. Wer kleine Läden sucht, wird in den engen Gassen der Altstadt fündig. Es versteht sich von selbst, dass es auch kein Problem bereitet, das Restaurant für den persönlichen Geschmack zu finden.

Auf der weiteren Route zum berühmten Fischerort Portofino (35 km) wird man schnell von der typischen italienischen Urlaubsatmosphäre eingeholt, denn dann heißt es wieder »Relaxen am Strand und Flanieren auf der Promenade«. Über die Staatsstraße SS1 geht es weiter an der Küste entlang ostwärts. Man passiert einige Badeorte wie **Nervi**, **Pieve Ligure** und **Recco**. Lohnenswert ist ein Stadtbesuch in Camogli, der einstigen Seerepublik. Allerdings ist es in der Hochsaison schwierig, einen Parkplatz zu finden.

FARBENFROH DIREKT AM MEER

Camoglis malerische Altstadt mit den engen Gassen und den direkt am Meer hoch aufragenden farbenfrohen Häuserfronten begeistert. Das größte Event der Stadt ist »Sagra del Pesce« und findet am zweiten Sonntag im Mai statt. Dann wird eine Pfanne mit einem Durchmesser von vier Metern befeuert und frischer Fisch frittiert. Weltrekord! Am ersten Sonntag im August hält man abends die Bootsprozession »Stella Maris« mit herrlich beleuchteten Booten ab.

Die vertraute Via Aurelia führt weiter durch das Inland, dann erreicht man Rapallo.

SEILBAHN UND BURG

Der Küstenort **Rapallo** zählt rund 30 000 Einwohner und gehört zu den größten Badeorten an der **Riviera di Levante**. Wer es weiß, wird Spuren der einstigen Eleganz des ehemals mondänen und beliebten Kurorts finden. Auf der palmenbestandenen Promenade Lungomare Vittorio Veneto flaniert man an Hafen und Strand sowie an prächtigen Hotels und Cafés vorbei. Der Blick fällt fast sofort auf das Castello Medievale (1551), die Festung auf einem Felsen im Wasser. In der idyllischen Altstadt mit mittelalterlichen und einigen sehr sehenswerten Bauwerken fühlt sich der Besucher auf Anhieb wohl.

Das Aquarium von Genua ist stets einen Besuch wert.

Krönen sollte man den Stadtbesuch mit der Seilbahnfahrt hinauf zur Wallfahrtskirche Madonna di Montallegro (1559). Aus einer Höhe von 612 Metern hat man einen der schönsten Ausblicke in Ligurien und kann den Golf von Tigullio herrlich überblicken.

Am Golf liegen zwei weitere Highlights, die man mit öffentlichen Verkehrsmitteln anfahren sollte, denn die weitere Straße nach

SPECIAL

AQUARIUM IN GENUA

Ein Superlativ in Genua stellt das Aquarium (*Acquario di Genova*) dar, das zentral am Hafen zu finden ist. Es gehört zu den größten Meeresmuseen seiner Art in Europa und mehr als eine Million Besucher zeigen sich jedes Jahr begeistert von der Vielfalt der dargestellten Meeresfauna. In 71 Becken können rund 600 verschiedene Fischarten, Reptilien, Amphibien, Säugetiere und Vögel beobachtet werden. Kinder werden von dem »Streichelbecken« begeistert sein (www.acquariodigenova.it).

Fotogenes Häuserensemble von Portofino

Portofino ist für größere Fahrzeuge gesperrt und das Parken sehr teuer. Mit dem Bus geht es zunächst in den malerischen Badeort **Santa Margherita**, wo schöne Häuserzeilen, eine blumenreiche Promenade und der Kiesstrand ein schönes Ensemble bilden. Dann geht es mit dem Bus weiter ins weltberühmte Portofino.

ORT AUS DEM BILDERBUCH

»I lost my heart in Portofino«, singt Rex Harrison in einem schnulzigen Schlager, den sicherlich die ältere Generation noch kennt und bei der Anfahrt vielleicht im Ohr hat. Den Busfahrern ist sicherlich nicht zum Singen zumute, denn sie müssen sich auf den Verkehr konzentrieren. Viele Busse fahren auf der engen Küstenstraße nach **Portofino** und passierende Busse haben nur einen Millimeterabstand.

Dann endlich erreicht man das italienische Bilderbuchörtchen, ein Höhepunkt des Badeurlaubs an der italienischen Riviera. Jedoch ist man nicht allein, während man über das alte Pflaster läuft oder die gigantischen Jachten im Hafen bewundert, denn viele Tagesbesucher zieht es hierher. In der High Society und insbesondere unter den Hollywoodstars ist Portofino bekannt und so

AUSFLUG

WANDERUNG ZUM KLOSTER SAN FRUTTUOSO

Im idyllischen Fischerdorf Portofino kann man dem Andrang auf der reizvollen Wanderung entfliehen. Die anspruchsvolle und rund fünf Kilometer lange Wanderung beginnt im Zentrum, führt zunächst länger bergauf und beansprucht rund 1,5 Stunden. Der Weg führt teilweise an der Küste entlang und bietet herrliche Ausblicke. Das alte Kloster in dem winzigen Fischerdorf liegt in einer malerischen Bucht und ist nur zu Fuß oder mit dem Schiff zu erreichen. Rund um das Kloster, dessen Geschichte sich bis in das Jahr 771 zurückverfolgen lässt, gibt es Möglichkeiten zum Einkehren, und an dem kleinen Kiesstrand kann man sogar baden. Neben dem Kloster steht der markante Turm »Torre Doria« von 1550. Wer nicht mehr zurücklaufen möchte, kann auch mit dem Schiff nach Portofino fahren. Abfahrtszeiten sollten beachtet werden.

Lohnenswert ist eine Wanderung zum Kloster San Fruttuoso.

mancher finanzkräftige Promi hat hier seine Dependance.

Hinweis: Die Straße nach Portofino darf nur von Fahrzeugen befahren werden, die nicht breiter als 2,3 und länger als 6 Meter sind. Selbst wenn das Befahren für kurze Reisemobile möglich ist, so stehen nur wenige und kleine Parkplätze zur Verfügung. Lediglich in der Nebensaison kann man mit einem kompakten Campingbus etwas Glück haben. Es empfiehlt sich, mit dem Fahrrad die Küstenstraße nach Portofino zu fahren oder den Bus zu nehmen.

Rund um die kleine Hafenbucht stehen farbige, ansehnliche Häuser und dahinter erheben sich bewaldete Hügel. Im Ort wird alles versucht, um den Aufenthalt zu versüßen, und so stößt man auf eine vielseitige Gastronomie und zahlreiche Geschäfte. Wer einen kleinen Spaziergang unternehmen möchte, geht durch Haine und vorbei an prächtigen Villen zum Leuchtturm an der Punta del Capo. Von dieser Landspitze hat man einen herrlichen Blick auf den Golf und wesentlich mehr Ruhe als in der Altstadt des 500-Seelen-Ortes.

Von Rapallo wird die Route auf der Via Aurelia über **Chiavari** und **Lavagna** bis Sestri Levante fortgesetzt. Hier sollte man für einige Tage bleiben, denn Sestri Levante ist ein guter Ausgangspunkt, um den »Fünf Orten« (*Cinque Terre*) einen Besuch abzustatten.

AN DER BUCHT DER STILLE

Das freundliche Küstenstädtchen **Sestri Levante** (20 000 Einw.) liegt nordwestlich der Cinque Terre und ist ein beliebter Ausgangspunkt, um das grandiose Reiseziel Cinque Terre zu entdecken. Und auch der Ort Sestri Levante selbst hat einige Attraktionen zu bieten.

In erster Linie lohnt sich ein Besuch der beiden schönen Strände. Die lange Bucht Baia delle Favole wird durch eine Landzunge von der schöneren und kleineren Bucht Baia

Rapallo
Ausflüge:
• S. Margherita
• Portofino
20 km
1
Sestri Levante
Strände
Promenade
Baia del Silenzio
Ausflüge
Cinque Terre

Blick auf Sestri Levante

del Silenzio getrennt. Von dieser »Bucht der Ruhe« blickt man auf die Landzunge, auf welcher der Torre Marconi steht. Hier experimentierte der Physiker Guglielmo mit Ultrakurzwellen (UKW).

In Sestri Levante macht es Spaß, über die Promenade unter hohen Palmen zu schlendern. Von der Promenade sind es nur wenige Schritte zur hübschen Altstadt mit ihren vielen stolzen Bauwerken. Hierzu gehört die Barockkirche Santa Maria di Nazareth (1616). Wer sich für Kunst interessiert, wird die »Galleria Rizzi« besuchen.

Der Küstenwanderweg ist zwölf Kilometer lang.

In den Gassen der Altstadt und natürlich an der Promenade ist das gastronomische Angebot sehr gut und so kann man den Tag hier bestens ausklingen lassen. Gestärkt sollte man den kleinen Weg oberhalb der halbkreisförmigen Baia del Silenzio hinaufgehen. Entlang des Spazierweges stehen Bänke bereit, von denen man einen grandiosen Blick über die Küste hat. Insbesondere am Abend wird die halbrunde Bucht dem Namen »Bucht der Stille« auch gerecht.

Im Zentrum von Sestri Levante befindet sich der Hautbahnhof, von dem die Züge in südöstliche Richtung zu den Dörfern der Cinque Terre fahren. Mit einer Tageskarte ist der Bahnreisende sehr flexibel und kann nach Belieben ein- und aussteigen.

CINQUE TERRE

Der atemberaubende Küstenabschnitt Cinque Terre erstreckt sich zwischen dem Küstenstädtchen Levanto und der Hafenstadt

In Riomaggiore kommt jeder Hobby-Fotograf auf seine Kosten.

La Spezia an dem Abschnitt der Riviera di Levante. Das Gebiet ist heute Nationalpark und im Jahre 1997 wurde die rund 15 Kilometer lange Küste mit ihren fünf Dörfern in die UNESCO-Weltkulturerbe-Liste aufgenommen.

Wanderer freuen sich über den Küstenwanderweg **»Sentiero Azzurro«**, der die Dörfer **Monterosso al Mare**, **Vernazza**, **Corniglia**, **Manarola** und **Riomaggiore** verbindet. Schiffsausflüge sind ebenfalls möglich und bieten einen herrlichen Blick auf die Fischerdörfer.

Insbesondere in den Sommermonaten strömen viele Touristen zu den »Fünf Orten« (*Cinque Terre*), um den fotogenen Küstendörfern ihre Aufmerksamkeit zu schenken. Kein Wunder, denn etwas Vergleichbares ist in Europa selten. Die kleinen pittoresken Häuser in sanften Pastellfarben sind ineinander verschachtelt und jedes der Dörfer verschmilzt zu einem fotogenen Ensemble. Enge Gassen mit kleinen Läden, einladenden Cafés und Restaurants locken die zahlreichen Besucher.

Der Fremdenverkehr ist natürlich die wichtigste Einnahmequelle und so hat man erst am Abend den Eindruck, dass hier die Zeit stehengeblieben ist. Alles wirkt typisch italienisch – allerdings knattern hier keine Motorroller durch die Gassen.

Rund um die Häuser haben die Bewohner die Felshänge kultiviert und Terrassen ange-

AUSFLUG

SENTIERO AZZURRO

Eine der schönsten Wanderungen am Mittelmeer bietet der zwölf Kilometer lange Wanderweg »Sentiero Azzurro«, der die fünf Dörfer der Cinque Terre miteinander verbindet. Der mittelalterliche Saumpfad verläuft größtenteils oberhalb der Küste und man wandert an idyllischen Gärten, kleinen Rebflächen und urigen Olivenhainen vorbei. Der befestigte Wanderpfad bietet stets einen herrlichen Ausblick über die malerischen Dörfer und die teils schroffe Felsenküste. Vor der rund sechsstündigen Wanderung sollte man sich in den Touristenbüros über den Zustand und die Begehbarkeit des Wanderweges informieren. Berücksichtigen sollte man auch, dass insbesondere bei herrlichem Wetter und am Wochenende der Ansturm groß sein kann. Für die Nutzung des Wanderwegs wird eine Gebühr erhoben, die Gelder tragen zu seiner Instandhaltung bei.

Promenade mit eigenwilliger Flora in Monterosso al Mare

legt, auf denen Weinreben und Olivenbäume gedeihen. Aus den Rebsorten Vermentino, Bosco und Albarola zaubern die Winzer die schmackhaften Weine Cinque Terre DOC und Sciacchetrà DOC.

Strand in Monterosso al Mare

MONTEROSSO AL MARE

Mit dem Zug geht es zunächst nach **Monterosso al Mare**, dem ersten und größten Ort von Cinque Terre. Wenn man den kleinen Bahnhof verlässt, blickt man direkt über das Meer. Da der Ort auch über eine Straße zu erreichen ist, verfügt Monterosso sogar über einen Stellplatz, der glücklicherweise direkt am Meer liegt.

Zu den Sehenswürdigkeiten des Ortes gehören in erster Linie die Pfarrkirche San Giovanni Battista und das 1623 geweihte Kapuzinerkloster San Francesco mit einigen Gemälden u.a. von Anthonis van Dyck. Monterosso al Mare kann auch mit einem schönen Badestrand auftrumpfen. Wer seinen Urlaubstag aktiv angehen möchte, zieht sich die Wanderschuhe an und wandert auf dem zwölf Kilometer langen »Sentiero Azzurro« zu den vier weiteren Küstendörfern von Cinque Terre.

VERNAZZA

Noch weitaus schöner präsentiert sich **Vernazza**, dessen Name sich wahrscheinlich

In dem Küstendorf Vernazza scheint die Zeit stehengeblieben zu sein.

von der Rebsorte Vernaccia ableitet. Rund 800 Menschen leben in dem Ort, der sicherlich zu den meistfotografierten der Cinque Terre gehört. Die Besucher schlendern durch das malerische Dorf und zücken Handy oder Kamera am kleinen Platz am Hafen oder vor der Pfarrkirche aus dem 14. Jahrhundert. Diese schöne romanische Kirche Santa Margherita di Antiochia steht direkt am Meer und wurde im Jahr 1318 fertiggestellt. Direkt unterhalb der Kirche befindet sich ein kleiner Badestrand.

Über Treppen und Gassen geht es hinauf auf einen alten Wehrturm, der einen wunderbaren Blick auf die alten Dächer von Vernazza und auf die Felsenküste bietet. Mitten im Ort gelangt man durch ein Felsenloch zu einem schönen Steinstrand, an dem man gern Platz nimmt und der Brandung lauscht. Den schönsten Blick über Vernazza hat man wenige 100 Meter von der Altstadt entfernt, nämlich vom Küstenwanderweg aus.

CORNIGLIA

Als einziger Ort der »Fünf Dörfer« liegt **Corniglia** nicht an der Küste, sondern erstreckt sich auf einem Felsen ungefähr 80 Meter über dem Meer. Die vielen Rebflächen rund um das idyllische Dorf verraten, dass hier nicht die Fischerei, sondern der Weinanbau für das Auskommen der Bewohner sorgt.

Sehenswert ist hier vor allem die Pfarrkirche San Pietro mit schöner Fassade und einem gotischen Rosenfenster. Sie wurde im Jahr 1334 auf den Mauerresten einer älteren Kapelle erbaut und ist ein gutes Beispiel für die ligurische Gotik. 377 Stufen führen hinab auf die Belvedere-Terrasse, von wo sich ein herrlicher Blick auf die Umgebung eröffnet. Corniglias Kiesstrand darf leider nur gegen eine Gebühr benutzt werden.

Monterosso al Mare
Fahrt nach Vernazza Corniglia Manarola Riomaggiore
Sestri Levante
58 km 1
La Spezia

SPECIAL

AM BESTEN MIT DER BAHN

Reisemobilisten, die dem einzigartigen Reiseziel Cinque Terre ihre Aufmerksamkeit schenken möchten, sollten die Campingplätze in Sestri Levante, Devia Marina und Levanto oder den Stellplatz in Monterosso aufsuchen. Dann geht es mit der Bahn zu den fünf Dörfern. Jedes Dorf besitzt eine eigene Bahnstation. Mit dem Wohnmobil ist die direkte Anreise nicht zu empfehlen.

Ein Rundgang durch die kleine Altstadt und die Küstenpromenade von Manarola gehört zu den Highlights der Cinque Terre.

MANAROLA

Zu Fuß oder mit der Bahn erreicht man nach Corniglia das Dorf **Manarola**. Vom Bahnhof geht es durch die Altstadt hinunter zur Uferpromenade und zur zerklüfteten Küste. Hier hat man den besten Blick auf das grandiose Küstendorf. Man nimmt Platz neben mediterranen Pflanzen, lässt die Seele baumeln und genießt den fantastischen Ausblick.

Im Anschluss sollte man sich den Sehenswürdigkeiten wie zum Beispiel der gotischen Pfarrkirche San Lorenzo widmen. Das schöne Gotteshaus wurde 1338 vollendet. Wer vor der schlichten Hauptfassade steht, blickt auf die große Fensterrose aus Carrara-Marmor. Gegenüber der Kirche steht der Campanile, der ursprünglich ein Wachturm war. Von der Kirche geht es wieder hinunter in den Ort durch nette Gassen, vorbei an interessanten Läden und Lokalen. Eine Besonderheit des Ortes ist die Via dell'Amore (»Straße der Liebe«). Dieser Verbindungsweg zwischen Manarola und Riomaggiore wurde bereits 1930 angelegt. Seinen Namen verdankt er der regen Nutzung seitens der Jugendlichen beider Orte.

RIOMAGGIORE

Der östlichste Ort der »Fünf Dörfer« ist **Riomaggiore**. Das schöne Dorf ist sogar von La Spezia aus über eine Straße zu erreichen, jedoch auch über den Wanderweg und seit immerhin 1874 stoppt hier die Bahn. Der Ort präsentiert sich durch die höheren, mehrstöckigen Häuser mit einem anderen Ortsbild als die Dörfer zuvor. Der Hafen wirkt eher provisorisch, und so liegen die kleinen Fischerboote in Regalen im unteren Teil des Dorfes und kommen bei ruhiger See zum Einsatz.

Zu den schönen Fotomotiven gehört neben den malerischen Häuserzeilen die Pfarrkirche San Giovanni Battista aus dem 14. Jahrhundert. Das Innere birgt mit der Kanzel mit Marmorrelief aus dem Jahr 1539, dem großen Holzkruzifix aus dem 17. Jahrhundert und einem Gemälde von Domenico Fiasella wertvolles Inventar.

Die Route führt anschließend von Sestri Levante weiter in östliche Richtung nach La Spezia. Die große Hafenstadt bietet eine moderne Innenstadt mit einigen kolossalen Bauwerken.

LA SPEZIA – WICHTIGE HAFENSTADT

An dem rund sieben Kilometer breiten Golf von La Spezia erstreckt sich die Stadt **La Spezia**, die rund 94 000 Menschen beheimatet. Sie ist die Hauptstadt der Provinz La Spezia und eine wichtige Handels- und Hafenstadt sowie ein bedeutender Marinestützpunkt. Wichtige Arbeitgeber sind Werften, Maschinenbauindustrie, Erdölraffinerie sowie Stahlwerke. Große Teile der zweitgrößten Stadt Liguriens wurden erst Mitte des 19. Jahrhunderts errichtet und so sind historische Bauwerke nicht so zahlreich. Ohnehin sollte man sich bei dem Stadtrundgang auf das Zentrum konzentrieren. Die Orientierung fällt hier leicht, da die Straßen rechtwinkelig aufeinanderstoßen. Sehenswert ist der Platz Piazza Cavour mit dem Viktualienmarkt, der in den offenen Hallen abgehalten wird. Oberhalb liegt die Burg San Giorgio. Sie markiert mit der Umgebung den ältesten Teil der Stadt und geht auf das Jahr 1371 zurück. Der Ausblick über die Stadt ist fantastisch. Danach geht man durch die moderne Innenstadt zur Kathedrale, die in den 1970er-Jahren errichtet wurde und durch ihre moderne Architektur besticht. Vor ihr erstreckt sich der ebenfalls moderne Platz »Piazza Europa«. Ein schöner zentraler Platz ist die benachbarte Piazza Verdi mit ihren raffinierten Spiegeltoren. Nur wenige Schritte sind es zur netten Promenade. Hier nimmt man unter Palmen Platz und schaut auf den Hafen. Wer beim Anblick der vielen ein- und auslaufenden Schiffe ein Interesse an der Schifffahrt entwickelt, sollte sich das umfangreiche Marinemuseum anschauen. Hier kann man sich sehr anschaulich über die Entwicklung der Schifffahrt informieren.

Empfehlenswert ist ein Ausflug von La Spezia über die Küstenstraße nach Portovenere. Auf der Straße, die ausreichend breit ist, fährt man entlang der großen Mauern des Marinearsenals und blickt immer wieder auf stattliche Militärschiffe. Oberhalb von Portovenere bietet sich ein kleiner Stellplatz zum Parken und Übernachten an. Rund zwei Kilometer kann man dann hinunter in das Fischerdorf spazieren oder nimmt den Shuttlebus.

PORTOVENERE – IDYLLE PUR

Das Fischerdorf gehört zu den Highlights an der Ligurischen Küste und stellt das östliche

La Spezia
Kathedrale
Altstadt
Promenade
Marinemuseum
530
15 km
Portovenere
Altstadt
San Pietro
Festung
Schifffahrt
La Spezia
12 km
Lerici
Strände
Altstadt
Burg
Ziel

Die moderne Kathedrale von La Spezia

Die UNESCO-Weltkulturerbestadt Portovenere

Das Innere der Kirche San Pietro in Portovenere beeindruckt mit seinem ligurischen Streifendekor.

Ende der Cinque Terre dar. Gemeinsam mit den Orten der Cinque Terre, den benachbarten Inseln Palmaria, Tino und Tinetto wurde **Portovenere** in die UNESCO-Weltkulturerbeliste aufgenommen. Mit den schmalen Häusern an der Hafenzeile und der mächtigen Festung sowie der schroffen Felsküste zieht Portovenere jeden Besucher in seinen Bann. Das Dorf liegt auf einer Halbinsel, auf dessen Ende die mittelalterliche Kirche San Pietro auf einer Klippe steht. Der Name geht auf die erste Erwähnung von Strabo im Jahre 50 v. Chr. zurück. Als »Veneris Portus« wurde die Siedlung bezeichnet, die im Laufe ihrer langen Geschichte immer wieder Ort kriegerischer Handlungen war. Heute präsentiert sich das Bilderbuchdorf als friedvoller Fleck und punktet mit einigen Attraktionen.

Sehenswert ist in erster Linie die Kirche San Pietro, die eine rund 1500-jährige Geschichte aufweisen kann und aus zwei Bauten besteht. Sie verfügt über ein schwarz-weißes ligurisches Streifendekor und wurde im Laufe ihrer Geschichte oft zweckentfremdet. Sie diente um 1800 als Lager österreichisch-russischer Truppen und ab 1890 als Forschungsstation der italienischen Marine. Von dem Vorplatz der Kirche führt eine Treppe hinab ans Wasser zur Grotta Byron. Hier soll sich der englische Dichter Lord Byron (1788–1824) gerne aufgehalten haben.

Ein weiteres sehenswertes Gotteshaus ist die romanische Kirche San Lorenzo, die zu Beginn des 12. Jahrhunderts erbaut wurde. Überragt wird der Ort von der mittelalterlichen Festung, die um 1162 erbaut und 1453 zerstört wurde. Beim Rundgang fällt der wuchtige Bossenwerk-Turm ins Auge. Er stammt aus dem Jahr 1161 und reiht sich in die farbenprächtige Häuserzeile am Hafen ein. Gleich nebenan befinden sich ein kleiner Strand und der Anleger der Ausflugsschiffe. Fahrten werden entlang der Cinque Terre und zur Insel Palmaria angeboten.

Von Portovenere fährt der Reisemobilist nun die Küstenstraße wieder zurück und durch La Spezia. Danach geht es über die Küstenstraße »Viale San Bartolomeo« vorbei an Werften und durch Industriegebiete in westliche Richtung. Nach wenigen Kilometern erreicht man den hübschen Hafenort Lerici. Es empfiehlt sich, direkt auf dem Stellplatz zu parken und dann hinab zum Strand und in die Altstadt zu gehen. Zum Ende der Reise kann man am Strand relaxen, durch die fantastische Altstadt schlendern und den Tag in einem der vielen guten Restaurants ausklingen lassen.

LERICI – SEHR BELIEBT

Der beliebte Urlaubsort erstreckt sich an dem großen Golf von La Spezia. Schöne Strände, eine makellose Altstadt und ein gutes Freizeitangebot machten **Lerici** zu einem Urlaubsziel, das in der Hochsaison jedoch an seine Grenze stößt. In dem nördlichen Vorort San Terenzo machten Künstler wie Lord Byron, Arnold Böcklin oder Percy Bysshe Shelley Urlaub. So erhielt die Bucht den Beinamen »Golfo dei Poeti« (Bucht der Poeten). Freude bereitet es,über die Promenade zu schlendern und über den feinsandigen Strand und den Hafen zu blicken. Im Hafen liegen moderne Yachten ebenso wie kleine Fischerboote. Der Fang der einheimischen Fischer wird morgens in der Markthalle verkauft.

Das Herz der Stadt schlägt auf der Piazza Garibaldi. Hier befinden sich erwartungsgemäß die meisten Restaurants. Durch einen Bogen geht es in die Gassen der Altstadt. Hier befindet sich in der Via Doria das ehemalige Wohnhaus des berühmten genuesischen Admirals Andrea Doria (1466–1560). Am Rande sei nur erwähnt, dass Andrea in Italien ein gängiger Männervorname ist! Über die Stufen der Via Zanelli sollte man hinauf zur Burg gehen. Die imposante Burg Borgo Pisano entstand zwischen 1256 und 1555 und ist ein typisches Beispiel der Militärarchitektur Liguriens. Heute beherbergt sie ein Paläontologisches Museum. Krönen sollte man den Rundgang in Lerici mit dem Ausblick von der Dachterrasse der Burg.

In der Hochsaison stark frequentiert: der Strand von Lerici

PRAKTISCHE HINWEISE

KARTE

Marco Polo Karte Italien, Blatt 5 Ligurien, 1:200 000

TOURISTINFORMATIONEN

Provincia di Imperia, Viale Matteotti 147, 18100 Imperia, Tel. +39 0184 59059, www.visitrivieradeifiori.it

APT Riviera dei Fiori, Palazzo Riviera, Largo Nuvoloni 1, 18038 San Remo, Tel. +39 0184 59059, www.visitrivieradeifiori.it

I.A.T. di Albenga, Piazza del Popolo 11, 17031 Albenga, Tel. +39 0182 558444, www.turismoinliguria.it

APT Genova, Palazzo delle Torrette, Via Garibaldi 12 r, 16121 Genova, Tel. +39 010 5572903, www.turismoinliguria.it, www.museidigenova.it

Touristeninformationen befinden sich am Hafen Porto Antico und am Bahnhof Porta Principe.
Comune di Sestri Levante, Piazza Matte-otti 3, 16039 Sestri Levante, Tel. +39 0185 4781, www.sestri-levante.net

Stellplatz in Borgo Prino (Imperia)

CAMPING- UND STELLPLÄTZE

C 500 **Ventimiglia:** Camping Roma (S. 280 B4)
GPS: N 49°47'37" E 7°36'6"
Unterhalb, nördlich der Altstadt von Ven-timiglia am Fluss Roia liegt der Campingplatz Roma mit ebenen und schattigen Stellplätzen. Zum Meer sind es rund 500 m. Ein Vorteil liegt in der Nähe zur herrlichen Altstadt. Zur Ausstattung ge-hören u. a. eine Bar, eine Pizzeria und ein kleiner Spielplatz.
Adresse: Via Freccero 8, 18039 Ventimiglia, Tel. +39 0184 239007, www.campingroma.it

C 501 **Ventimiglia/Vallecrosia:** Camping Vallecrosia (S. 280 B4)
GPS: N 43°47'3" E 7°38'1"
Der schöne Campingplatz liegt mitten in dem Badeort Vallecrosia, in der Nähe von Ventimiglia. Der Platz ist über die Promenadenstraße einfach zu erreichen und im Ort ausgeschildert. Hohe Platanen spenden Schatten. Der Campingplatz verfügt über ebene, parzellierte Stellplätze und ein modernes Sanitärgebäude. Nur wenige Meter ist der Badestrand entfernt und schnell ist man an der Promenade mit vielen Gastronomiebetrieben.
Adresse: Lungomare Marconi 149, 18019 Vallecrosia, Tel. +39 0184 295591, www.campingvallecrosia.com

S 502 **San Remo:** Stellplatz Pian di Poma (S. 280 B4)
GPS: N 43°48'11" E 7°44'47"
2 km östlich vom Zentrum San Remos befindet sich der Großparkplatz am Meer. Er liegt unterhalb der Küstenstraße und bietet zahlreiche ebene Schotterplätze. Adresse: Corso Guglielmo Marconi, 18038 San Remo

C 503 **San Remo:** Campingplatz Villaggio dei Fiori (S. 280 B4)
GPS: N 43°48'9" E 7°44'43"

Der gepflegte und gut ausgestattete Campingplatz befindet sich rund 2 km westlich vom Zentrum San Remo direkt am Meer. Er verfügt über ein Schwimmbad und ein empfehlenswertes Restaurant.
Adresse: Via Tiro a Volo 3, 18038 San Remo, Tel. +39 0184 660635, www.villaggiodeifiori.it

S 504 **Santo Stefano al Mare:** Stellplatz Campervillage (S. 280 C3)
GPS: N 43°50'38" E 7°54'30"
Vom Zentrum bzw. von der Straße Via Aurelia ist der Stellplatz gut ausgeschildert. Es geht links ab und nach 900 m erreicht man den großen Stellplatz, der jedoch abseits der Küste liegt. Das Reisemobil steht auf Schotterflächen in einer ruhigen Umgebung.
Adresse: Strada Porsani, 18010 Santo Stefano al Mare, Tel. +39 0327 3247447, www.campervillage.it

S 505 **Santo Stefano al Mare:** Stellplatz Marina (S. 280 C4)
GPS: N 43°50'14" E 7°54'21"
An der »Marina degli Aregai« befindet sich der moderne Stellplatz. Hier steht das Reisemobil auf ebenen und markierten Asphaltflächen mit Blick über das Wasser. Vor dem kostenpflichtigen Stellplatz verläuft eine Uferpromenade und zu einem kleinen Badestrand sind es nur wenige Meter: Via Gianni Cozzi, 18011 Santo Stefano al Mare

S 506 **San Lorenzo al Mare:** Stellplatz San Lorenzo al Mare (S. 280 C3)
GPS: N 43°51'17" E 7°57'37"
In dem kleinen Küstenort befindet sich der Stellplatz mitten im Ort, wenige 100 m Meter von der Küste entfernt. Der Platz bietet ebene Schotterflächen. Er ist ein guter Ausgangspunkt, um den herrlichen Küstenradweg zwischen San Lorenzo und San Remo zu fahren.
Adresse: Via Gaetano Salvemini, 18017 San Lorenzo al Mare

S 507 **Imperia:** Stellplatz Borgo Prino (S. 280 C3)
GPS: N 43°52'10" E 7°59'00"
Links unterhalb der Küstenstraße Via Aurelia befindet sich in Borgo Prino, Ortsteil von Imperia, der Stellplatz. Er bietet neben Ver- und Entsorgungseinrichtungen ebene Stellplätze auf Asphalt. Bezahlt wird am

Camping Vallecrosia in der Nähe von Ventimiglia

Camping Villagio dei Fiori in San Remo

Oben: Camping Delfino in Albenga

Rechts oben: Camping Miramare in Cervo

Automaten. Durch einen Tunnel gelangt man an den Strand und zur Promenade. Zur Altstadt von Imperia sind es rund 1,5 km. Adresse: Via dei Giardini 46, 18100 Imperia

C 508 **Imperia:** Camping De Wijnstok (S. 280 C3)
GPS: N 43°52'10'' E 7°59'52''
Nur wenige Meter vom Meer entfernt, an der Blumenriviera, befindet sich der Campingplatz in Imperia. Eukalyptus- und Pappelbäume spenden Schatten. Adresse: Via Poggi 2, 18100 Imperia, Tel. +39 0183 64986, www.campingdewijnstok.com

S 509 **Diano Marina:** Stellplatz Oasi Park (S. 280 C3)
GPS: N 43°54'25'' E 8°4'16''
Von der Hauptstraße ist er bereits ausgeschildert und so erreicht man problemlos den großen Reisemobilstellplatz, der mit einer Anmeldung, guten Ver- und Entsorgungsmöglichkeiten sowie großem Sanitärgebäude eher einem Campingplatz als einem Stellplatz entspricht. Er liegt gut eingebettet in ein grünes Umland. Die Stellplätze sind auf Schotter und überwiegend eben. Adresse: Via dei Sori 5, 18013 Diano Marina, Tel. +39 0183 497062, www.oasi-camper.it

Stellplatz Oasi Park in Diano Marina

S 510 **Cervo:** Stellplatz Camper Cervo (S. 280 C3)
GPS: N 43°55'45'' E 8°06'19''
Nordwestlich der herrlichen Altstadt von Cervo befindet sich der große Stellplatz, den man über die Straße Via Steria erreicht. Hierbei handelt es sich um einen ruhig gelegenen großen Schotterparkplatz neben einem Fußballplatz. Die Übernachtung auf dem Stellplatz ist kostenpflichtig. Adresse: Via Steria, 18010 Cervo

C 511 **Cervo:** Camping Lino (S. 280 C3)
GPS: N 43°55'24'' E 8°6'33''
Der Campingplatz liegt am Ortseingang unterhalb der Via Aurelia (SS 1). Zur fantastischen Altstadt von Cervo sind es nur wenige Gehminuten. Der große Vorteil des gut ausgestatteten Campingplatzes liegt in dem eigenen, abgegrenzten Badestrand. Adresse: Via Nazario Sauro 4, 18010 Cervo, Tel. +39 0183 752390, www.campinglino.it

C 512 **Cervo:** Camping Miramare (S. 280 C3)
GPS: N 43°55'24'' E 8°6'38''
Unterhalb der grandiosen Altstadt des Küstenortes Cervo, am westlichen Ortseingang, liegt der familiäre Campingplatz. Er ist einfach über die SS 1 (Via Aurelia) zu erreichen, liegt am Ufer und verfügt über Bademöglichkeiten. Das Reisemobil steht hier unter

Schatten spendenden Bäumen.
Adresse: Via Nazario Sauro 12,
18010 Cervo, Tel. +39 0183 400285,
www.campingmiramare.im.it

C 513 **Albenga:** Camping Delfino (S. 280 D3)
GPS: N 44°02'09" E 8°12'29"
Der Campingplatz liegt rund 2 km westlich vom Stadtzentrum. Das Gelände verfügt über ebene Stellplätze. Viele Plätze bieten künstliche Überdachungen und somit guten Sonnenschutz. Eine Pizzeria befindet sich direkt am Platz. Zum Strand sind es nur wenige 100 m. Hier blickt man dann hinüber zur unter Naturschutz stehenden Isola di Gallinara. Der Weg führt unter der Bahnlinie hindurch. Der Campingplatz ist ein guter Ausgangspunkt, um auf der Via Julia Augusta zu wandern. Über die Rezeption werden auch Walbeobachtungen organisiert.
Adresse: Regione Vadino Inferiore 18,
17031 Albenga, Tel. +39 0182 51998,
www.campingdelfino.it

S 514 **Pietra Ligure:** Stellplatz Pietra (S. 280 D2)
Ligure, GPS: N 44°9'16" E 8°17'02"
Rund 500 m vom Strand entfernt, am Rande des Ortes Pietra Ligure, befindet sich der Stellplatz. Hier steht das Reisemobil auf einer ebenen Schotterfläche. Zur Ausstattung gehört auch ein Sanitärgebäude. Adresse: Via Fransesco Crispi 43, 17027 Pietra Ligure, www.areacamperpietra.it

C 515 **Pietra Ligure:** Camping dei Fiori (S. 280 D2)
GPS: N 44°8'52" E 8°16'4"
Der gut ausgestattete Campingplatz liegt rund 700 m westlich vom Zentrum von Pietra Ligure. Zum Meer sind es ebenfalls rund 700 m. Zur Ausstattung gehören ein Freibad, ein Mini-Markt, eine Bar und ein Restaurant sowie ein modernes Sanitärgebäude. Die mehr als 200 Stellplätze sind überwiegend eben.
Adresse: Viale Riviera 17,
17027 Pietra Ligure, Tel. +39 019 625636,
www.campingdeifiori.it

Stellplatz in Finale Ligure

S 516 **Finale Ligure:** Stellplatz Area Caprazoppa (S. 280 D2)
GPS: N 44°9'54' E 8°20'16"
Am westlichen Ortseingang, etwas unterhalb der Tankstelle und unterhalb der Staatsstraße 1, befindet sich direkt am Meer ein großer Stellplatz. Hier steht man mit seinem Camping-Fahrzeug eben auf Schotter. Wer Glück hat und einen Platz in der ersten Reihe ergattert, darf sich über den Meerblick freuen.
Adresse: Via Aurelia, Loc. Caprazoppa,
17024 Finale Ligure, www.ferraratua.com

C 517 **Spotorno:** Camping Rustia (S. 280 D2)
GPS: N 44°13'31' E 8°24'26"
Der einfache Campingplatz in der Nähe des Fremdenverkehrsortes Spotorno bietet Stellplätze auf einem ebenen Wiesengelände, teilweise unter hohen Bäumen.
Adresse: Via alla Torre 2, 17028 Spotorno,
Tel. +39 019 745042, www.campingrustia.it

Camping Lino in Cervo

Campingplatz La Vesima nahe Arenzano

S 518 **Spotorno:** Stellplatz Area Sosta Spotorno (S. 280 D2)
GPS: N 44°14'13" E 8°26'06"
Am östlichen Ortsausgang befindet sich der große Stellplatz. Er liegt direkt an der Hauptstraße SS1. Rund 140 unparzellierte, ebene Stellflächen stehen zur Verfügung. Nur wenige Meter sind es zum Strand. Über die Promenade gelangt man in das Stadtzentrum.
Adresse: Via Aurelia, 17028 Spotorno, www.inforiviera.it

S 519 **Celle Ligure:** Stellplatz Via Natta (S. 280 D2)
GPS: N 44°20'56" E 8°33'22"
Östlich von Celle Ligure, rund 500 m von der Küste entfernt, befindet sich der Stellplatz. Er bietet auf einem großen Parkplatz ebene Plätze für Reisemobile.
Adresse: Via Natta, 17015 Celle Ligure

C 520 **Arenzano:** Campingplatz Caravan Park La Vesima (S. 281 E1)
GPS: N 44°24'51" E 8°42'17"
Rund 1,5 km östlich des freundlichen Badeortes Arenzano befindet sich der Campingplatz. Er liegt direkt an der Küstenstraße und verfügt über ein ebenes Areal. An dem Platz führt die Eisenbahnlinie vorbei, in der Nacht ist der Bahnverkehr jedoch stark eingeschränkt. Unterhalb befindet sich der Steinstrand. Ein Bus hält direkt am Eingang.
Adresse: Via Rubens 50 R, 16158 Genova (Arenzano), Tel. +39 010 6199672, www.caravanparklavesima.it

Stellplatz in Spotorno

Campingplatz Camping Fossa Lupara in Sestri Levante

C 521 **Genua-Pegli:** Camping Villa Doria (S. 281 E1)
GPS: N 44°23′50″ E 8°48′51″
Ein guter Ausgangspunkt, um die Metropole Genua zu besuchen, ist der ganzjährig geöffnete Campingplatz Villa Doria im Stadtteil Pegli, rund 11 km westlich des Stadtzentrums von Genua. Er befindet sich nördlich, oberhalb vom Ort Pegli, abseits der Küste.
Adresse: Via al Campeggio Villa Doria 15 N, 16156 Genova-Pegli, Tel. +39 010 6969600, www.campingvilladoria.it

C 522 **Rapallo:** Camping Miraflores (S. 281 F2)
GPS: N 44°21′28″ E 9°12′34″
Der gepflegte Campingplatz liegt rund 2 km von Rapallos Ortskern entfernt. Er verfügt über ebene Stellplätze und ist ein guter Ausgangspunkt, um Rapallo, Santa Margherita und Portofino zu entdecken.
Adresse: Via Savagna 10, 16035 Rapallo, Tel. +39 0185 263000, www.campingmiraflores.it

C 523 **Sestri Levante:** Camping Fossa (S. 281 G2)
Lupara, GPS: N 44°16′26″ E 9°25′22″
Der empfehlenswerte Campingplatz liegt rund 2 km von Sestri Levantes Stadtzentrum entfernt, nahe der Autobahn A 12. Er ist ein guter Ausgangspunkt, um die Dörfer von Cinque Terre zu erkunden. Mit dem Rad oder zu Fuß geht es zum Bahnhof und dann zu den Dörfern. Der Campingplatz bietet ebene Stellplätze und ein kleines Restaurant. In der Hauptsaison steht ein kostenloser Shuttle zum Bahnhof zur Verfügung.
Adresse: Via Villa Costa 31, 16039 Sestri Levante, Tel. +39 0185 1873287, www.campingfossalupara.it

C 524 **Deiva Marina:** Camping degli Ulivi (S. 281 G2)
GPS: N 44°13′0″ E 9°31′14″
In dem kleinen Küstenort Deiva Marina stehen mehrere Campingplätze zur Verfügung. Der Campingplatz »Camping degli Ulivi« erstreckt sich in einem Olivenhain nur wenige 100 m vom Bahnhof entfernt.
Adresse: Loc. Fornaci-Framura, 19014 Deiva Marina, Tel. +39 0187 816495, www.campingdegliulivi.it

C 525 **Deiva Marina:** Campingplatz Fornaci al Mare (S. 281 G2)
GPS: N 44°12′53″ E 9°31′08″
In der Nähe des Strandes befindet sich der Campingplatz »Camping Fornaci al Mare«, der auch über einen Stellplatz verfügt. Der Bahnhof ist nur wenige Gehminuten entfernt.
Adresse: Loc. Fornaci 13, 19013 Deiva Marina, Tel. +39 0187 816295, www.campingfornacialmare.it

C 526 **Levanto:** Camping Acqua Dolce (S. 281 G2)

Stellplatz in Monterosso al Mare

GPS: N 44°10'0" E 9°36'48"
Der Campingplatz ist ganzjährig geöffnet und liegt am südlichen Ortsrand von Levanto. Man steht unter hohen Laubbäumen. Adresse: Via Guido Semenza 5, 19015 Levanto, Tel. +39 0187 808465, www.campingacquadolce.com

C 527 **Levanto:** Campingplatz Pian di Picche (S. 281 G2)
GPS: N 44°10'30" E 9°37'19"
Der Campingplatz erstreckt sich am östlichen Stadtrand von Levanto und bietet ein überwiegend ebenes Wiesengelände. Das letzte Stück zum Campingplatz ist relativ eng. Zum Bahnhof sind es rund 300 m. Adresse: Loc. Pian di Picche, 19015 Levanto, Tel. +39 0187 800597, www.piandipicche.it

S 528 **Levanto:** Stellplatz Levanto (S. 281 G2)
GPS: N 44°10'27" E 9°37'06"
Ein guter Ausgangspunkt, um die fünf Dörfer von Cinque Terre zu entdecken, ist der Stellplatz von Levanto. Er liegt nördlich des Stadtzentrums an der Staatsstraße 556, in unmittelbarer Nähe des Bahnhofs und des Fußballstadions. Das Reisemobil steht hier auf ebenen Asphaltflächen, teilweise unter Bäumen. Zur Küste sind es rund 1000 m.

S 529 **Monterosso al Mare:** Stellplatz Großparkplatz (S. 281 G2)
GPS: N 44°08'38" E 9°38'48"
Im Ort Monterosso, direkt am Meer zwischen den Stränden, befindet sich der ebene Parkplatz »Campo Sportivo«. Der Großparkplatz steht auch Reisemobilisten zur Verfügung. Das Wohnmobil steht hier auf einer ebenen Schotterfläche. Zum Bahnhof und somit zu den anderen Cinque-Terre-Dörfern sind es nur 300 m.

S 530 **Monterosso al Mare:** Stellplatz Park Camper Il Poggio delle Cinque Terre (S. 281 G2)

Stellplatz in Santa Margherita

Stellplatz am Parkplatz in Lerici

GPS: N 44°09'18" E 9°39'34"
Der gut ausgestattete Stellplatz liegt nördlich von Monterosso al Mare. Von einigen Plätzen hat man einen Blick über das Meer. Bei der Anfahrt nach Monterosso al Mare über die Provinzstraße 38 folgt man einfach der Beschilderung.

S 531 **Santa Margherita:** Stellplatz am Sportzentrum (S. 281 F2)
GPS: N 44°20'10" E 9°11'43"
Rund 1,5 km von der Altstadt entfernt, am Ende der Via Garibotti befindet sich der ebene asphaltierte Stellplatz. Er ist Teil eines Großparkplatzes am Sportzentrum und bietet rund 10 Plätze. Leider steht man auf dem gebührenpflichtigen Platz direkt an der Bahnlinie. Die Ver- und Entsorgungsmöglichkeiten liegen unterhalb des Platzes etwas versteckt an der Straße.

S 532 **La Spezia:** Stellplatz Viale San Bartolomeo (S. 281 H3)
GPS: N 44°06'14" E 9°51'35"
Der große Stellplatz ist rund 5 km vom Zentrum von La Spezia entfernt und liegt an der großen Ausfahrtstraße »Viale San Bartolomeo«, in der Nähe des Hafens. Der gebührenpflichtige Stellplatz bietet ebene Stellflächen und ist ganzjährig geöffnet.
Adresse: Viale San Bartolomeo 805, 19120 La Spezia

S 533 **Portovenere:** Stellplatz (S. 281 H3)
GPS: N 44°03'38" E 9°50'40"
Oberhalb vom herrlichen Küstenort Portovenere erstreckt sich der kleine Stellplatz. Zum Ort sind es rund 2 km, die man gut laufen kann. Alternativ befindet sich direkt eine Bushaltestelle an dem Stellplatz. Von hier aus fährt der Shuttlebus hinunter in den Ort.
Adresse: Via Olivo, 19025 Portovenere

S 534 **Lerici:** Stellplatz Parcheggio Comunale (S. 281 H3)
GPS: N 44°04'54" E 9°54'45"
Auf dem oberen Teil eines Großparkplatzes am Rande der Küstenortes Lerici befindet sich der Stellplatz. Läuft man die Straße entlang des Parkplatzes hinunter, so gelangt man nach wenigen Hundert Metern an den Strand. Links geht es dann über die Promenade in die Altstadt.
Adresse: Via San Guiseppe, 19302 Lerici

Stellplatz oberhalb von Portovenere

6 ERLEBNISREICHE TOUR VON FLORENZ NACH MARINA DI MASSA

Durch die nördliche Toskana

Die Toskana gehört zu den schönsten und interessantesten Regionen Italiens und ist ein ideales Ziel für Reisemobilisten. Toskana! Das Wort allein klingt nach hügeligem Land mit Weinbergen, alten Weingütern und von Zypressen gesäumten Straßen, die man gern mit dem eigenen Wohnmobil befahren möchte. Auf Anhieb denkt man an die übermächtige Kultur- und Kunstmetropole Florenz und als Bauwerk hat man sofort den schiefen Turm von Pisa vor Augen. Die schöne italienische Region präsentiert sich dem Reisemobilisten mit herrlichen Landschaften, grandiosen Städten, lohnenswerten Campingplätzen und schließlich einem guten Tropfen Wein.

Blick über Florenz

Ausgangspunkt für die lehrreiche Entdeckungstour durch die nördliche Toskana ist Florenz, Hauptstadt der Toskana. Im Mittelalter war sie unter der Herrscherfamilie Medici eine mächtige Stadt und heute ist sie eine bedeutende Kunst- und Kulturmetropole mit einer Vielzahl herausragender Sehenswürdigkeiten.

Von Florenz in Richtung Siena fährt man durch das reizvolle Chianti-Gebirge, eine Landschaft, die unserer Toskana-Vorstellung sehr nahe kommt. Endlich findet man das gesuchte typische Fotomotiv, das man doch schon auf so vielen Postkarten und in Bildbänden gesehen hat. Alte Weingüter thronen oberhalb der Weinberge und schlanke Zypressen prägen das Landschaftsbild.

LANDSCHAFTLICHE REIZE

Im malerischen Chianti-Gebirge herrscht eine unbeschreibliche Idylle und Weinfreunde kommen auf ihre Kosten, denn es ist das Anbaugebiet des beliebten Chianti Classico, der mittlerweile zu den Spitzenweinen gehört. In Radda in Chianti oder Castellina in Chianti vermitteln malerische Kleinstädte eine romantische Atmosphäre.

Schließlich bietet sich die hügelige Region auch für Wanderungen und Touren mit dem Mountainbike an. Erst in Siena ist der Trubel zurück. Beschweren kann man sich nicht, trägt man doch selbst dazu bei. In Siena fühlt sich der Reisemobilist um Jahrhunderte zurückversetzt. Im Herzen der Stadt zieht der große und geneigte Marktplatz Il Campo unzählige Touristen magisch an und beim großen italienischen Volksfest, dem »Palio«, einem nicht unumstrittenen Pferderennen, scheint sich dort die ganze Stadt zu versammeln.

IMPOSANTE BAUTEN, BEZAUBERNDE KÜSTE

Nach viel Kunst und Kultur in Florenz und Siena, einigen Wanderungen und Weinproben im Chianti-Gebirge sind zwei Städte ein Muss, nämlich die beiden faszinierenden Kleinstädte San Gimignano und Volterra. San Gimignano, auch als »Manhattan der Toskana« bezeichnet, besticht durch seine unvergleichliche Silhouette mit den hohen Geschlechtertürmen. Nicht verstecken muss sich die Altstadt von Volterra mit dem prächtigen Marktplatz, der Piazza dei Priori und zahlreichen imposanten Bauwerken.

Reizvollster Küstenabschnitt der Toskana mit schroffer Steilküste und kleinen Buchten

ROUTE 6

START- UND ENDPUNKT
Florenz und Marina di Massa

STRECKEN
A 1, SS 69, Straße Nr. 408, 429, 222, 674, 68, SS 1 oder A 12

STRECKENLÄNGE
ca. 400 km

FAHRZEIT
2 Wochen (ohne Anreise)

BESTE JAHRESZEIT
Ostern bis Oktober

Idyllische Dörfer verteilen sich über die ganze Toskana.

ist südlich von Livorno zu finden. Nähert man sich der geschäftigen Hafenstadt, sieht man hohe Verladekräne und einige Werften.

HEIMAT ALTER MEISTER

Von Livorno ist es nur eine halbstündige Autofahrt nach Pisa und prompt hat man ein neues Bild vor Augen: den schiefen Turm, der bis heute nicht umgefallen ist und so seit Jahrhunderten den Prophezeiungen trotzt. Heute strömen jährlich mehr als zehn Millionen Besucher nach Pisa, um u. a. das schiefe Bauwerk zu bewundern.

Pisa, Siena und natürlich Florenz gehören zweifelsfrei zu den schönsten italienischen Städten und so ist es verständlich, dass sie sehr frequentiert sind. Aber auch in dieser Beziehung ist die Toskana sehr vielseitig, denn sie bietet dem Gast nicht nur den Trubel, sondern auch in vielen Städten und abgelegenen Orten eine ungeahnte Stille und die Möglichkeit, bei einem der vielen guten toskanischen Weine neue Energie zu tanken. Ein Erfolgsrezept, das vielleicht schon bekannte Größen wie Michelangelo, Leonardo da Vinci, Donatello oder Galileo Galilei zu wahren Meisterleistungen beflügelte.

Die Toskana ist bekannt für gute Weine.

Von Pisa lohnt ein Ausflug ins Inland zur schönen Stadt Lucca. Dann geht es wieder zur Küste zum Hafenstädtchen Viareggio. Hier werden in vielen Werften riesige Luxusjachten gebaut, vor denen der Reisemobilist mit größter Begeisterung steht. Zuletzt heißt es »Relaxen an der Riviera della Versilia«. Der Aufenthalt in Marina di Massa mit unzähligen Campingplätzen und langen Stränden setzt einen erholsamen Schlusspunkt der Reise durch die nördliche Toskana.

TOSKANA IM ÜBERLICK

Die Region Toskana (*Toscana*) befindet sich in Mittelitalien und ist umgeben von den Regionen Emilia Romagna im Norden, Ligurien im Nordwesten, Umbrien im Osten und Latium mit Rom im Süden. Die Toskana hat eine Gesamtfläche von 22 994 Quadratkilometern und umfasst zehn Provinzen, von denen jede Provinz über eine Provinzhauptstadt verfügt. Diese Stadt gibt der Provinz den Namen wie die Provinz Pisa oder die Provinz Lucca.

Rund 3,75 Millionen Menschen leben in der Toskana und sie gehört zu den dicht besiedelten Regionen Italiens. Die größte Stadt ist Florenz mit rund 385 000 Einwohnern. Das Landschaftsbild ist sehr vielseitig und umfasst eine Küste mit einer Länge von beachtlichen 328 Kilometern (Festlandküste!). Im Küstenbereich befinden sich einige Ebenen, wie die **Maremma**, einstiges Sumpfgebiet. Der Großteil der Fläche besteht aus Hügeln und rund ein Fünftel der Fläche der Toskana aus Bergen.

Die Berge des Toskanisch-Emilianischen Apennins sind die höchsten Erhebungen der Toskana. Höchster Berg ist der Monte Prado mit einer Höhe von 2054 Metern. Viele Bereiche in den Bergen werden wirtschaftlich nicht genutzt. Rund ein Viertel der Gesamtfläche der Toskana allerdings ist landwirtschaftliche Nutzfläche und rund ein Drittel ist Waldland. Aus den Bergen kommen zahlreiche Flüsse, die in das Tyrrhenische Meer fließen, wie der große Fluss Arno, an dessen Ufern Siedlungen wie Florenz und Pisa entstanden sind. Im Inland befinden sich nur wenige Seen, überwiegend sind es Stauseen.

Die Küste der Toskana bietet schroffe Felsen und lange Sandstrände.

Neben dem Fremdenverkehr ist der Weinanbau wichtige Einnahmequelle. Weine aus der Toskana wie Chianti, Sassicaia, Brunello di Montalcino und Vino Nobile di Montepulciano sind weltweit bekannt. Auch die Olivenölproduktion ist von Bedeutung, daneben gibt es weitere Wirtschaftszweige wie die Textilindustrie z. B. in Florenz, den Schiffsbau in Livorno und Viareggio oder den Bergbau in Carrara (Marmorabbau).

Die Bedeutung des Tourismus ist überall erkennbar. Die touristische Infrastruktur ist in der Toskana sehr gut und das Netz von Campingplätzen flächendeckend, allerdings bewegen sich die Preise für die Übernachtung auf einem hohen Niveau. Glücklicherweise stehen ausreichend Stellplätze zur Verfügung, die jedoch in der Hochsaison stark angefahren werden.

Die empfehlenswerte Reisezeit reicht von April bis Oktober. In der Vor- und Nachsaison herrschen bereits teils sommerliche Tempe-

SPECIAL

BERÜHMTE FESTE

Die Feste und Feiern in der Toskana sind zahlreich. In Siena gehört das weltberühmte und einzigartige Pferderennen »Palio«, das am 2. Juli und 16. August durchgeführt wird, zu den beliebten Stadtfesten. In Pisa wird am 17. Juni die »Regata Storica di San Ranieri« auf dem Arno abgehalten und das Lichterfest »Luminara« zieht am 16. Juni viele Besucher an. In Florenz wird anlässlich des Stadtfestes das Fußballendspiel des »Calcio in Costume« am 24. Juni ausgetragen.

Hauptplatz von Florenz ist die Piazza della Signoria.

raturen. Heiß wird es in den Sommermonaten, dann wird überall in der Toskana auch gern gefeiert.

GLANZVOLLE KULTURHOCHBURG

Die interessante Stadt **Florenz** (*Firenze*) ist nicht nur mit ihren rund 385 000 Florentinern das Größte, was die Toskana zu bieten hat. Sie ist auch unbestrittenes Zentrum für Kunst und Kultur, Wiege der Renaissance und verfügt über eine Reihe weltberühmter Bauwerke, Figuren und Sehenswürdigkeiten wie den kunstvoll geschaffenen Dom, den Palazzo Vecchio, die Uffizien, den Bargello sowie die Brücke Ponte Vecchio. Reichtum und Macht ließen eine der weltweit schönsten Städte entstehen, in der sich Kunstgenuss und Dolce Vita ergänzen.

Die anziehende Altstadt wirkt wie ein gigantisches Freilichtmuseum mit fantastischen Plätzen und einzigartigen Bauwerken. Hier wird die Stadtgeschichte lebendig und sie erzählt von ihrer einstigen Macht. Die Anfänge gehen zurück in die Römerzeit und so errichteten im 1. Jahrhundert v. Chr. die Römer ein Militärlager in den Ebenen am Fluss Arno. Hoffnungsvoll nannte man die Kolonie »Florentia«, was »die blühen möge« bedeutet. Dennoch wurde die Stadt immer wieder in kriegerische Handlungen verwickelt, was ihren allmählichen Niedergang bedeutete.

Durch die Langobarden und später durch die ottonischen Kaiser gewann Florenz wieder an Bedeutung und es entstanden beeindruckende Bauwerke wie San Miniato al Mon-

SPECIAL

ANREISE NACH FLORENZ

Die fantastische Stadt Florenz erreicht man über die mautpflichtige Autobahn A 1. Man sollte auf keinen Fall versuchen, mit dem Wohnmobil in das Stadtzentrum zu fahren, davon sei selbst dem Pkw-Fahrer abgeraten. Hohes Verkehrsaufkommen, mangelnde Ortskenntnis und teure Parkplätze kosten Zeit und Geld. Besser direkt im Umland den Campingplatz (z. B. Michelangelo, Camping in Fiesole, Norcenni Girasole Club) aufsuchen und mit den öffentlichen Verkehrsmitteln oder dem Shuttle in die Stadt fahren. Allerdings steht auch im Zentrum ein Stellplatz zur Verfügung. Wer sich Chancen z. B. in der Mittagszeit erhofft, kann den Platz ansteuern.

te und das Baptisterium. Im Jahre 1115 wurde die Stadt autonom und verfügte über ein großes Territorium. Viele Menschen kamen nach Florenz und so zählte die Stadt zu Beginn des 14. Jahrhunderts mit rund 100 000 Einwohnern zu den größten Städten der Welt. 1348 starben unzählige Menschen an der Pest. Im Jahre 1434 begann die Ära der Medici: Großbankier Cosimo de' Medici der Ältere nahm das Zepter in die Hand und seine Nachkommen regierten im mächtigen Florenz bis 1737.

Den mächtigen Medici folgten die Herrscher aus dem Hause Habsburg-Lothringen, die mit einer Unterbrechung (Napoleonische Zeit 1801–1814) bis zum Jahr 1859 die Geschicke der Stadt lenkten. Dann wurde Florenz in das vereinigte Königreich Italien eingegliedert und von 1865 bis 1871 sogar die Hauptstadt Italiens. Im Zweiten Weltkrieg blieb die Stadt glücklicherweise von Angriffen verschont, jedoch richtete ein verheerendes Hochwasser im Jahre 1966 große Schäden an.

Heute präsentiert sich die unvergleichlich schöne Universitäts-, Mode- und Messestadt als einmaliges Reiseziel mit einer langen Liste grandioser Attraktionen, deren Vorstellung sogar einen eigenständigen Florenz-Reiseführer sprengen könnte. Nachfolgend nun leider nur das Wichtigste (Scusi!).

Das Stadtzentrum markiert der Domplatz Piazza del Duomo, der mit der Kathedrale und der Taufkapelle wie ein überdimensionales Kunstwerk erscheint.

Über die Straße Via del Proconsolo erreicht man den prächtigen Palazzo Bargello aus dem 13.und 14. Jahrhundert, die ehemalige Residenz des Statthalters. Er beherbergt heute das bekannte Kunstmuseum »Museo Nazionale del Bargello« mit Werken berühmter italienischer Künstler wie Michelangelo, Donatello, Verrocchio oder Andrea und Giovanni della Robbia.

Der Dom von Florenz wirkt wie ein gigantisches Kunstwerk.

KULTUR

DOM SANTA MARIA DEL FIORE

Nach dem Petersdom in Rom und dem Mailänder Dom ist der Duomo Santa Maria del Fiore das größte Kirchenbauwerk Italiens und Zeugnis höchster Baukunst. An der formvollendeten Kathedrale arbeiteten gleich mehrere Baumeister: Arnolfo di Cambio begann 1296 mit dem Bau und Francesco Talenti führte die Arbeit fort. Filippo Brunelleschi plante die mächtige, 107 Meter hohe, zweischalige Kuppel, die 1434 fertiggestellt wurde. Der 85 Meter hohe Glockenturm, der sogenannte Campanile, ist somit kleiner als die Kuppel und wurde 1359 vollendet. Auf den Turm sollte man hinaufgehen und den herrlichen Blick weit über die faszinierende Stadt genießen. Hierbei gilt es 414 Stufen zu nehmen. Die erst 1887 fertiggestellte grandiose Westfassade ist die schönste Ansicht des Domes und stellt ein farbenprächtiges Kunstwerk dar. Drei Portale, viele Figuren und Gemälde kennzeichnen sie. Auch innen ist der Dom reich an Kunstwerken. Bunte Glasfenster, viele Fresken und gemalte Reiterstandbilder gehören zu dem sehenswerten Inventar.

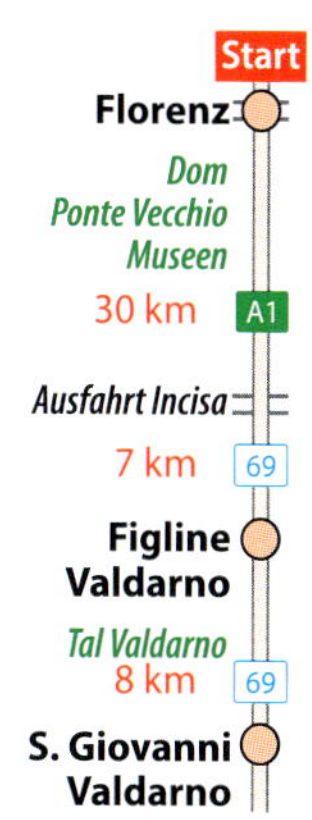

Die Brücke Ponte Vecchio überspannt den Fluss Arno.

Rund 200 Meter ist die Piazza della Signoria, der schönste und lebendigste Platz der Stadt, entfernt. Eingerahmt wird sie von imposanten Bauwerken und einladenden Straßencafés, von denen man das bunte Treiben auf dem Platz bestens verfolgen kann. Der Blick fällt auch auf den kunstvoll geschaffenen Neptunbrunnen (1575).

Direkt hinter dem grandiosen Brunnen steht der weltbekannte Palazzo Vecchio, der in den Jahren 1299 bis 1314 unter Anleitung des Dombaumeisters Arnolfo di Cambio geschaffen wurde. Sein 94 Meter hoher Turm prägt die Silhouette der Stadt und im Inneren des Prachtbaus gibt es eine Vielzahl von Kunstwerken zu bewundern. Vor dem Eingang steht eine Nachbildung des Florentiner Löwen und gegenüber die große Bogenhalle »Loggia della Signoria« (1376) mit sehenswerten Skulpturen wie dem »Perseus«, den Benvenuto Cellini schuf, und der Skulptur »Raub der Sabinerinnen«, ein Meisterwerk von Giambologna.

Weitaus berühmter ist die David-Statue von Michelangelo, sie steht allerdings als Kopie zwischen der Bogenhalle und dem Palazzo Vecchio. Das Original ist neben vielen anderen Kunstwerken in der »Galleria dell'Accademia« zu sehen.

Nach dem staunenden Blick auf den nackten David sollte man den Turm des Palazzo Vecchio besteigen, denn der Ausblick über die faszinierende Stadt ist einzigartig.

Nur wenige Meter vom »Alten Palast« entfernt befindet sich eine der Hauptattraktionen der Stadt, das Kunstmuseum »Galleria degli Uffizi« oder kurz die Uffizien.

Nach dieser Reizüberflutung geht es zum nahegelegenen Fluss Arno mit der großen und berühmten Brücke Ponte Vecchio, die 1345 fertiggestellt wurde. Sie steht auf drei Steinpfeilern und muss neben den unzähligen Touristen auch die Gebäude tragen. Im Mittelalter befanden sich hier Metzgereien, die aufgrund der unangenehmen Gerüche weichen mussten. Lediglich Goldschmiede durften ihr Gewerbe auf der Brücke betreiben und so verwundert es nicht, dass hier zahlreiche Juweliergeschäfte zu finden sind.

KULTUR

BAPTISTERIUM

Vor dem Dom steht das Baptisterium, die reich verzierte, achteckige Taufkirche Battistero di San Giovanni (11. Jh.). Sie gehört zu den ältesten Bauwerken der Stadt und besticht durch ihre schwere Bronzetür mit dem Namen »Paradiestür«, ein Kunstwerk von Lorenzo Ghiberti. Ebenfalls im Außenbereich beeindrucken die vergoldeten Bronzetafeln mit biblischen Motiven. Im Inneren ist man begeistert von dem großen Kuppelmosaik und der acht Meter hohen Christusfigur.

Zu den vielen weiteren nennenswerten Plätzen und Bauwerken gehört die Piazza Santa Croce mit der gleichnamigen Kirche. Auf dem Platz findet das historische Fußballspiel »Calcio« statt. Die Kirche zum Heiligen Kreuz (13. Jh.) ist wegen ihrer Grabmäler bekannt und so haben hier berühmte Italiener wie Michelangelo, Dante, Galilei, Machiavelli und Rossini ihre letzte Ruhestätte gefunden.

Ebenfalls bedeutsam sind die Renaissancekirche San Lorenzo aus dem 15. Jahrhundert mit ihrer umfangreichen Bibliothek sowie die Kirche Santa Maria Novella. Diese dreischiffige Dominikanerkirche mit ihrer reizvollen weiß-grünen Marmorfassade wurde im gotischen Baustil im 15. Jahrhundert erbaut.

Nicht nur die vielen herausragenden Kirchen, Kunstmuseen und schönen Plätze machen Florenz aus, sondern es ist dessen Vielseitigkeit. So laden zahlreiche Geschäfte zum Stöbern und Einkaufen ein und Restaurants geben einen köstlichen Einblick in die florentinische Küche. Nordwestlich der Altstadt steht die Markthalle »Mercato Centrale«, die 1874 erbaut wurde. Seit 2014 kann man hier wieder nach Herzenslust die Zutaten für ein schmackhaftes Gericht kaufen.

Die atemberaubende Stadt Florenz verlässt man mit dem Gefühl, nur einen winzigen Teil dessen, was sie bietet, kennengelernt zu haben. Jedoch ziehen auch die Naturerlebnisse und schönen Landschaften der Toskana den Urlauber an und so führt die weitere Route in das Chianti-Gebirge. Über die Auto-

KULTUR

UFFIZIEN

Die Uffizien gelten als das Pendant zum Pariser Louvre. Das wuchtige Bauwerk wurde Ende des 16. Jahrhunderts nach den Plänen von Giorgio Vasari gebaut. Zunächst war hier die Verwaltung des Großherzogtums Toskana (*ufficio* heißt Büro) untergebracht und heute sind hier zahlreiche Kunstschöpfungen von Weltrang zu bewundern. Leider steht man am Eingang sehr lange an, um die Kunstwerke bestaunen zu können, darunter die »Geburt der Venus« und »Primavera« von Sandro Botticelli, Caravaggios »Jugendlicher Bacchus«, »Tondo Doni« von Michelangelo oder die »Anbetung der Könige« von Leonardo da Vinci sowie Tizians »Venus von Urbino«.

Die Uffizien in Florenz gehören zu den weltweit wichtigsten Kunstmuseen.

Auf dem bestens ausgestatteten Campingplatz »Camping Village Norcenni Girasole Club« nahe Figline Valdarno kann man sich erholen.

bahn A1 geht es in südöstliche Richtung. Nach rund 30 Kilometern verlässt man über die Abfahrt »Incisa« die Autobahn und fährt über die Staatsstraße 69 nach Figline Valdarno (7 km).

IM TAL DES ARNO

Das idyllische **Figline Valdarno** erstreckt sich im Tal des Flusses Arno und beheimatet rund 17 000 Einwohner. Im Herzen der Stadt zeigt sich Figline Valdarno mit der großen Piazza Marsilio Ficino und der Kirche Santa Maria aus dem 13. Jahrhundert von seiner schönsten Seite. Rund um den Platz stehen sehenswerte Gebäude mit prächtigen Fassaden.

Nicht so schief wie der Turm in Pisa, aber auffallend schief steht der Turm an der Piazza Bianco Bianchi. Umgeben ist der Ort mit einer nur noch teilweise erhaltenen Stadtmauer und mit dem außerhalb liegenden Campingplatz »Camping Village Norcenni Girasole Club« verfügt die Stadt über eine herausragende Campinganlage, die sich für einen mehrtägigen Aufenthalt und Ausflüge nach Florenz und Siena anbietet.

Figline Valdarno verlässt man über die Staatsstraße 69 in südöstliche Richtung und fährt durch das breite Tal Valdarno. Nach acht Kilometern passiert man die schöne Stadt **San Giovanni Valdarno** und biegt nach rund fünf Kilometern auf die Straße 408 ab. Diese im weiteren Verlauf landschaftlich reizvolle Chianti-Straße (*Via Chiantigiana*) führt den Wohnmobilreisenden durch das Chianti-Gebirge (*Monti del Chianti*). Viele Kurven, Steigungen und Abfahrten sowie schöne Ausblicke auf die Hügellandschaft mit ihren Weingütern kennzeichnen diesen reizvollen Streckenabschnitt. Willkommen im Chianti-Gebirge!

BEKANNTE WEINREGION

Die malerische Region **Chianti** erstreckt sich zwischen Florenz und Siena. Diese hügelige Gegend mit dem klangvollen Namen ist insbesondere bei den Weinliebhabern bekannt, denn der berühmte Chianti-Wein hat diese

Region über die Landesgrenzen hinaus bekannt gemacht.

Wälder, Weinberge und Macchia auf sanft geschwungenen Hügeln prägen das idyllische Landschaftsbild. Die kurvenreichen Straßen verbinden kleine Orte und Weingüter. Häuser in Naturstein und Zypressenalleen bieten das klassische Toskana-Bild.

Um die Chianti-Region buhlten stets die Städte Florenz und Siena und auch heute noch ist die Region geteilt. So liegt der nördliche Teil in der Provinz Florenz und der südliche Teil in der Provinz Siena. Wer durch das Chianti-Gebirge fährt, wird oft ein großes Schild mit einem schwarzen Hahn darauf sehen. Es weist darauf hin, dass der Winzer im Chianti-Classico-Gebiet Wein produziert.

Die Fahrt durch das Chianti-Gebirge macht Spaß, denn sie bietet herrliche Ausblicke und viele Gelegenheiten zu einem Stopp. Über die Straße 429 erreicht man den Ort Radda in Chianti.

Zypressen und Rebflächen bestimmen das Landschaftsbild der Toskana.

S. Giovanni Valdarno
5 km
Abzweig auf 408
408
Via Chiantigiana
Chianti-Gebirge
Weingüter
429
Radda in Chianti
9 km
429
Il Borgo di Vescine
Castellina in Chianti
Stellplätze
20 km
222
Siena

SPECIAL

WEIN AUS DER TOSKANA

Weinliebhaber haben mit der Toskana die richtige Urlaubsregion ausgesucht, denn sie ist die Heimat zahlreicher Spitzenweine. Wer Weine kauft, sollte jedoch auf das Etikett achten und auch an den von den Weinhandlungen (*Enoteca*) und Weingütern angebotenen Weinproben (*Degustazione*) teilnehmen. Ist ein Wein nach gesetzlichen Vorschriften produziert, so trägt er das Gütesiegel DOCG (*Denominazione di Origine Controllata e Garantita*). Auch der schwarze Hahn (*Gallo Nero*) auf dem Etikett ist eine Art Gütesiegel. Er kennzeichnet Weine, die im Chianti-Classico-Gebiet unter besonderen Qualitätsauflagen hergestellt wurden. Neben dem Chianti, der erst in den letzten Jahren zu einem Spitzenwein geworden ist, stammen erstklassige Rotweine wie der Vino Nobile di Montepulciano und Brunello di Montalcino aus der Toskana. Letztere haben natürlich auch in ihrem Herkunftsland einen hohen Preis.

Der Brunnen auf Sienas Piazza del Campo wurde 1419 fertiggestellt.

Siena
Altstadt
Piazza del Campo
Dom
Palazzo Pubblico
37 km 674
Abfahrt Poggibonsi Nord
12 km
San Gimignano
Altstadt
UNESCO-Weltkulturerbe
Dom
30 km 68
Volterra
Altstadt
Alabasterprodukte
Burg Fortezza
Palazzo dei Priori
35 km 68
Strada del Vino
Marina di Cecina

ALTE WURZELN

Ein freundliches Städtchen im Chianti-Gebirge ist **Radda in Chianti**, das sich auf einer Höhe von 533 Metern erstreckt. Hier sollte man an der alten Stadtmauer parken und sich von dem Charme des mittelalterlichen Ortes einfangen lassen. Die Geschichte von Radda lässt sich immerhin bis in das Jahr 1002 zurückverfolgen. Inmitten der Stadtmauer liegt ein kleiner Marktplatz, wo sich auch das Rathaus befindet sowie ein gegenüberliegender Brunnen. Die vielen alten gepflegten Häuser sowie einige interessante Geschäfte laden zum Bummeln ein und ansprechende Restaurants zum Verweilen.

Über die Straße 429 fährt man weiter westwärts durch dichte Wälder und mediterrane Macchia. Nach wenigen Minuten erreicht man den ebenfalls netten Ort **Castellina in Chianti** (am Ortseingang rechts befindet sich ein Wohnmobilparkplatz). Dieser idyllische kleine Ort lockt mit einer hübschen Piazza in der Altstadt und einer Festung. Über die kurvenreiche Straße 222 passiert man mit **Fonterutoli** einen weiteren malerischen Ort und erreicht nach einigen Steigungen und Abfahrten die sehenswerte Stadt Siena (Castellina–Siena ca. 20 km).

MEHR ALS PALIO

Mit **Siena** verbindet man auf Anhieb das bekannte Pferderennen »Palio«, das alljährlich auf der mittelalterlichen Piazza del Campo in der Altstadt durchgeführt wird. Die Provinzhauptstadt mit ihren rund 54 000 Einwohnern hat jedoch mehr zu bieten als dieses Spektakel. Sie erstreckt sich auf drei Hügelrücken und besticht durch eine atemberaubende Altstadt, in der man sich um Jahrhunderte zurückversetzt fühlt.

Siena ist eine sehr alte und traditionsreiche Stadt, bereits die Etrusker gründeten hier eine erste Siedlung. Die Römer bauten sie dann zur Kolonie aus und unter den Langobarden wurde Siena wichtiger Handelsplatz. Im 12. Jahrhundert war Siena schließlich eine mächtige Stadtrepublik, die sich zunächst gegen das mächtige Florenz behaupten konnte, bevor sie dann 1555 endgültig von Florenz aus regiert wurde.

Einen Aufschwung erfuhr die Stadt durch die Anbindung an das Schienennetz im Jahr 1849 und 1881 erfolgte der Anschluss an das Königreich Italien. Die Spuren der Geschichte sind allgegenwärtig und so präsentiert sich Siena heute mittelalterlich. Einen Rundgang sollte man an der legendären Piazza del Campo beginnen. Der muschelförmige und

Rechts: Der Torre del Mangia streckt sich stolze 102 Meter in die Höhe.

Der große Platz Piazza del Campo liegt im Herzen von Siena.

geneigte Platz ist umgeben von einer fast geschlossenen malerischen Häuserzeile und ist ein beliebter Treffpunkt.

Markantestes Bauwerk am Platz ist der zinnengekrönte Palazzo Pubblico (1310), ein Paradebeispiel gotischer Architektur in Italien. Nebenan steht der schlanke, 102 Meter hohe Torre del Mangia (1348), der einen grandiosen Ausblick auf die Stadt und das Umland bietet. Auf der Piazza fällt auch der kunstvoll gestaltete Gaia-Brunnen (1419) ins Auge. Er ist Start und Ziel des Pferderennens »Palio«. Zu diesem Ereignis (2. Juli und 16. August) versammeln sich rund 80 000 Menschen auf dem Campo. 17 Altstadtbezirke, die sogenannten Contraden, schicken ihre besten Pferde für rund zwei Minuten ins Rennen. Vor dem Rennen wird das Pferd gesegnet und trotzdem kann es passieren, dass ein Pferd verunfallt oder ohne den Reiter (*fantino*) das Ziel erreicht.

Neben diesem Spektakel hat Siena natürlich einige bauliche Highlights zu bieten wie den Dom Santa Maria (13. bis 14. Jh.), die Taufkapelle Battistero di San Giovanni (1316–1325) mit interessantem Taufbecken und schönen Fresken, das Dommuseum und das archäologisch-etruskische Museum im ehemaligen Krankenhaus. Sie alle befinden sich an der Piazza Duomo.

In dem Dommuseum »Museo dell'Opera« sind Kunstwerke aus dem Dom zu sehen. Wer sich hier das wertvolle Inventar anschaut, sollte im Anschluss daran auf keinen Fall versäumen, auf die Aussichtsfläche des Langhauses zu gehen. Der Blick auf den Dom und die umliegenden historischen Bauwerke ist einzigartig.

Zu den weiteren sehenswerten Museen der Stadt gehört das Stadtmuseum in dem Palazzo Pubblico, das u. a. über eine umfangreiche Gemäldesammlung verfügt. Kunstliebhaber werden auch die Pinakothek, die in den beiden prächtigen Gebäuden Palazzo Buonsignori (15. Jh.) und Palazzo Brigidi untergebracht ist, ansteuern.

SPECIAL

WEINPROBE

Zwischen Castellina in Chianti und Radda in Chianti befindet sich rund drei Kilometer vor Castellina rechts der Straße die schöne Hotelanlage »Il Borgo di Vescine« mit mittelalterlichen Natursteinhäusern. Hier stehen ausreichend große Parkplätze zur Verfügung und in der Enoteca sollte man an einer Weinprobe teilnehmen. Die Auswahl an lokalen Weinen, die hier eingeschenkt und verkauft werden, ist groß.

Der Dom von Siena

Einen Blick sollte man darüber hinaus in die »Casa Santuario di Santa Caterina« werfen, das Elternhaus der italienischen Schutzpatronin, der heiligen Caterina von Siena. Als Caterina Benincasa erblickte sie 1347 das Licht der Welt. Als Kind hatte sie bereits Visionen und nahm später Einfluss auf die Politik der Kirche. In der benachbarten Kirche San Domenico wird ihr Kopf aufbewahrt. Hier erzählen auch Wandmalereien von ihrem Leben und Wirken.

Nach dem umfangreichen kulturellen Programm lohnt es sich, in den Gassen der Altstadt in so manchem interessanten Geschäft zu stöbern. Eine Kombination aus Kultur, Shopping und Vergnügen ist der Besuch der »Enoteca Italiana«, ein italienischer Weinkeller mit einem unglaublichen Angebot an italienischen Weinen und einer herrlichen Lage in der Medici-Festung (*Fortezza Medicea*) nordwestlich der Altstadt von Siena.

Siena verlässt man über die autobahnähnliche Schnellstraße 674 in nordwestliche Richtung und fährt an der Abfahrt »Poggibonsi Nord« (37 km) ab. Die Schnellstraße und später die Landstraße führt zum sehenswerten San Gimignano (12 km). Auf der letzten Strecke sollte man hin und wieder einen Fotostopp einlegen, denn der Blick über das Hügelland ist herrlich.

Der Dom beeindruckt im Inneren u. a. durch seine Höhe.

KULTUR

DOM SANTA MARIA ASSUNTA

Der dreischiffige Dom von Siena steht an der höchsten Stelle der Stadt. Mit dem Bau wurde bereits im Jahr 1210 begonnen und vollendet wurde dieses riesige Kunstwerk im Jahre 1382. Beeindruckendster Teil der Kathedrale ist das Hauptportal mit kunstvoll verzierter Fassade, die Giovanni Pisano schuf. Er ließ auch den schwarz-weiß gestreiften Glockenturm errichten. Im Inneren bestechen 56 Marmorfelder mit biblischen Szenen, an denen rund 200 Jahre lang gearbeitet wurde. Herausragend ist der Hochaltar aus Marmor, der von Peruzzi im Jahr 1532 gefertigt wurde. Nennenswert sind auch die achteckige Kanzel von Nicola Pisano, das Chorgestühl von Francesco und Giàcomo del Tonghio sowie die farbenfrohen Rundfenster.

Prägnante Silhouette von San Gimignano

STADT DER TÜRME

Die Stadt **San Gimignano** zählt immerhin rund 53 000 Einwohner und besticht durch ihre Lage. Sie thront majestätisch auf einer 334 Meter hohen Bergkuppe im toskanischen Hügelland, im Westen der Provinz Siena. Sie ist von weither zu erkennen und die einzigartige Silhouette mit den vielen Türmen weckt das Interesse des nahenden Reisenden. Aufgrund der besonderen Skyline und der mittelalterlichen Altstadt wurde die Stadt in die Liste der Kulturdenkmäler der UNESCO aufgenommen.

Die vielen Türme brachten der Stadt auch die Beinamen »Stadt der Türme« oder »mittelalterliches Manhattan« ein. Sie gehört

Innenleben des Palazzo Popolo

Hübscher Zisternenplatz in San Gimignano

zweifelsfrei zu den besonderen Städten in der Toskana und dementsprechend hat sich der Fremdenverkehr gefestigt. Bis ins 20. Jahrhundert war San Gimignano ein unbedeutender Ort und erst mit dem verstärkten Einsetzen des Tourismus erfuhr die Stadt einen anhaltenden Aufschwung.

Urlauber, die in dieser interessanten Stadt ihre Runden drehen, haben das Gefühl, sie befänden sich in einem riesigen Freilichtmuseum. Innerhalb der Stadtmauern finden sie lauschige Plätze und mit der Piazza Duomo das Herzstück der Stadt. Über diesem lebendigen Marktplatz erhebt sich der Dom Santa Maria Assunta (1148) mit schönen Fresken der Siener Schule, sehenswerten Skulpturen, die Benedetto und Giuliano de Maiano fertigten, und interessanten Holzstatuen von Jacopo della Quercia.

KULTUR

FESTUNG MONTESTAFFOLI

Rund 150 Meter westlich der Piazza del Duomo in San Gimignano befinden sich die Ruinen der alten Festung Montestaffoli (*Rocca di Montestaffoli*), die im Jahre 1353 errichtet wurde. Der mächtige Regent Cosimo I. ließ sie 1558 wieder abreißen. Ein Turm ist übrig geblieben, der zu einem Besuch einlädt. Von diesem Turm hat man einen der schönsten Ausblicke auf die Altstadt und die grüne Umgebung.

Vor dem Dom steht der imposante Palazzo del Podesta aus dem 12. Jahrhundert, der durch den 51 Meter hohen Rognosa-Turm auffällt. Und neben dem Dom steht mit dem Palazzo del Popolo (1310) ein weiterer Prachtbau, der das Stadtmuseum und die Pinakothek beherbergt. In der Pinakothek sind Kunstwerke namhafter italienischer Künstler zu bewundern.

Zu den weiteren bezaubernden Plätzen gehören die Piazza delle Erbe, an der die beiden Ardinghelli-Zwillingstürme in den Himmel schießen, und die idyllische Piazza della Cisterna. In der Mitte dieses »Zisternenplatzes« steht der alte Brunnen und dem Besucher fällt es nicht schwer, sich vorzustellen, wie im Mittelalter die Bürger das Wasser aus der Tiefe holten. Rund um den Platz steht eine malerische Häuserkulisse, unter denen der Palazzo dei Cortesi mit dem angeschlagenen Teufelsturm besticht.

Rund um den herrlichen Zisternenplatz gibt es viele Möglichkeiten zum Einkehren. Auf jeden Fall sollte man sich hier ein Eis gönnen, auch wenn die lange Schlange zunächst abschreckt, denn Sergio Dondoli, der Besitzer der Gelateria Dondoli, wurde schon mehrfach zum Weltmeister im Herstellen von Eis gekürt.

Rundgang durch Certaldo

Ein ganz besonderes Museum der Stadt ist natürlich das Foltermuseum mit gruseligen Exponaten rund um das Thema Folter und Todesstrafe. Schöne Gassen sind die Via Matteo und Via San Giovanni mit vielen Souvenirgeschäften, Läden, Straßencafés und Restaurants.

Überhaupt sollte man hier am Abend ein Restaurant aufsuchen, denn dann kehrt allmählich Ruhe in die mittelalterlichen Gassen ein und man kann die Atmosphäre der schönen Stadt so richtig genießen.

Zwischen San Gimignano und der alten Stadt Volterra liegt wieder ein herrlicher Streckenabschnitt. Rund 30 Kilometer fährt man durch eine schöne Hügellandschaft, zunächst über die schmale Landstraße in südliche Richtung, danach gelangt man auf die Staatsstraße 68, die man Richtung Westen bis nach Volterra befährt. Hier gilt es einige Steigungen zu meistern. Ein guter Ausgangspunkt für eine Stadtbesichtigung, die sicherlich einen halben Tag in Anspruch nimmt, ist der stadtnahe Campingplatz »Le

AUSFLUG

MITTELALTERLICHES CERTALDO

Wer noch ausreichend Reisetage zur Verfügung hat, sollte dem idyllischen Bergdorf Certaldo seine Aufmerksamkeit schenken. Die rund 15 Kilometer lange und kurvenreiche Strecke führt durch die Weinberge und an Weingütern vorbei. In Certaldo steht ein zentraler Stellplatz zur Verfügung, und so kann man in aller Ruhe das Städtchen unter die Lupe nehmen. Die Altstadt erstreckt sich auf einem Hügel. Man gelangt mit einer Standseilbahn oder über die Straße Via Castello hinauf, etwas uriger ist jedoch der Spaziergang über den Fußweg. Hierbei geht man über altes Kopfsteinpflaster in das Herz von Certaldo. Über die Toskana hinaus ist Certaldo bekannt, da hier der berühmter italienische Dichter Boccaccio (1313–1375) seine letzten Lebensjahre verbrachte. So strömen viele Besucher in die Kirche ans Grab von Boccaccio. In seinem früheren Wohnhaus, dem Casa del Boccaccio, kann man sich über sein Leben und Werk informieren. Wenige Schritte entfernt stehen einige mittelalterliche Paläste. In der prächtigen Altstadt schlendert man durch alte Gassen und fühlt sich um Jahrhunderte zurückversetzt. Vom Turm des Palazzo Pretorio hat man einen herrlichen Blick auf das Umland. Dort befindet sich übrigens das Werk des Reisemobil-Herstellers ROLLER TEAM.

Das Teatro Romano in Volterra ist ein wichtiges Zeugnis aus der Römerzeit.

Balze«. Darüber hinaus verfügt Volterra über einen großen Stellplatz in der Nähe der Stadtmauer.

MITTELALTERLICHE KULISSE

Auch die sehenswerte mittelalterliche Stadt **Volterra** erstreckt sich auf einem Hügelrücken (545 m), zwischen den Flusstälern von Era und Cecina. Die idyllische Lage und natürlich die reizvolle Altstadt sind Volterras Vorzüge.

Die Stadt blickt auf eine lange Geschichte zurück. Bereits im 8. Jahrhundert v. Chr. ließen sich die Etrusker hier nieder. Im 3. Jahrhundert n. Chr. wurde die Siedlung Teil des Römischen Reiches, was man heute noch anschaulich an den römischen Zeugnissen erkennen kann. Volterra wurde Bischofsstadt und im 12. Jahrhundert eine eigenständige Kommune, doch später wurde auch Volterra von Florenz aus regiert.

Volterra beheimatet rund 3000 Menschen und gehört damit zu den kleinen Städten der Toskana. Dennoch hat sie einige Attraktionen und ist bekannt für die Herstellung von Alabasterprodukten. Das Herz schlägt an der Piazza dei Priori, wo seit dem 9. Jahrhundert der Markt abgehalten wird. Hier reihen sich bemerkenswerte Bauwerke wie der Palazzo Pretorio und der Palazzo dei Priori aneinander.

Der schöne Palazzo dei Priori wurde zwischen 1208 und 1254 erbaut und ist das älteste Rathaus der Toskana. Er diente als Vorbild für den imposanten Palazzo Vecchio in Florenz. Direkt hinter dem Palazzo dei Priori

SPECIAL

ARCHÄOLOGISCHER PARK

Wer ein wenig Ruhe sucht, sollte in den archäologischen Park gehen, wo man auf etruskische Ruinen und römische Tempel stieß. Hier findet man lauschige Plätze und hat einen schönen Blick auf Volterras Burg mit dem mächtigen Turm. Die Burg stammt aus dem 14. Jahrhundert und dient heute als Gefängnis. Unterhalb der Altstadt liegen die sehenswerten Ruinen des römischen Theaters sowie die Ruinen der Thermen aus der Zeit des Kaisers Augustus. Die stattliche Größe der Anlage zeugt von der einstigen Bedeutung der Festspiele.

Rechts: Sehr beliebt sind Alabasterprodukte.

stehen mit der Kathedrale und der Taufkapelle zwei schöne sakrale Bauwerke. Der romanische Dom aus dem 12. und 13. Jahrhundert verfügt über ein kunstvolles Portal und ein interessantes Inventar.

Im Palazzo Minucci kann das große Gemälde »Kreuzabnahme« von Rosso Fiorentino (1495–1540) bestaunt werden. Es wurde um das Jahr 1521 gefertigt und zeigt auf theatralische Weise, wie der Leichnam Jesu vom Kreuz genommen wird.

Wer sich für die Geschichte der Stadt interessiert, ist in dem Etrusker-Museum (Via Don Minzoni) gut aufgehoben. Es zeigt Ausstellungen zur vorgeschichtlichen Zeit bis zur Römerzeit. Wer ein passendes Mitbringsel sucht, sollte sich nach Alabaster-Produkten umsehen, die man in einigen Geschäften, z. B. an der Piazza XX Settembre, kaufen kann.

Nun heißt es Abschied nehmen von dem schmucken Örtchen im hügeligen toskanischen Inland, denn auf der weiteren Route wird die etruskische Küste angesteuert. Über die Staatsstraße 68 verläuft die weiterhin landschaftlich sehr schöne Strecke in westliche Richtung. Einen Streckenabschnitt stellt die Weinstraße »La Strada del Vino« dar. Nach 35 Kilometern hat man den ebenen Küstensaum erreicht. Willkommen an der **etruskischen Küste** (*Costa degli Etruschi*)! In dem kleinen Küstenort **Marina di Cecina** locken gute Campingplätze und schöne Badestrände. Hier kann man nach Belieben eine erholsame Pause einlegen. Im weiteren Verlauf führt die Tour in nördliche Richtung entlang der etruskischen Küste, passiert

Straße nach Volterra

Viele stattliche Bauwerke prägen die Altstadt von Volterra.

»Toskanische Karibik« bei Rosignano-Marittimo

Vada, **Rosignano-Marittimo** und Castiglioncello. An der flachen Küste laden Strände zum Baden und Relaxen und der Ort Castiglioncello zu einem Stadtbesuch ein.

BADEFREUDEN GROSSGESCHRIEBEN

Castiglioncello ist der größte Badeort an der etruskischen Küste und für den Touristenansturm bestens gerüstet. In der Hauptsaison lässt der vielbesuchte Ort nur erahnen, dass er zu Beginn des 20. Jahrhunderts ein elegantes Seebad war.

Zu den Sehenswürdigkeiten gehört in erster Linie der alte Küstenwachturm, in dem heute ein archäologisches Museum untergebracht ist. Neben den guten Übernachtungsmöglichkeiten, den vielen Restaurants und Souvenirläden haben der Ort und die Umgebung eine grandiose Felsenküste zu bieten. Wenige Kilometer nördlich, in **Fortullino**, befindet sich ein Wohnmobil-Stellplatz.

Von Castiglioncello bis Livorno sind es rund 20 Kilometer. Die folgende Küstenstrecke gehört zu den landschaftlich schönsten Abschnitten auf dieser Toskana-Reise. Sie führt oberhalb einer zerklüfteten und malerischen Küste entlang und bietet Ausblicke auf das Meer. Hier reichen die Ausläufer des Höhenzugs Monti Livornesi bis an das Meer heran. Der Höhenzug erstreckt sich auf einem Höhenniveau um 350 Meter, er wurde als Naturpark eingerichtet und bietet sich zu schönen Wanderungen an. Danach kann man sich unterhalb der Felsen eine idyllische Badebucht suchen. Am Horizont sieht man passierende Containerschiffe – Livorno ist nicht mehr weit.

SPECIAL

TERRAZZA MASCAGNI

Nur wenige Meter vom Aquarium entfernt befindet sich in Livorno eine der schönsten Promenaden der Region. Die breite Seepromenade Terrazza Mascagni ist dem einheimischen Komponisten Pietro Mascagni gewidmet und wurde 1999 fertiggestellt. Die Steine weisen ein Schachbrettmuster auf. Die Promenade mit ausreichend Sitzgelegenheiten ist ein idealer Pausenplatz mit Blick auf die Felsen, das Meer und die großen einlaufenden Containerschiffe und Öltanker.

LEBHAFT UND GESCHÄFTIG

Die lebhafte Hafen- und Fährstadt **Livorno** gehört mit rund 160 000 Einwohnern zu den Großstädten des Landes. Livorno liegt im Norden der gleichnamigen Provinz und verfügt über den drittgrößten Containerhafen von Italien. Hier werden viele Handelsgüter

Piazza della Repubblica in Livorno

und Öl umgeschlagen. Die Fähren laufen Sardinien, Korsika, Elba und sogar Sizilien an. Die Marine-Universität befindet sich in Livorno und die vielen Werften sind wichtige Arbeitgeber.

Lohnenswert ist ein Altstadtbesuch, da diese jedoch zu 80 Prozent durch Bombenangriffe im Zweiten Weltkrieg zerstört wurde, wechseln sich heute alte und neue Bauwerke ab. Ein reizvoller Platz ist die Piazza Grande mit dem Dom San Francesco, der teilweise erst nach dem Zweiten Weltkrieg erbaut wurde. Die Altstadt ist umgeben von dem großen Kanal Fosso Reale, der zum Schutz bereits im 16. Jahrhundert angelegt wurde. An der Innenseite des Kanals stehen schöne Häuserzeilen und in dem Kanal haben kleine Fischerboote und Sportboote festgemacht.

Zu den schönen Bauwerken der Hafenstadt gehören die alten Befestigungsanlagen. Die »alte Festung« Fortezza Vecchia steht am nördlichen Ende der Hafenanlage und wurde zwischen 1421 und 1534 errichtet. Eingeschlossen von der Wehranlage wird der Turm der Gräfin Mathilde, der aus dem 9. Jahrhundert stammt. Eine Befestigungsanlage jüngeren Datums ist die Fortezza Nuova, die von dem Kanal Fosso Reale umgeben ist. Mächtige Mauern und einige Palmen prägen das Bild.

Nur wenige Meter von der Wehranlage entfernt befindet sich das alte Kaufmannsviertel Venezia Nuova (Neu-Venedig). Hier wurden zu Beginn des 17. Jahrhunderts Kanäle angelegt, Häuser gebaut und enge Gassen entstanden. Über die Kanäle führen kleine Brücken und wie beim unnachahmlichen Vorbild Venedig gibt es auch eine Via San Marco. Jeden ersten Sonntag im Monat findet in Klein-Venedig ein Antiquitätenmarkt statt.

Zu den besuchenswerten Museen zählt das städtische Aquarium (*Acquario Comunale*), das rund 1,5 Kilometer südlich der Altstadt liegt und über die Flora und Fauna des Mittelmeeres informiert. Wer einkaufen möchte, der hat mit Livorno die richtige Wahl getroffen, denn in der Innenstadt reihen sich zahlreiche Geschäfte aneinander. Frischen Fisch bekommt man auf dem Fischmarkt am Hafen, in der Nähe des Denkmals »Vier Mohren«, täglich.

Von Livorno ist es über die Staatsstraße 1 oder alternativ die Autobahn A 12 nur ein Katzensprung (ca. 20 km) zu einem weiteren Highlight der Toskana-Reise: Den Reisemobilisten erwartet die »wunderbare« Stadt Pisa mit ihrer weltbekannten Attraktion. Am besten sollte man sofort den Campingplatz »Torre Pendente« ansteuern. Dann sind es nur

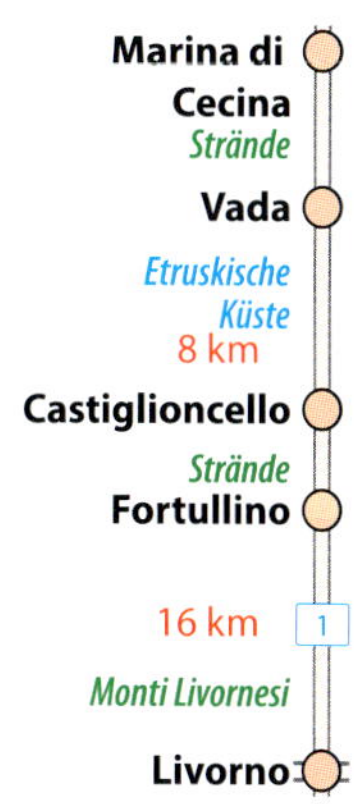

Auf der Piazza dei Miracoli in Pisa steht die große Taufkirche.

noch 800 Meter zum schiefen Turm. Wegen des schiefen Turms gehört Pisa zu den bekanntesten Städten der Toskana.

WELTBERÜHMT UND VIEL BESTAUNT

Pisa ist das Verwaltungszentrum der gleichnamigen Provinz und zählt immerhin rund 90 000 Einwohner. Die berühmte Stadt erstreckt sich zu beiden Seiten des Flusses Arno und befindet sich rund zehn Kilometer vom Meer entfernt.

Bereits in der Römerzeit war Pisa besiedelt und auch schon zu den Zeiten der Goten, der Langobarden und der Karolinger eine bedeutende Stadt. Umfangreich wurde die Stadt zwischen dem 11. und dem 13. Jahrhundert ausgebaut und es entstanden zahlreiche romanische Bauwerke. Im 11. Jahrhundert war Pisa eine wichtige Seemacht und erst 1284, durch die Niederlage gegen die Flotte aus Genua, verlor es an Einfluss. 1406 wurde die Stadt, wie viele andere Städte in der Toskana, von Florenz regiert, was die Lage der Stadt erheblich verbesserte. Einen weiteren Aufschwung erfuhr Pisa durch den Anschluss an das Eisenbahnnetz. Heute präsentiert sich die Großstadt als florierendes Fremdenverkehrszentrum mit einer imposanten Altstadt und einer renommierten Universität mit immerhin 40 000 Studierenden.

Pisas Herz schlägt in der sehenswerten Altstadt, die von einer mächtigen Stadtmauer umgeben ist. Im Norden befindet sich die Piazza dei Miracoli, der Platz der Wunder, wo man im Jahre 1063 mit dem Bau des Turms begann. Über zwei Jahrhunderte war hier eine riesige Baustelle. Man betritt den legendären Platz durch das große Tor an der Piazza Manin und sieht unweigerlich den Schiefen Turm (*Torre Pendente*). Es ist der Glockenturm, der sogenannte Campanile, des Doms, trägt die Handschrift von Baumeister Bonanno Pisano und wurde im Jahre 1173 fertiggestellt. Sehr früh neigte sich der Campanile und die Bevölkerung spottete, dass Pisano den Sturz des Turmes noch erleben werde. Der Turm überlebte seinen Erbauer, dessen Grab heute in der Nähe des Turmes zu finden ist.

1990 begann man mit Stahlseilen, einem möglichen Sturz entgegenzuwirken. Der Überhang beträgt genau 5,22 Meter. Die Schiefstellung hatte jedoch auch seine Vorteile und so nutzte der berühmte und in Pisa geborene Wissenschaftler Galileo Galilei (1564–1642), der immerhin als Erster begründete, dass die Erde eine Kugel ist, den Turm zu Experimenten. Er führte Versuche zum freien Fall durch. Ebenfalls aus Pisa stammte Fibonacci (Leonardo von Pisa, 1170–1240). Er war Rechenmeister in Pisa und einer der bedeutendsten Mathematiker im Mittelalter.

Der Dom Santa Maria Assunta ist das beeindruckendste Bauwerk am Platz der Wunder. Die Bauarbeiten wurden bereits im Jahre 1063 in Angriff genommen, fertiggestellt wurde der Dom erst im 13. Jahrhundert. Das schöne Gotteshaus ist ein typisches Beispiel für die pisanisch-gotische Architekturkunst. Der imposanteste Teil ist seine Fassade. Sie wurde aus weißem Marmor geschaffen und besteht aus drei Portalen und vier darüberliegenden Säulengängen. Im Inneren gehört die Kanzel von Giovanni Pisano zu den Schmuckstücken.

Zum beachtlichen Ensemble des Platzes der Wunder gehört außerdem der Camposanto, ein lang gezogenes Friedhofsgebäude mit zahlreichen Statuen, Denkmälern und Grabstätten.

Nach der Piazza dei Miracoli sollte man der Altstadt einen Besuch abstatten. Hier wird es wesentlich ruhiger und man läuft entspannt durch schöne Straßen mit prächtigen Bauten und zahlreichen Straßencafés. Schönste und lebendigste Straße ist die Flaniermeile Borgo Stretto, über die man die älteste Brücke der Stadt, die Ponte di Mezzo erreicht. Reizvoll sind auch die Promenaden am Ufer des Arno, die anlässlich des Lichterfestes »Luminara« alljährlich hell erleuchtet sind. Am Ufer reihen sich Prachtbauten, wie der Palazzo Medici aus dem 13. Jahrhundert. Einst wohnte hier der mächtige Lorenzo il Magnifico de' Medici, heute ist hier die Präfektur untergebracht.

In der Nähe befinden sich das Nationalmuseum und die malerische Piazza Mazzini. Im Nationalmuseum sind Kunstwerke, Skulpturen und Gemälde toskanischer Künstler zu sehen. Ein schöner Platz in der Altstadt ist der Platz der Ritter (*Piazza dei Cavalieri*) mit dem prachtvollen Palazzo dei Cavalieri, in dem die Universität untergebracht ist.

Zu den weiteren nennenswerten Gotteshäusern gehören Santo Stefano (1569) und die Kirche Santa Maria della Spina (1325), die an der Promenade Lungarno Gambacorti liegt. Sie hatte ursprünglich einen anderen Standort unterhalb am Fluss. Da Überschwemmungen die Kirche bedrohten, wur-

Auf zum Platz der Wunder!

Livorno
Kanal Fosso Reale
Fortezza Vecchia
Promenade
Neu-Venedig
20 km A12
Pisa
Schiefer Turm
Piazza dei Miracoli
Dom
Festo
12 km
San Guiliano Terme

SPECIAL

PISAS FESTE

Pisa lockt mit vielen besonderen Festivitäten. Neben dem Lichterfest »Luminara« (16. Juni) bietet die Stadt mit der großen mittelalterlichen Militärparade »Gioco del Ponte«, die am letzten Sonntag im Juli stattfindet, ein weiteres großes Fest. Dann messen die Stadtteile ihre Kräfte und schieben einen 50 Tonnen schweren Wagen auf einer Schiene. Dieser Wettkampf wird seit 1568 durchgeführt. Kräfte gemessen werden auch beim Ruderwettbewerb, der Regatta zu Ehren des heiligen Ranieri (*Regata Storica di San Ranieri*), die seit 1292 auf dem Arno ausgetragen wird (17. Juni).

Der schiefe Turm von Pisa gehört sicherlich zu den berühmtesten Bauwerken weltweit.

Am Platz der Ritter steht der Palazzo dei Cavalieri.

de sie im Jahre 1871 demontiert und oberhalb wieder aufgebaut.

Nicht nur imposante Bauwerke prägen Pisa, sondern auch die zahlreichen Einkaufsstraßen und Märkte. In der Via Buonarroti findet jeweils am Samstag und am Mittwoch der Markt statt. Für Antiquitätensammler ist der Antiquitätenmarkt auf der Piazza XX Settembre, der am zweiten Wochenende im Monat abgehalten wird, die richtige Adresse.

Tief beeindruckt verlässt der Reisemobilist Pisa und steuert eine weitere schöne Stadt an. Dazu fährt man über die Staatsstraße 12 rund 20 Kilometer zur reizvollen Stadt Lucca. Auf etwa halber Strecke erreicht man den Ort **San Giuliano Terme**. Zu seinen Attraktionen gehört die erholsame und sehr umfangreiche Therme »Bagni di Pisa« (www.bagnidipisa.com).

KULTUR

GRÖSSTE TAUFKIRCHE WELTWEIT

Ein weiteres prachtvolles Gebäude an der Piazza dei Miracoli in Pisa ist das Baptisterium, ein reich verzierter Rundbau, der im Jahre 1152 zunächst im romanischen Stil begonnen wurde. Um 1300 wurde die Taufkirche des Doms im gotischen Baustil fertiggestellt. Sie ist mit einem Umfang von 107 Metern und einer Höhe von 54 Metern die größte Taufkapelle weltweit. Das Taufbecken (1256) und die beeindruckende Kanzel von Pisano gehören zu dem sehenswerten Inventar.

EINST SEIDE, HEUTE OLIVENÖL

Lucca liegt im Tal des Flusses Serchio und zählt immerhin 90 000 Einwohner. Wer heute durch die Altstadt schlendert, kann die einstige Bedeutung der Stadt an den vielen imposanten Bauwerken ablesen. Im Mittelalter zählte Lucca zu den bedeutendsten Städten Europas – noch vor Florenz und Pisa! Einen hohen Stellenwert hatte die Textilherstellung. Heute ist neben einigen anderen Wirtschaftszweigen die Produktion von Olivenöl über die Landesgrenzen hinaus bekannt.

Auch der Fremdenverkehr ist eine wichtige Einnahmequelle, denn Lucca präsentiert sich mit prächtiger Altstadt. Diese erstreckt sich innerhalb eines schützenden, elliptischen Walls und einer Backsteinmauer, für deren Bau sechs Millionen Ziegelsteine verwendet wurden! Sie entstand in der Zeit von 1544 bis 1645, ist 4,2 Kilometer lang und bis zu zwölf Meter hoch. Integriert in die Mauer sind elf Bastionen. Die Mauern dienten auch dazu, die Altstadt vor Hochwasser zu schützen.

Auf der Mauer kann man heute wie auf einer Promenade spazieren und hat so stets einen schönen Blick über die Stadt. Der Spaziergang weckt die Neugierde und so sollte die Entdeckungstour »intra muros« nicht lange auf sich warten lassen. Hier schlendert man durch herrliche Gassen von einem reizvollen Platz zum nächsten und widmet seine Aufmerksamkeit den Bauwerken.

Hauptplatz der Stadt ist die Piazza Napoleone, die 1806 unter der Regentschaft von Elisa Baciocchi angelegt wurde. Sie war die Schwester von Napoleon und herrschte als Fürstin von Lucca über die damalige Republik Lucca.

Ein weiterer besonderer Platz ist die Piazza del Mercato. Mit viel Fantasie kann man an der ovalen Form erkennen, dass der Platz an der Stelle eines römischen Amphitheaters errichtet wurde. Die Häuser, die den Platz säumen, stehen auf den Grundmauern des »Anfiteatro Romano«. Lucca hat noch viele weitere Prachtbauten, nette Gassen und einladende Plätze zu bieten. Zu den sehenswerten Kirchen gehört die Kirche San Frediano mit kunstvoll gestalteter Fassade oder die Kirche Santa Maria Forisportam aus dem 13. Jahrhundert.

Auch Museumsfreunde kommen in Lucca auf ihre Kosten. So bietet sich speziell für Kunstliebhaber ein Besuch der »Pinacoteca Nazionale« an. Sie ist in dem Palazzo Mansi untergebracht und zeigt Bilder u.a. von Tintoretto, Guido Reni, Paolo Veronese und den Malern der Toskanischen Schule.

Die große Villa Guinigi beherbergt das umfassende Nationalmuseum (*Museo Nazionale di Villa Guinigi*). Hier können u.a. Skulpturen aus etruskischer und römischer Zeit oder aus dem Mittelalter bewundert werden. Ein besonders Museum stellt das Puccini-Haus dar. In dem Geburtshaus des großen Komponisten Giacomo Puccini (1858–1924) kann man sich heute über sein Leben und Werk informieren. Vor dem Haus erinnert ein Denkmal an den Komponisten, der u.a. Opern wie »Tosca«, »Turandot« oder »Madame Butterfly« schuf.

Neben dem kulturellen Programm bietet sich in der Altstadt ein Einkaufsbummel an.

Fassade der Kathedrale in Lucca

San Guiliano Terme
8 km
Lucca
Altstadt
Stadtmauer
Plätze
Museen
Puccini-Haus
Torre Guinigi
27 km A11
Viareggio

Im Herzen von Lucca befindet sich die Piazza del Mercato.

Zu den großen Söhnen der Stadt Lucca gehört der Komponist Giacomo Puccini.

In den netten Läden stöbern Touristen ebenso gern wie Einheimische. Wer sich zum Abschluss der Reise eine schmackhafte Erinnerung aus Lucca mitbringen möchte, sollte gutes Olivenöl kaufen.

Der Besuch in Lucca rundet das kulturelle Programm der Toskana-Reise bestens ab. Wer nun noch ein paar Tage Zeit hat, sollte an die Küste fahren und dort die Reise erholsam ausklingen lassen. Zügig geht es hierfür über die Autobahn A 11 oder die dazu parallel verlaufende Staatsstraße 432 an die Küste nach Viareggio (27 km). Auf der Fahrt blickt man auf den großen See **Lago di Massaciuccoli** im Osten von Viareggio.

KULTUR

SAN MARTINO IN LUCCA

Sehenswert ist der dreischiffige Dom San Martino, der durch seinen zinnengekrönten Campanile ins Auge fällt. Die Kirche geht im Wesentlichen auf ein im 11. und 12. Jahrhundert romanisch umgebautes Gotteshaus zurück. Der 69 Meter hohe Glockenturm mit auffallenden Arkaden wurde im frühen 13. Jahrhundert fertiggestellt und diente vielen anderen Glockentürmen in der Region als Vorbild.

STRAND UND WERFTEN

Der beliebte Badeort **Viareggio** liegt an dem Küstenabschnitt Versilia. Hier hat der Fremdenverkehr dank der schönen Sandstrände eine lange Tradition. Nach einem Großbrand im Jahr 1917 mussten große Teile der Stadt wiederaufgebaut werden und es entstanden viele stolze Villen im italienischen Jugendstil. Heute schlendert man gern über die Promenade und breitet sein Badelaken am Strand aus. Wer will, nimmt die großen Hafenanlagen unter die Lupe und blickt auf den Torre Matilde. Der Turm wurde 1544 errichtet und gehört zu den wenigen historischen Bauwerken. Bei der Erkundungstour der Hafenanlagen rund um den alten Kanal Burlamacca werden sicherlich die großen Werften mit den gigantischen Luxusjachten in Erinnerung bleiben.

Nördlich von Viareggio locken weitere schöne Strandabschnitte und einige Badeorte. So sollte der Reisemobilist auf der Küstenstraße 432 in nordöstliche Richtung fahren und dort, wo sich die Gelegenheit bietet,

einen Campingplatz oder einen Stellplatz aufsuchen und die Reise an einem der schönen Strände ausklingen lassen.

Die Staatsstraße 432 führt zunächst an der **Riviera Versiliese** an den netten Badeorten **Lido di Camaiore**, **Marina di Pietrasanta** und **Forti dei Marmi** vorbei. Danach erreicht man die **Riviera Apuana**, wo der Badeort **Marina di Massa** die Endstation der vielseitigen Tour durch die nördliche Toskana bildet. Marina di Massa wartet mit vielen Campingplätzen auf und bietet breite Sandstrände. Hier kann man relaxen, bis man (leider) die Heimreise antreten muss.

In Viareggio werden Luxusjachten gebaut.

Links: Marina di Massa ist ein beliebtes Ziel bei Badegästen.

SPECIAL

TORRE GUINIGI

Zu den vielen markanten Bauwerken von Lucca gehört der Geschlechterturm Torre Guinigi, der sich an der Gasse Via Guinigi immerhin 44 Meter in die Höhe reckt. Gegen Gebühr kann man den einmaligen Turm erklimmen und man ist mehr als verwundert, wenn man auf der Turmplattform plötzlich unter einer Steineiche steht, während man den Blick schweifen lässt. Die grandiose Aussicht reicht über die alten Dächer Luccas bis hin zu den Bergen des Apennin. Der Turm ist Teil des Stadtpalastes Case dei Guinigi der Familie Guinigi, die im 14. und 15. Jahrhundert in Lucca herrschte. Nach dem herrlichen Rundumblick geht es die 230 Stufen wieder nach unten.

Viareggio
Strände
Promenade
Werften

35 km

Badeorte

Marina di Massa
Strände
Campingplätze

Ziel

PRAKTISCHE HINWEISE

KARTE

Marco Polo Karte Italien, Blatt 7 Toskana, 1:200 000

TOURISTINFORMATIONEN

APT Firenze, Via Camillo Cavour 1, 50129 Firenze, Tel. +39 055 000, www.firenzeturismo.it

In Florenz befinden sich Touristenbüros in der Via Camillo Cavour 1 (nahe Palazzo Medici), an der Piazza San Giovanni (am Dom) und am Bahnhof (Piazza della Stazione 4).

Touristeninfo Siena, Piazza del Campo 56, 53100 Siena, Tel. +39 0577 280551, www.terresiena.it

Touristinformation San Gimignano, Piazza del Duomo, 53037 San Gimignano, Tel. +39 0577 940008, www.sangimignano.com

Touristeninfo Pisa, Central Station Area, Piazza Vittorio Emanuele II 16, 56125 Pisa, Tel. +39 050 42291, www.pisaunicaterra.it (weitere Touristeninfo nahe Schiefer Turm)

CAMPING- UND STELLPLÄTZE

S 600 **Florenz:** Stellplatz Via Gelsomino (S. 283 E4)
GPS: N 45°45′6″ E 11°14′39″
Rund 2 km südwestlich der Altstadt von Florenz befindet sich der Stellplatz in der Via Gelsomino. Er liegt in einem Wohngebiet an einer tagsüber befahrenen Straße. Der kostenpflichtige und ganzjährig geöffnete Stellplatz ist ein guter Ausgangspunkt für die Erkundung von Florenz. Das Reisemobil steht eben auf Rasengittersteinen. Die rund 25 Stellflächen sind markiert. Ver- und Entsorgungsmöglichkeiten sind vorhanden.
Adresse: Via Gelsomino 11, 50125 Florenz

Camping Village Norcenni Girasole Club

S 601 **Florenz:** Stellplatz Via Mercati (S. 283 E4)
GPS: N 45°45′46″ E 11°14′55″
Der Stellplatz für Reisemobile liegt nördlich der Altstadt von Florenz, in rund 4 km Entfernung. Hier finden rund 25 Reisemobile Platz. Man steht auf einer ebenen Schotterfläche teils unter Bäumen, neben einem Sportzentrum. Der ansonsten einfache Stellplatz verfügt über Ver- und Entsorgungsmöglichkeiten.
Adresse: Via Michele Mercati 24 B, 50139 Florenz

C 602 **Florenz:** Camping Firenze (S. 283 E4)
GPS: N 43°55′56″ E 11°18′57″
Am östlichen Ortsrand von Florenz, direkt am nördlichen Ufer des Arno, befindet sich der Campingplatz, der eher einem guten Stellplatz gleicht. Zelte verboten! Er bietet ebene Rasenflächen. Die Bushaltestelle ist in wenigen Gehminuten zu erreichen. Bequem fährt man mit dem Bus ins Zentrum von Florenz.
Adresse: Viale Generale Dalla Chiesa 1–3, 50136 Firenze, Tel. +39 055 4698300, www.evacanze.it

C 603 **Fiesole:** Camping Panoramico Fiesole (S. 283 E4)
GPS: N 43°48′24″ E 11°18′23″
Der Campingplatz liegt 7 km nördlich von Florenz. Er erstreckt sich auf einem Hügel und bietet einen Ausblick auf Florenz. Mit

dem kostenlosen Pendelbus geht es nach Fiesole (sehenswerter archäologischer Park mit röm. Theater) und mit dem Bus in das historische Stadtzentrum von Florenz. Der Campingplatz hat eine sehr steile Zufahrt. Adresse: Via Peramonda 1, 50014 Fiesole, Tel. +39 055 599069, www.florencevillage.com

C 604 **Figline Valdarno:** Camping Village Norcenni Girasole Club (S. 283 E5)
GPS: N 43°36′42″ E 11°26′58″
Dieser Platz lässt das Herz jedes Campers höherschlagen. Die unbegrenzte Ausstattung reicht von mehreren Schwimmbädern über Tennisplätze, Wellness- und Fitnesscenter, Restaurants, Bars, Weinkeller und Supermarkt bis hin zu Ausflugsangeboten. So lässt man sein Wohnmobil stehen und fährt mit dem Bus nach Florenz, Pisa, Lucca, San Gimignano, Siena oder sogar nach Rom. Auf dem großen Gelände steht man auf ebenen Plätzen und sollte hier mehrere Tage einplanen. Es empfiehlt sich, in der Hauptsaison vorab zu buchen.
Adresse: Via Norcenni 7, 50063 Figline Valdarno, Tel. +39 055 915141, www.norcennigirasole.net/de

S 605 **Greve in Chianti:** Stellplatz Via Montebeni (S. 283 E5)
GPS: N 43°35′26″ E 11°18′49″
In der Nähe des Hallen- und Schwimmbades steht ein ebener Stellplatz zur Verfügung. Zum Zentrum von Greve in Chianti sind es nur wenige Gehminuten. Rund 20 Reisemobile finden hier Platz.
Adresse: Via Montebeni, 50022 Greve in Chianti

S 606 **Radda in Chianti:** Stellplatz Via degli Ulivi (S. 283 E5)
GPS: N 43°29′11″ E 11°22′32″
Der Stellplatz befindet sich südlich vom Ortszentrum auf einem Hügel. Die Plätze erstrecken sich auf drei ebenen Terrassen mit Schotterflächen. Zur Altstadt von Radda in Chianti sind es nur wenige 100 m.
Adresse: Via degli Ulivi, 53017 Radda in Chianti

Stellplatz an der Via Gelsomino in Florenz

S 607 **Castellina in Chianti:** Stellplatz an der SR 222 (S. 283 E5)
GPS: N 43°28′24″ E 11°17′16″
Am Ortseingang, direkt an der Regionalstraße 222, befindet sich an der rechten Seite ein großer Parkplatz für Wohnmobile. Hier steht man auf einem ebenen Platz und benötigt nur wenige Minuten, um in das Zentrum von Castellina in Chianti zu laufen. Der Platz verfügt über Ver- und Entsorgungsmöglichkeiten und bietet einen Blick auf die Stadtsilhouette.
Adresse: La Strada del Chianti, 530011 Castellina in Chianti

C 608 **Siena:** Camping Colleverde (S. 283 E5)
GPS: N 43°20′13″ E 11°19′53″
Der Campingplatz befindet sich rund 2 km nordöstlich von Siena. Hier steht man auf geschotterten oder asphaltierten Stellplätzen. Teils hat man einen Ausblick auf die Stadt, zu der eine Busverbindung besteht.
Adresse: Strada di Scacciapensieri 47, 53100 Siena, Tel. +39 0577 334080, www.sienacamping.com

S 609 **Siena:** Stellplatz Parcheggio Palasport (S. 283 E6)

Stellplatz in Castellina in Chianti

Stellplatz Santa Lucia in San Gimignano

GPS: N 43°20'3" E 11°18'54"
Auf einem Großparkplatz nordwestlich der Altstadt von Siena wurde ein Stellplatz eingerichtet. Auf dem einfachen asphaltierten und ebenen Stellplatz steht man zwar nicht gemütlich, kann jedoch die Altstadt bequem erreichen. Die Entfernung beträgt rund 2 km. Ver- und Entsorgungsmöglichkeiten stehen zur Verfügung.
Adresse: Via Achille Sclavo, 53100 Siena

S 610 **Colle di Val d'Elsa:** Stellplatz Parcheggio Portavecchia (S. 282 D5)
GPS: N 43°25'19" E 11°7'3"
Auf dem Großparkplatz Parcheggio Portavecchia wurden auch Stellflächen für Reisemobile eingerichtet. Von dem einfachen Stellplatz sind es nur wenige Schritte in die Altstadt.
Adresse: Via della Rimembranza, 53034 Colle di Val d'Elsa

S 611 **Poggibonsi:** Stellplatz (S. 282 D5)
GPS: N 43°27'45" E 11°08'45"
Rund 500 m südlich vom Zentrum befindet sich der Stellplatz, auf dem rund 15 Reisemobile Platz finden. Der ebene Stellplatz bietet auch eine Ver- und Entsorgungsmöglichkeit.

Campingplatz Le Tamerici in Marina di Cecina

Adresse: Via Fortezza Medicea, 53036 Poggibonsi

S 612 **San Gimignano:** Stellplatz Park Santa Lucia (S. 282 D5)
GPS: N 43°27'7" E 11°3'20"
In dem Ortsteil Santa Lucia, direkt an der Landstraße und rund 2 km südöstlich der Altstadt San Gimignanos, befindet sich der ebene Schotterplatz, der immerhin für fast 50 Reisemobile Platz hat. Neben dem Stellplatz befindet sich auch das Freibad.
Adresse: Loc. Santa Lucia, 53037 San Gimignano

C 613 **San Gimignano:** Camping Boschetto di Piemma (S. 282 D5)
GPS: N 43°27'11" E 11°3'19"
2 km südöstlich von San Gimignano, in dem Ortsteil Santa Lucia, befindet sich der Campingplatz mit teils ebenen, teils geneigten Stellplätzen. Der Campingplatz ist gut ausgestattet und verfügt u. a. über ein Restaurant.
Adresse: Loc. Santa Lucia 38, 53037 San Gimignano, Tel. +39 0577 907134, www.boschettodipiemma.it/de

S 614 **Certaldo:** Stellplatz Area Comunale (S. 282 D5)
GPS: N 43°32'46" E 11°02'45"
Unterhalb der Oberstadt von Certaldo steht das Reisemobil auf einer ebenen Parkfläche. Über die nahe gelegene Brücke geht es in das Zentrum und rechts über den Fußweg hinauf in die Altstadt.
Adresse: Piazza di Macelli, 50052 Certaldo

S 615 **Volterra:** Stellplatz P3 (S. 282 D5)
GPS: N 43°24'11" E 10°53'41"
Auf dem großen Parkplatz an der nördlichen Stadtmauer wurde ein kostenpflichtiger Stellplatz eingerichtet. Nur wenige Schritte sind es in die herrliche Altstadt von Volterra. Immerhin 200 Reisemobile können im günstigsten Fall auf dem großen Schotterplatz stehen. So kommt es selbst in der Hauptsaison nicht zu Engpässen. Der ganzjährig zugängliche Stellplatz bietet auch Möglichkeiten zur Ver- und Entsorgung.
Adresse: Viale dei Filosofi, 56048 Volterra

C 616 **Volterra:** Camping Le Balze (S. 282 D5)
GPS: N 43°24′46″ E 10°51′3″
Unweit der schönen Stadt Volterra befindet sich der einfache Campingplatz Le Balze und ist somit ein guter Ausgangspunkt für die Stadterkundung. Hier steht das Reisemobil auf einem teils geneigten, teils terrassierten Wiesengelände unter hohen Laubbäumen.
Adresse: Via di Mandringa 15, 56048 Volterra, Tel. +39 0588 87880, www.campinglebalze.com

C 617 **Marina di Cecina:** Campingplatz Le Tamerici (S. 282 C6)
GPS: N 43°17′32″ E 10°30′37″
Der empfehlenswerte Campingplatz liegt am Ortsrand des Badeortes Marina di Cecina und kann mit einem guten Angebot aufwarten. Wenige 100 m sind es zum schönen Strand. Hierbei läuft man durch einen Pinienwald. Der Campingplatz verfügt über parzellierte, durch Hecken voneinander getrennte Stellplätze. Teilweise steht das Reisemobil unter Bäumen. Zur guten Ausstattung zählen u. a. Spielplätze und Pool.
Adresse: Via della Cecinella 5, 57023 Marina di Cecina, Tel. +39 0586 620629, www.letamerici.it

C 618 **Vada:** Campingplatz Molino a Fuoco (S. 282 C6)
GPS: N 43°19′55″ E 10°27′36″
Rund 100 m ist der ebene Campingplatz vom Strand entfernt. Bäume und Mattendächer spenden Schatten und das umfangreiche Angebot lädt zu einem mehrtägigen Aufenthalt ein. Der umfangreich ausgestattete Campingplatz bietet auch Leihfahrräder. Für sportlich Ambitionierte bietet sich der kleine Outdoor-Fitnesspark an.
Adresse: Via Cavalleggeri 32, 57018 Vada, Tel. +39 0586 770150, www.campingmolinoafuoco.com/de

S 619 **Rosignano-Marittimo:** Stellplatz am Strand (S. 282 C5)
GPS: N 43°23′00″ E 10°25′57″
Zu den besonderen Stellplätzen an der Küste der Toskana gehört der große, kostenpflichtige Parkplatz in unmittelbarer Nähe zum Strand. Hier parkt man sein Reisemobil auf einer Rasen-Schotter-Fläche und springt wenig später in die Fluten des Mittelmeeres. Das Besondere ist nicht nur der feine Sandstrand, sondern das türkisfarbene Wasser, das dem Strandabschnitt den Beinamen »Toskanische Karibik« eingebracht hat. Ursache sind die eingeleiteten feinen Partikel des benachbarten Solvay-Bicarbonat-Werkes. Ein kleines Restaurant lockt am Strand und besonders schön sind hier Strandspaziergänge.
Adresse: Via Gigli, 57016 Rosignano-Marittimo

Stellplatz in Volterra

S 620 **Rosignano-Marittimo:** Stellplatz Via Aurelia (S. 282 C5)
GPS: N 43°23′55″ E 10°25′42″
Direkt an der Hauptstraße der Via Aurelia, vor dem Ortseingang von Castiglioncello, befindet sich der einfache Schotterplatz und gleich nebenan ein Waldstück. Zum Strand und zur großen Marina sind es nur wenige Gehminuten.
Adresse: Via Aurelia, 57013 Rosignano-Marittimo

S 621 **Castiglioncello-Fortullino** (Etruskische Küste): Stellplatz (S. 282 C5)

Stellplatz in Strandnähe in Rosignano-Marittimo

GPS: N 45°25'53" E 10°23'46"
Der Reisemobil-Stellplatz befindet sich rund 4 km nördlich von Castiglioncello in dem kleinen Ort Fortullino und ist von der Küstenstraße beschildert. Er ist terrassenförmig angelegt und bietet Meerblick. Immerhin 150 Reisemobile finden auf dem Platz eine Stellfläche. Trinkwasser steht nicht zur Verfügung!
Adresse: Loc. Fortullino, 57012 Castiglioncello-Fortullino, Tel. +39 0338 9631531, www.ilfortullino.it

S 622 **Livorno:** Stellplatz/Campingplatz Miramare (S. 282 B5)
GPS: N 43°20'35" E 10°27'30"
Der Campingplatz Miramare befindet sich an der Küste, nach Livorno sind es rund 7 km. Auf dem ganzjährig geöffneten Campingplatz ergattert man mit etwas Glück auch Stellplätze oberhalb der Steilküste, die einen Blick aufs Meer bieten. Treppen führen hinunter zum schmalen Kiesstrand. Der Campingplatz bietet auch einen benachbarten Stellplatz an.
Adresse: Via del Littorale 220, 57128 Livorno, Tel. +39 0586 580402, www.miramare.me

S 623 **Livorno:** Stellplatz Viale d'Antignano (S. 282 B5)
GPS: N 43°30'17" E 10°19'16"
Südlich von Livorno befindet sich der Stellplatz zwischen den Orten Ardenza und Antignano. Er ist einen Steinwurf von der Küste entfernt und bietet ebene Asphaltflächen. Rund 50 Fahrzeuge können auf dem einfachen Stellplatz stehen. Von dem Stellplatz erreicht man die weitläufige Uferpromenade, auf der man schön spazieren kann.
Adresse: Viale d'Antignano, 57128 Livorno

Camping La Pineta in Viareggio

S 624 **Livorno:** Stellplatz Via Voltolino Fontani (S. 282 B5)
GPS: N 43°30'50" E 10°19'29"
Der abgegrenzte Reisemobilplatz liegt einige Kilometer südlich von Livorno, am südlichen Ortsrand des Vorortes Ardenza. Ver- und Entsorgungsmöglichkeiten sind auf dem kostenpflichtigen Stellplatz vorhanden.
Adresse: Via Voltolino Fontani, 57128 Livorno

C 625 **Pisa:** Camping Torre Pendente (S. 282 C4)
GPS: N 43°43'27" E 10°22'59"
Nur 800 m sind es zum Schiefen Turm! Ansonsten ist der Campingplatz gut ausgestattet und bietet ebene und teils schattige Stellplätze. In der Hauptsaison ist er stark frequentiert und es empfiehlt sich, schon sehr frühzeitig dort zu erscheinen.
Adresse: Viale delle Cascine 86, 56122 Pisa, Tel. +39 050 561704, www.campingtorrependente.com

S 626 **Pisa:** Stellplatz Via di Pratale (S. 282 C4)
GPS: N 43°43'18" E 10°25'13"
Der kostenpflichtige Stellplatz liegt rund 1 km östlich vorm Stadtzentrum und ist ein guter Ausgangspukt, um Pisa zu besuchen. Er bietet ebene Stellflächen sowie Ver- und Entsorgung an.
Adresse: Via di Pratale 78, 56100 Pisa

S 627 **Lucca:** Stellplatz Area Sosta Lucca (S. 282 C4)
GPS: N 43°50'24" E 10°29'20"
Mehr als 60 Reisemobile finden auf dem ebenen und asphaltierten Stellplatz von Lucca einen Platz. Der Stellplatz ist kostenpflichtig und verfügt über eine Ver- und Entsorgungsstation. Er befindet sich rund 500 m westlich der Altstadtmauern.

Adresse: Viale Gaetano Luporini,
55100 Lucca

C 628 **Viareggio:** Camping La Pineta (S. 282 B4)
GPS: N 43°51'2" E 10°15'56"
Seit 1958 besteht in Viareggio der einfache Campingplatz La Pineta. Er ist von Viareggios Zentrum rund 2 km und vom Strand ca. 1,5 km entfernt. Der Campingplatz ist eben und hat einen hohen Anteil an Dauercampern. Ebene Rasenflächen unter Bäumen stehen für Reisemobile zur Verfügung. Im oft heißen Sommer erfreut man sich an dem Pool.
Adresse: Via dei Lecci 105,
55049 Viareggio, Tel. +39 0584 383397,
www.campinglapineta.com

C 629 **Marina di Massa:** Camping Giardino (S. 282 B3)
GPS: N 44°1'30" E 10°4'27"
Vom Campingplatz sind es nur wenige Gehminuten bis zum breiten Strand von Marina di Massa. Der Campingplatz ist eben und bietet ebene Stellflächen auf Rasen. Teilweise bieten Bäume Schutz. Zur guten Ausstattung gehören ein Schwimmbad, ein Mini-Markt und ein kleines Restaurant.
Adresse: Via delle Pinete 382,
54100 Marina di Massa, Tel. +39 0585 869291, www.campinggiardino.com

C 630 **Marina di Massa:** Campingplatz Partaccia (S. 282 B3)
GPS: N 44°1'37" E 10°4'11"
Die Nähe zum Strand ist das große Plus des 43 000 m^2 großen Campingplatzes. Nur wenige 100 m geht man vom ebenen Campingplatz zum Strand. In dem parkartig angelegten Campingplatz steht das Reisemobil teilweise unter Schatten spendenden Bäumen. Für Kinder wird ein Animationsprogramm geboten.
Adresse: Via delle Pinete 394,
54100 Marina di Massa,
Tel. +39 0585 780133, www.partaccia.it

C 631 **Marina di Massa:** Camping Luna (S. 282 B3)
GPS: N 44°1'38" E 10°4'14"

Camping Partaccia in Marina di Massa

Der gepflegte Campingplatz liegt an der Via delle Pinete, wo sich mehrere Plätze aneinanderreihen. Sie sind eben und parzelliert. Zum Strand geht man über die Straße und erreicht ihn nach wenigen 100 m. Camping Luna verfügt u. a. über eine Bar.
Adresse: Via delle Pinete 392, 54100 Marina di Massa, Tel. +39 0585 780460,
www.campingluna.it

C 632 **Marina di Massa:** Camping Taimi (S. 282 B3)
GPS: N 44°01'49" E 10°04'25"
Zu den wenigen familiären Campingplätzen in Marina di Massa gehört Camping Taimi, der sich etwas abseits der Küste zwischen anderen größeren Campingplätzen erstreckt. Der Vier-Sterne-Campingplatz ist rund 500 m vom Strand entfernt und bietet lediglich 60 Plätze an. Hier steht man unter hohen Bäumen. Zur guten Ausstattung gehören u. a. Swimming-Pool, Restaurant und natürlich Ver- und Entsorgung.
Adresse: Via del Cacciatore 30, 54100 Marina di Massa, Tel. +39 0585 789262,
www.campingtaimi.it

Camping Taimi in Marina di Massa

» REISEINFORMATIONEN VON A BIS Z

Pause in St. Valentin auf der Haide (Südtirol)

Badespaß an der italienischen Riviera

APOTHEKE

In fast jedem Ort gibt es eine Apotheke (*Farmacia*), die über die üblichen Medikamente verfügt. Die Öffnungszeiten sowie Not- und Wochenenddienste sind angeschlagen. Bestimmte Medikamente sind auch in Italien rezeptpflichtig.

BADEN

Natürlich gehört bei einem Italienurlaub die Badehose ins Gepäck, immerhin besitzt Italien eine rund 8000 Kilometer lange Meeresküste. Ob an der ligurischen Küste, an der Adria oder an den oberitalienischen Seen, überall findet man eine Gelegenheit zu baden. An der Küste sind allerdings viele Strandabschnitte in privater Hand und so muss für den Zugang z. B. bei den Bagni gezahlt werden. Sucht man sich einen eigenen Zugang, muss man auf Toiletten und Dusche sowie Umkleidemöglichkeiten verzichten. Diese Abschnitte sind in der Regel auch nicht bewacht. Über die Qualität des Wassers informiert die Blaue Flagge, die an Strandabschnitten mit »gutem Badewasser« weht. Viele Campingplätze bieten einen Pool an, der in der Regel nicht beheizt und in der Vorsaison überwiegend geschlossen ist.

BARRIEREFREIHEIT

Leider stößt man als Reisender mit einer körperlichen Behinderung in Italien schnell an seine Grenzen. Die meisten öffentlichen Toiletten sind nicht behindertengerecht. Auch in den Gastronomiebetrieben sind die Sanitäranlagen selten behindertengerecht und entsprechen oft nicht dem Standard deutscher Toiletten. Auf den Campingplätzen verfügen insbesondere größere und moderne Sanitärgebäude über behindertengerechte Toiletten. Darüber hinaus stellen in den Altstädten die Stufen und Bordsteine vielfach eine Barriere für Menschen mit Behinderungen dar. Allerdings gehen in vielen Einrichtungen wie Museen, Schwimmbädern, Einkaufszentren, Ämtern und Bahnhöfen die Bestrebungen dahin, alles für Menschen mit körperlichen Behinderungen zugänglich zu machen.

CAMPING

Ausführliche Informationen rund um das Thema Camping liefert der Abschnitt »Camping«

Gute Campingplätze sind in Italien zahlreich (z. B. Corones Camping in Südtirol).

in dem einleitenden Kapitel »Oberitalien – Land und Leute«.

DIPLOMATISCHE VERTRETUNGEN

Sollte es einmal zu nicht lösbaren Problemen kommen, ist es ratsam, sich mit der Botschaft in Verbindung zu setzen. Der Sitz der Botschaften ist in der Hauptstadt Rom.

Botschaft der Bundesrepublik Deutschland (*Ambasciata della Repubblica Federale di Germania*):
Via San Martino della Battaglia 4,
I-00185 Rom, Tel. 0039-06-492131,
Fax 0039-06-4452672,
E-Mail: mail@deutschebotschaft-rom.it,
www.rom.diplo.de
Botschaft der Schweiz:
Vertretung für die Schweiz
(*Ambasciata Svizzera*),
Via Barnaba Oriani 61, I-00197 Roma,
Tel. 0039-06-809571,
Fax 0039-06-8088510,
E-Mail: amsuisse@rom.rep.admin.ch,
www.eda.admin.ch/roma
Botschaft von Österreich:
Via Pergolesi 3, 00198 Rom,
Tel. 0039-06-8440141,
Fax 0039-06-8543286,
www.bmeia.gv.at/oeb-rom

DOKUMENTE

Die Grenzkontrollen auf dem Weg von Deutschland nach Italien finden seit 1998 nicht mehr statt. Dennoch muss stets ein gültiger Personalausweis oder Reisepass mitgeführt werden. Darüber hinaus benötigt man den Führerschein und die Fahrzeugpapiere. Es empfiehlt sich auch, für den Krankheitsfall die blaue europäische Krankenversicherungskarte und den Impfausweis mitzuführen.

FEIERTAGE

In Italien gibt es eine Reihe von gesetzlichen Feiertagen. In der Regel haben die Geschäfte dann geschlossen. Im ganzen Land sind folgende Feiertage gültig: Neujahr (1. Januar, *Capodanno*); Dreikönigsfest (6. Januar, *Epifania*); Ostern (variabler Feiertag, *Pasqua*, Karfreitag ist kein Feiertag); Fest der Befreiung (25. April, *Festa della Liberazione*); Tag der Arbeit (1. Mai, *Festa del lavoro*); Tag der Republik (2. Juni); Mariä Himmelfahrt

Blick vom Stellplatz in Oggebbio auf den Lago Maggiore

(15. August, *Ascensione – Ferragosto*); Allerheiligen (1. November, *Ognissanti*); Mariä Empfängnis (8. Dezember, *Immacolata Concezione*). Weihnachten (*Natale*) wird am 25. und 26. Dezember gefeiert. Darüber hinaus ehren viele größere Städte ihre Schutzheiligen mit Feiertagen. Hier nur die Feiertage für die im Buch vorgestellten Städte: Venedig (25. April, San Marco); Florenz (24. Juni, San Giovanni) und Genua (24. Juni, San Giovanni).

GELD

Das lästige Geldwechseln mit den entsprechenden Gebühren sowie das Umrechnen gehört schon lange der Vergangenheit an. Man bezahlt mit dem Euro. Das Geldabheben erfolgt am einfachsten an den zahlreichen Geldautomaten. Neben den gängigen Kreditkarten werden vielfach auch EC-Karten akzeptiert. Banken haben in der Regel von Montag bis Freitag in der Zeit von 8 bis 13 Uhr und von 15 bis 16 Uhr geöffnet. Das Bezahlen mit der EC-Karte an Tankstellen, in Restaurants oder größeren Geschäften ist fast immer problemlos möglich.

GESCHWINDIGKEITEN

Für Reisemobile bis zu einem zulässigen Gesamtgewicht von 3,5 Tonnen gelten folgende Höchstgeschwindigkeiten: Autobahn 130 km/h, Schnellstraße 110 km/h (90 km/h), außerhalb geschlossener Ortschaften 90 km/h und innerorts 50 km/h. Für Reisemobile mit einem zulässigen Gesamtgewicht von mehr als 3,5 Tonnen gelten folgende Höchstgeschwindigkeiten: Autobahn 100 km/h, Schnellstraße 110 km/h (90 km/h), außerhalb geschlossener Ortschaften 80 km/h und innerorts 50 km/h.

HUNDE

Für viele Reisemobilisten ist der Hund ein treuer Reisebegleiter. Bei der Reise nach Italien müssen jedoch einige Dinge beachtet werden. So muss bei Reisen innerhalb der EU ein blauer Heimtierpass mitgeführt werden, in dem auch die gültige Tollwutimpfung tierärztlich bestätigt ist. Darüber hinaus müssen Hunde durch einen Mikrochip gekennzeichnet worden sein. Im Reiseland Italien herrscht Leinenpflicht und für den Hund muss ein Maulkorb mitgeführt werden.Beim Einchecken auf dem Campingplatz muss angegeben werden, dass ein Hund an Bord ist. Eventuell besteht ein Hundeverbot auf dem Campingplatz. Es gibt Campingplätze mit generellem Hundeverbot oder mit Einschränkungen.

INFORMATIONEN

Vor der Reise nach Italien kann man beim staatlichen italienischen Fremdenverkehrsamt Informationen anfordern: Italienische Zentrale für Tourismus ENIT, Barckhausstr. 10, 60325 Frankfurt/Main, Tel. 0049-(0)69-237434. Ein Blick lohnt sich auch auf die Homepage www.enit-italia.de. Natürlich erhält man auch in den vielen Touristeninformationen vor Ort hilfreiche Informationen, u. a. über Campingplätze, Sehenswürdigkeiten und Veranstaltungen. In den Städten sind die Touristeninformationen durch ein Schild mit einem »i« auf einem gelben Hintergrund gekennzeichnet und gut ausgeschildert. In der Regel wird hier Englisch und teilweise Deutsch gesprochen.

KIRCHENBESUCH

Immerhin 89 Prozent der italienischen Bevölkerung sind Katholiken. Über das Land verteilen sich unzählige Kirchen. Neben den vielen Messen finden auch zahlreiche Prozessionen statt. Zu einer Stadtbesichtigung gehört vielfach auch der Besuch eines der vielen imposanten sakralen Bauwerke. Allerdings gilt es, einige Hinweise zu beachten. Grundsätzlich sind während des Gottesdienstes keine Kirchenbesichtigungen möglich. Die Teilnahme am Gottesdienst ist natürlich erlaubt. Vielfach sind die Kirchen in der Mittagszeit geschlossen. Überwiegend ist die Besichtigung des Gotteshauses kostenfrei. Ein Besuch in lockerer Kleidung ist in den meisten Kirchen verboten. So dürfen Männer mit kurzen Hosen die Kirche nicht betreten und Frauen sollten ebenfalls nicht zu luftig gekleidet sein.

Zahlreich sind die sehenswerten Kirchen in Italien.

Obstgenossenschaft im Vinschgau

LITERATUR

Der vorliegende Reiseführer liefert sechs Rundreisen für Wohnmobilreisende in Oberitalien. Natürlich können diese vielseitigen Urlaubsregionen nicht vollständig vorgestellt werden. Folgende Bücher liefern viele weitere Infos für die anstehenden Reisen durch Italien: Über Ligurien informiert der empfehlenswerte Reiseführer *Ligurien – Zeit für das Beste* (ISBN 978-3-7654-6184-2) und in der gleichen Reihe über den Gardasee der Reiseführer *Gardasee – Zeit für das Beste* (ISBN 978-3-7343-0837-6, mit großer Faltkarte). Ein gewaltiger Gesamtband mit grandiosen Bildern ist *100 Highlights Italien* (ISBN 978-3-7343-1028-7). Viele italienische Reiseziele für Reisemobilisten finden sich auch in dem umfangreichen Reiseführer *Wohnmobil-Highlights Europa* (ISBN 978-3-7654-5309-0).

NOTFALL

Im Notfall sollte man sich an die Polizei wenden. Es besteht auch eine allgemeine Notfallnummer. Hierbei wählt man die 113. Weitere wichtige Nummern sind: Carabinieri 112, Feuerwehr 115, Unfall- und Krankendienst 118 und Straßenwacht 116. In Italien stehen gleich mehrere »Ansprechpartner« zur Verfügung. Die staatliche Polizei, die für das Nationalgebiet zuständig ist, sind die Carabinieri. Für die Gemeinde ist die Polizia Comunale verantwortlich und die Verkehrspolizei ist die Polizia Stradale. Generell sind die Polizisten freundlich und hilfsbereit. Natürlich möchten sie auch freundlich und respektvoll angesprochen werden. Im Allgemeinen ist in Italien eine höhere Polizeipräsenz als in Deutschland zu beobachten.

ÖFFENTLICHE VERKEHRSMITTEL

Es lohnt sich, das Wohnmobil auch mal stehen zu lassen und mit den Bussen und Bahnen zu fahren. Die Karten kauft man am Schalter, am Automaten oder in den Tabakläden (*Tabacchi*). Die Fahrt, zum Beispiel in die nächste Großstadt, spart Zeit und Nerven und ist vielfach günstiger als die Parkplatzgebühren.

Mit dem richtigen Reiseführer findet man problemlos die interessanten Sehenswürdigkeiten, z. B. lehrreiche Museen.

ÖFFNUNGSZEITEN

Die Geschäfte sind von Montag bis Samstag in der Regel vormittags von 9 bis 12.30 Uhr und dann wieder am Nachmittag von 15.30 bis 19.30 Uhr geöffnet. In den ausgesprochenen Fremdenverkehrsorten können sie auch schon mal länger geöffnet sein. In der Mittagszeit sind jedoch die meisten Geschäfte geschlossen und mancher sonst so lebendige Ort wirkt dann wie ausgestorben. In den beliebten Großstädten und Fremdenverkehrszentren kehrt auch in der Mittagszeit keine Ruhe ein.

POST

In nahezu jedem Ort gibt es ein Postamt, das in der Regel Montag bis Freitag von 9.30 bis 15 Uhr geöffnet hat. Benötigt man Briefmarken, so kann man diese bei der Post oder in den Tabakläden (*Tabacchi*) kaufen.

PROMILLEGRENZE

In Italien liegt die Promillegrenze bei 0,5 Promille und Kontrollen sind weitaus häufiger als in Deutschland. Bei Überschreitung der Promillegrenze drohen in der Regel drastische Strafen und es kann zum Entzug des Führerscheins kommen.

RADFAHREN

In den letzten Jahren wurden verstärkt Radwege angelegt. Insbesondere in den Städten wird nun auf das Rad als Verkehrsmittel gesetzt. So stehen in größeren Städten und Touristenzentren auch Leihfahrräder zur Verfügung. Auch die Italiener erfreuen sich an dem Fahrrad als Fortbewegungsmittel, das lange Zeit als Sportgerät galt. Selbst in den Fußgängerzonen darf nun mit dem Fahrrad gefahren werden, was bei deutschen Reisenden zunächst für Verwirrung sorgt.

Für den Fremdenverkehr sind auch die neuen Fernradwege von Bedeutung. Gute Beispiele sind der Radweg am Gardasee, der Pustertal-Radweg oder der Radweg durch das Vinschgau. Generell ist man mit dem Rad umweltfreundlich und bequem unterwegs. Allerdings muss man dem Straßenverkehr erhöhte Aufmerksamkeit schenken.

In den größeren Städten stehen vielfach Leihfahrräder zur Verfügung.

Wer mit dem Klapprad (Faltrad) unterwegs ist und außerdem den öffentlichen Personennahverkehr nutzt, sollte sich vor dem Lösen des »Fahrradtickets« erkundigen, ob für Klappräder bezahlt werden muss. Vielfach können sie (zusammengefaltet) kostenfrei befördert werden.

RAUCHVERBOT

In Italien herrscht in öffentlichen Gebäuden sowie Gastronomiebetrieben Rauchverbot. Darüber hinaus wurde 2016 das Rauchverbot verschärft und so darf in Anwesenheit von Kindern und Schwangeren nicht geraucht werden. Tabakwaren dürfen an Minderjährige nicht verkauft werden.

REISEPLANUNG

Das vorliegende Buch ist ein guter Ratgeber bei der Reiseplanung. Im Anhang an die Touren sind auch viele Touristeninformationen aufgeführt sowie hilfreiche Internetadressen. Eine gute Webseite für Reisemobilisten ist www.reisemobil-routen.de, die auch Routen in Italien aufführt.

SHOPPING

Einkaufen in Italien macht Spaß! Insbesondere die vielen Märkte laden zum Stöbern und Einkaufen ein. Generell ist das Preisniveau nicht höher als in Deutschland. In den Altstädten reihen sich noch viele kleine familiäre Läden aneinander. In den größeren Shoppingzentren vor den Toren der Stadt finden sich dann die üblichen Warenhausketten. Sehr beliebt sind die großen Outlet-Center (www.outlet-village.it).

SPRACHE

Die Region Südtirol ist deutschsprachig und somit werden keine Verständigungsprobleme auftreten. Rund um den Gardasee, die oberitalienischen Seen und in den Fremdenverkehrszentren sprechen die Italiener oft Deutsch. Sollte dies nicht der Fall sein, hilft nur vereinzelt Englisch weiter. Ratsam und höflich ist es, wenn sich der Italienurlauber ein Grundvokabular zulegt.

STROM

Die Stromspannung in Italien beträgt ebenfalls 220 Volt. In den meisten Fällen verfügen die Campingplätze über die blauen CEE-Steckdosen.

TANKSTELLEN

Tankstellen stehen ausreichend zur Verfügung. Ob mitten im Ort, an einer Ausfahrtstraße, vor einem größeren Supermarkt oder entlang der Autobahn, der Reisemobilist wird keine Probleme haben, eine Tankstelle zu finden. In Italien gibt es viele vollautomatische Tankstellen. Hier bezahlt man mit Geldscheinen vor dem Tanken oder mit der EC-Karte. Allerdings stößt man auch noch auf Tankstellen, an denen ein Tankwart behilflich ist. Da der Dieselpreis in Italien höher ist als in Österreich, ist es ratsam, vor der Einreise in Österreich vollzutanken.

TELEFONIEREN

Für das Telefonieren von Italien nach Deutschland muss die Ländervorwahl gewählt werden. Sie lautet für Deutschland 0049, für Österreich 0043 und für die Schweiz 0041. Telefoniert man aus dem Ausland nach Italien, benötigt man den Landescode 0039. Bei den Vorwahlen in Italien ist die 0 ein wichtiger Bestandteil und darf daher nicht weggelassen werden. Das Telefonieren mit dem Handy ist bei den Italienern eine alltägliche Angelegenheit.

TRINKGELD

In Italien ist es üblich, in den Restaurants oder für Dienstleistungen ein Trinkgeld zu geben.

Die Einkaufsmöglichkeiten in den Städten sind sehr vielseitig.

Im Restaurant sollte man einen Aufschlag von 10 bis 15 Prozent als Trinkgeld bezahlen.

TRINKWASSER

In Italien wird auf den Campingplätzen stets angezeigt, ob es sich um Trinkwasser handelt oder nicht. Das Trinkwasser ist mit »acqua potabile« oder einem entsprechenden Logo gekennzeichnet und kann daher getrunken oder zum Befüllen des Reisemobiltanks be-

Die Zahl der Tankautomaten nimmt zu.

Am Rande der Städte befinden sich die großen Einkaufszentren.

nutzt werden. Es kann jedoch auch gechlort sein und schmeckt daher nicht gut – ist jedoch trinkbar. Wer Wasser zum Trinken sucht, wird im Supermarkt fündig. Hier wird Wasser in Kanistern, meistens fünf Liter, oder in PET-Flaschen (pfandfrei) angeboten. Es ist dann mit oder ohne Kohlensäure erhältlich. Tipp: Da sich in den heißen Reiseregionen in dem Tank des Reisemobils schnell Keime bilden können, ist es ratsam, nur kleine Mengen Wasser aufzufüllen und öfter den Tank zu spülen.

In Südtirol sind die Wanderwege zahlreich.

WANDERN

Wer gerne wandert, wird auch in Italien auf seine Kosten kommen. Für viele Reisende steht das Land zwar für Relaxen am Strand und Flanieren über reizvolle Promenaden, doch die Wandermöglichkeiten sind vielseitig. Deshalb sollte man auf keinen Fall auf die Mitnahme seiner Wanderschuhe verzichten. Die besten Wanderbedingungen finden sich in Südtirol und natürlich in den Bergen rund um die oberitalienischen Seen. Ein gutes Beispiel ist auch hier der Gardasee mit wunderbaren Wandermöglichkeiten am Monte Baldo. Aber auch in der Toskana locken Wanderwege durch die Weinberge. Oder wie wäre es mit einer Küstenwanderung? Sehr spektakulär ist eine Wanderung durch das Cinque Terre zu den kleinen Felsendörfern. Die Touristeninformationen informieren stets über die Wanderwege, die überwiegend gut ausgeschildert sind. Hilfreich ist außerdem ein Blick auf die Seite www.italienwandern.de.

In Italien wird eine Warntafel beim Radtransport benötigt.

WARNTAFEL

Ist ein Radträger am Reisemobil montiert und ragt dieser über die Stoßstange hinaus, muss bei der Reise durch Italien eine Warntafel vor dem Radträger montiert werden. Generell besteht die Pflicht zur Warntafel bei überstehender Ladung!

WARNWESTE

Wer außerhalb geschlossener Ortschaften, z. B. bei einer Panne, das Reisemobil verlässt und sich im Straßenbereich aufhält, muss eine Warnweste tragen. Bei Nichtbeachtung droht ein Bußgeld. Daher sollte man für jeden Insassen eine Warnweste mitnehmen.

WLAN

Auf den meisten Campingplätzen steht ein WLAN-Netz zur Verfügung. Beim Einchecken sollte man sich nach dem Zugangscode erkundigen. In vielen Gastronomiebetrieben kann man sich ebenfalls einloggen. Der Kellner nennt gern das benötigte Passwort.

ZEITUNGEN

In touristischen Orten ist es kein Problem, deutsche oder engliche Zeitungen zu bekommen. Man erhält sie in Kiosken, Tabakgeschäften, Buchläden, Supermärkten oder auf größeren Campingplätzen.

Hinweisschild: Entsorgung

REGISTER

PS: DA FÄLLT MIR NOCH WAS EIN!

Wer an Italien denkt, der denkt sicherlich auch an das Schlendern entlang der schönen Promenaden. An den oberitalienischen Seen und den Küsten von Mittelmeer oder Adria ist das abendliche Flanieren ein schöner Tagesausklang. Hier locken viele Cafés, Bars, Eisdielen und Restaurants. Mit Blick über das Meer, den Gardasee, den Lago Maggiore oder den Comer See schmecken der Wein und das Essen noch viel besser. Das Schlendern über die Promenade oder durch eine idyllische Altstadt ist ein fester Bestandteil meines »italienischen Abendprogramms«. Wenn die Bewegung sportlicher ausfallen soll, bieten sich Wanderungen, insbesondere in Südtirol, oder Wassersport an.

In den letzten Jahren hat sich bei den Reisen in Oberitalien jedoch eine weitere Aktivität dazugesellt und so haben wir stets die Fahrräder dabei. Während bei unseren ersten Reisen eine Tour mit dem Rad ein kleines Abenteuer war und man im italienischen Straßenverkehr zu Recht sehr ängstlich unterwegs war, kann man sich heute über viele sichere Radwege freuen. Auch der Italiener sieht das Rad mittlerweile nicht mehr nur als Sportgerät, sondern als Fortbewegungsmittel. So radeln Jung und Alt durch Rimini, Florenz, Meran und viele andere Städte. Schöne Fernradwege wurden u. a. im Pustertal oder im Vinschgau eingerichtet. An der italienischen Riviera hat man einen Radweg auf einer stillgelegten Bahntrasse zwischen San Remo und San Lorenzo eingerichtet – Radfahren mit Meeresblick! »Raus aus dem Wohnmobil und rauf auf's Fahrrad« lautet auf vielen Stell- und Campingplätzen das Motto. Und mal ganz ehrlich: Pizza, Pasta und Vino Rosso schmecken doch nach einer Radtour noch viel besser.

Viel Spaß beim genussvollen Strampeln wünscht

Thomas Kliem

Ebenfalls erhältlich …

ISBN 978-3-7654-5220-8

Reisetagebuch und Nachschlagewerk: Das Logbuch für die Wohnmobilreise. Mit den wichtigsten Adressen, praktischen Tipps und mit viel Platz für eigene Aufzeichnungen.

BRUCKMANN

www.bruckmann.de

Canale Grande in Venedig

» STRASSENATLAS

Bern
Lac de Neuchâtel
Lausanne
Lac Léman
SCHWEIZ
274
275
Lago Maggiore
Lago di Como
Bergamo
Novara
MILANO
TORINO
Piacenza
Po
GENOVA
La Spezia
Golfo di Genova
FRANKREICH
280
281
282
Nice
Livorno
Mare Ligure

ÖSTERREICH
SLOWENIEN
KROATIEN
276
277
279
283
284
Klagenfurt
Bolzano/
Bozen
Trento
Údine
Ljubljana
Trieste
Verona
Venézia
Padova
Rijeka
Golfo di
Venézia
Po
Bocche d. Po
della Pila
Ferrara
Modena
io
Emilia
BOLOGNA
Mare Adriático
Rimini
FIRENZE
Ancona
Lago
Trasimeno
Perugia

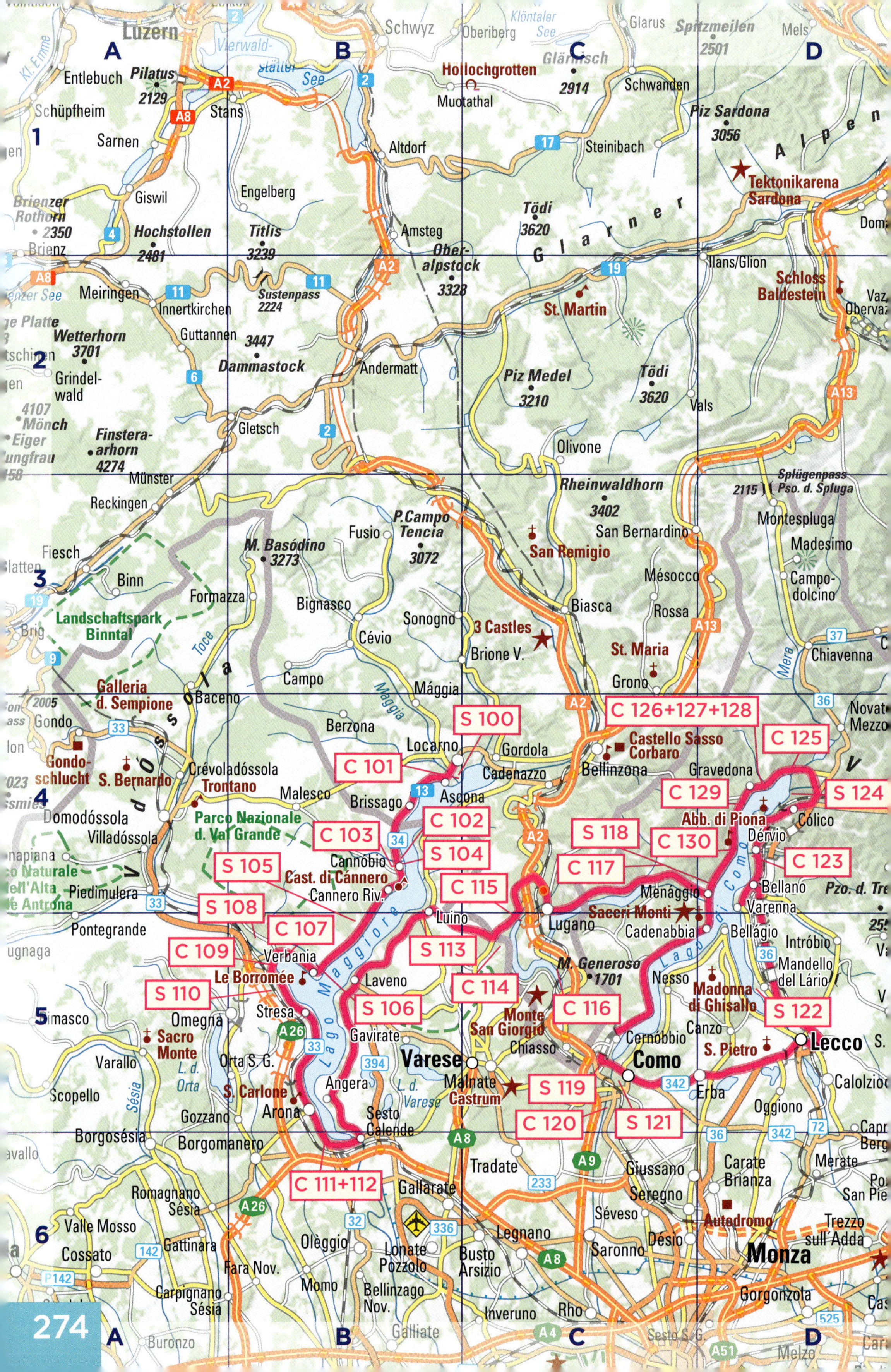
Luzern
A
B
C
D
Schwyz
Oberiberg
Klöntaler See
Glarus
Spitzmeilen 2501
Mels
Vierwaldstätter See
Hollochgrotten
Glärnisch
Entlebuch
Pilatus 2129
A2
A8
Stans
Muotathal
2914
Schwanden
Schüpfheim
Piz Sardona 3056
1
Sarnen
Altdorf
17
Steinibach
Alpen
Tektonikarena Sardona
Giswil
Engelberg
Brienzer Rothorn 2350
Hochstollen 2481
Titlis 3239
Amsteg
Tödi 3620
Glarner
Brienz
Oberalpstock 3328
Ilans/Glion
Schloss Baldenstein
Meiringen
Innertkirchen
Sustenpass 2224
11
19
St. Martin
Wetterhorn 3701
Guttannen
3447
Dammastock
Andermatt
Piz Medel 3210
Tödi 3620
Vals
2
Grindelwald
A13
4107 Mönch
Eiger
Jungfrau
Finsteraarhorn 4274
Gletsch
Olivone
Münster
Reckingen
Rheinwaldhorn 3402
Splügenpass Pso. d. Spluga
2115
Montespluga
Fusio
P.Campo Tencia 3072
San Remigio
San Bernardino
Madesimo
Fiesch
M. Basódino 3273
Campodolcino
3
Binn
Formazza
Mésocco
Bignasco
Biasca
Rossa
Brig
Landschaftspark Binntal
Toce
Sonogno
Cévio
3 Castles
Brione V.
St. Maria
Chiavenna
Mera
Campo
Mággia
Grono
Galleria d. Sempione
Baceno
2005
Gondo
Ossola
Berzona
A2
C 126+127+128
S 100
Novate Mezzola
Castello Sasso Corbaro
C 125
Gondoschlucht
S. Bernardo
Crévoladóssola
Trontano
C 101
Locarno
Gordola
Cadenazzo
Bellinzona
Gravedona
4
Domodóssola
Villadóssola
Malesco
Brissago
Ascona
C 129
S 124
Parco Nazionale d. Val Grande
C 103
C 102
S 118
C 130
Abb. di Piona
Cólico
Dérvio
Cannobio
S 104
C 123
Parco Naturale dell'Alta Val Antrona
S 105
Cast. di Cànnero
Cannero Riv.
C 115
C 117
Ménaggio
Bellano
Pzo. d. Tre
Piedimulera
S 108
Luino
Lugano
Sacro Monti
Varenna
Pontegrande
C 107
Cadenabbia
Bellágio
Intróbio
C 109
Verbania
S 113
Lago Maggiore
M. Generoso 1701
Nesso
Mandello del Lário
Le Borromée
Laveno
C 114
Lago di Como
Madonna di Ghisallo
S 110
Stresa
S 106
Monte San Giorgio
C 116
S 122
5
Omegna
Cernobbio
Canzo
Sacro Monte
Gavirate
Chiasso
Como
S. Pietro
Lecco
Varallo
L. d. Orta
Orta S. G.
Varese
Calolziocorte
Scopello
Sésia
S. Carlone
Angera
L. d. Varese
Malnate
Castrum
S 119
Erba
Oggiono
Arona
Gozzano
Sesto Calende
C 120
S 121
Borgosésia
Borgomanero
A8
A9
Tradate
Giussano
Carate Brianza
Merate
C 111+112
Gallarate
Seregno
Romagnano Sésia
Séveso
Autodromo
San Pietro
6
Valle Mosso
A26
Olèggio
Lonate Pozzolo
Legnano
Désio
Trezzo sull'Adda
Cossato
Gattinara
Busto Arsizio
Saronno
Monza
Fara Nov.
Momo
Bellinzago Nov.
Carpignano Sésia
Gorgonzola
Rho
Inverno
Galliate
Buronzo
A4
Sesto S. G.
A51
Melzo

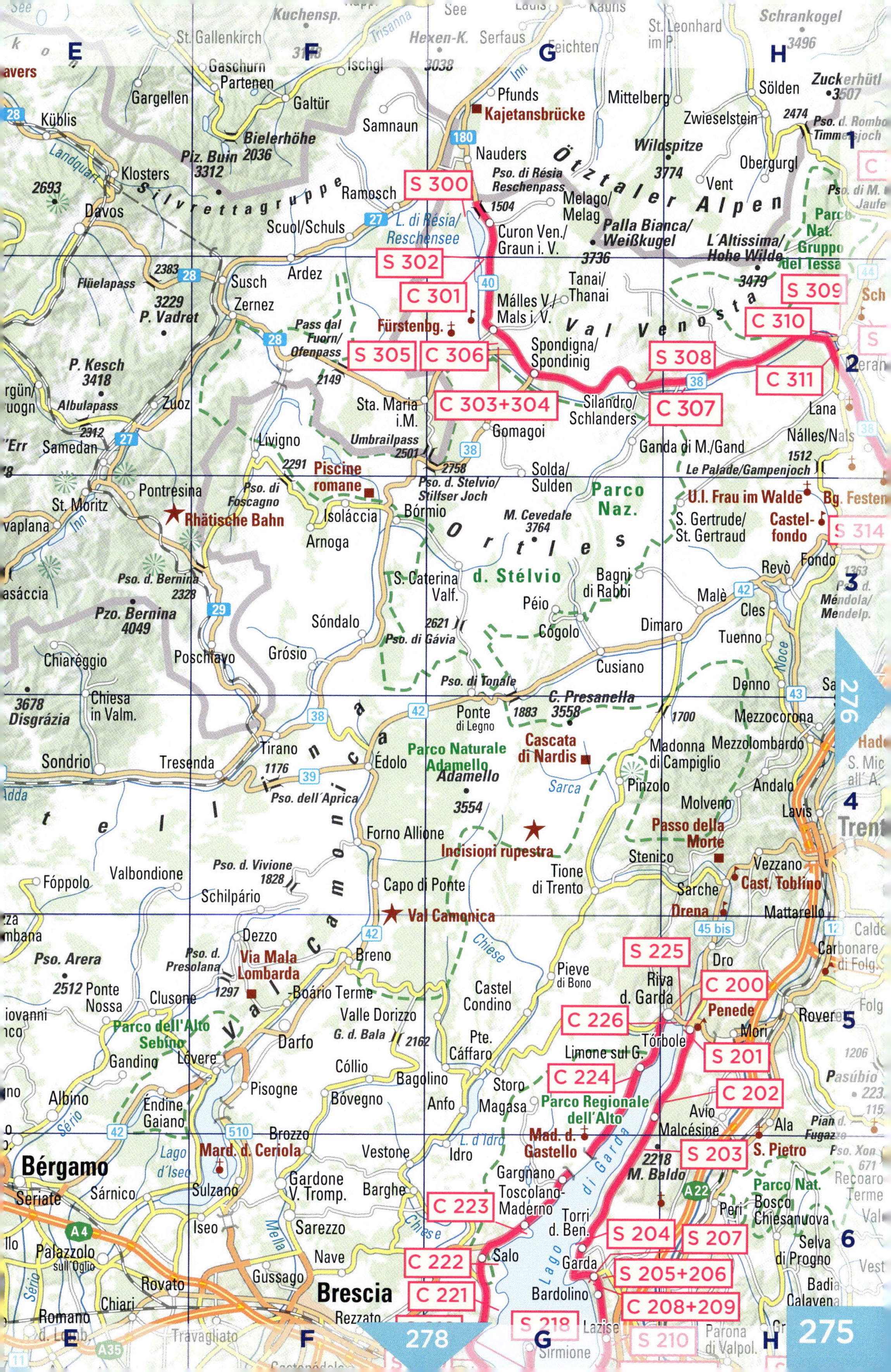
E
F
G
H
1
2
3
4
5
6
Kuchensp.
St. Gallenkirch
Hexen-K.
Serfaus
St. Leonhard im P.
Schrankogel 3496
Gaschurn
Partenen
Ischgl
3038
Gargellen
Galtür
Pfunds
Kajetansbrücke
Mittelberg
Sölden
Zuckerhütl 3507
Küblis
Samnaun
Zwieselstein
2474
Pso. d. Rombo
Timmelsjoch
Bielerhöhe 2036
Nauders
Wildspitze 3774
Klosters
Piz. Buin 3312
Pso. di Résia
Reschenpass
Ötztaler Alpen
Obergurgl
2693
Silvrettagruppe
Ramosch
S 300
1504
Melago/ Melag
Vent
Davos
Scuol/Schuls
L. di Résia/ Reschensee
Curon Ven./ Graun i. V.
Palla Bianca/ Weißkugel 3736
L´Altissima/ Hohe Wilde 3479
Parco Nat. Gruppo del Tessa
2383
Flüelapass
Susch
Ardez
S 302
Tanai/ Thanai
S 309
3229
P. Vadret
Zernez
C 301
Málles V./ Mals i. V.
Val Venosta
C 310
Pass dal Fuorn/ Ofenpass
Fürstenbg.
P. Kesch 3418
S 305
C 306
Spondigna/ Spondinig
S 308
C 311
Albulapass
2149
Zuoz
Sta. Maria i.M.
C 303+304
Silandro/ Schlanders
C 307
Lana
2312
Samedan
Livigno
Umbrailpass 2501
Gomagoi
Ganda di M./Gand
Nálles/Nals
2291
Piscine romane
2758
Solda/ Sulden
1512
Le Palade/Gampenjoch
Pontresina
Pso. di Foscagno
Pso. d. Stelvio/ Stilfser Joch
Parco Naz.
U.l. Frau im Walde
Bg. Festen
St. Moritz
Rhätische Bahn
Isoláccia
Bórmio
M. Cevedale 3764
S. Gertrude/ St. Gertraud
Castel-fondo
S 314
Arnoga
Ortles
Revò
Fondo
Pso. d. Bernina 2328
S. Caterina Valf.
d. Stélvio
Bagni di Rabbi
Malè
Cles
Pzo. Bernina 4049
Péio
Mendola/ Mendelp.
Sóndalo
2621
Cógolo
Dimaro
Tuenno
Chiarëggio
Poschiavo
Grósio
Pso. di Gávia
Cusiano
Pso. di Tonale
Denno
3678 Disgrázia
Chiesa in Valm.
Ponte di Legno
1883
C. Presanella 3558
1700
Mezzocorona
276
Tirano
Édolo
Cascata di Nardis
Madonna di Campiglio
Mezzolombardo
Sondrio
Tresenda
1176
Parco Naturale Adamello
Adamello
Pinzolo
Andalo
Pso. dell´Aprica
3554
Sarca
Molveno
Lavis
Forno Allione
Passo della Morte
Valtellina
Incisioni rupestra
Stenico
Vezzano
Fóppolo
Valbondione
Pso. d. Vivione 1828
Tione di Trento
Cast. Toblino
Schilpário
Capo di Ponte
Sarche
Drena
Mattarello
Val Camonica
Dezzo
Pso. Arera
Pso. d. Presolana
Via Mala Lombarda
Breno
Chiese
S 225
Dro
2512
Ponte Nossa
Pieve di Bono
Riva d. Garda
C 200
Clusone
1297
Bóario Terme
Castel Condino
Penede
Parco dell´Alto Sebino
Valle Dorizzo
C 226
Mori
Rovereto
G. d. Bala
2162
Pte. Cáffaro
Tórbole
Gandino
Lóvere
Darfo
Limone sul G.
S 201
Cóllio
Bagolino
C 224
Storo
Pisogne
C 202
Albino
Éndine Gaiano
Bóvegno
Anfo
Magasa
Parco Regionale dell´Alto Garda
Avio
Ala
Malcésine
Brozzo
L. d´Idro
Mad. d. Gastello
Lago d´Iseo
Mard. d. Ceriola
Vestone
Idro
2218
S 203
S. Pietro
Bérgamo
M. Baldo
Gargnano
Lago di Garda
Seriate
Sárnico
Sulzano
Gardone V. Tromp.
Barghe
Toscolano-Maderno
C 223
Peri
Parco Nat. Bosco Chiesanuova
Iseo
Sarezzo
Torri d. Ben.
S 204
S 207
Palazzolo sull´Oglio
Mella
Nave
C 222
Salo
Garda
S 205+206
Selva di Progno
Rovato
Gussago
Bardolino
Badia Calavena
Chiari
Brescia
C 221
C 208+209
Romano d. Lomb.
Travagliato
Rezzato
S 218
Lazise
Parona di Valpol.
Sirmione
S 210
278
A4
A35
A22

A
B
C
D
1
2
3
4
5
6
Trisanna-brücke
Landeck
Beneck
Längenfeld
Stuibenfall
Fulpmes
Neustift im Stubaital
Navis
Steinach am Brenner
Kappl
See
Ladis
Kauns
Kuchensp.
Trisanna
Hexen-K. 3038
Serfaus
Feichten
St. Leonhard im P.
Schrankogel 3496
Gschnitz
Ischgl
Inn
Mittelberg
Sölden
Zuckerhütl 3507
Brennerpass 1374
Colle Isarco Gossensaß
Brennero/ Brenner
3510
Galtür
Pfunds
Kajetansbrücke
Zwieselstein
2474
Pso. d. Rombo/ Timmelsjoch
Vipiteno/ Sterzing
Sprechenstein
Samnaun
Wildspitze 3774
Obergurgl
Campo di Trens/ Freienfeld
Nauders
Pso. di Résia Reschenpass
Ötztaler Alpen
Vent
S 300
C 327
Mezzaselva/ Mittenwald
Ramosch
1504
Melago/ Melag
Palla Bianca/ Weißkugel 3736
Pso. di M. Giovo/ Jaufenpass 2099
Reifenstein
2215
Scuol/Schuls
L. di Résia/ Reschensee
Curon Ven./ Graun i. V.
L'Altissima/ Hohe Wilde
Parco Nat. Gruppo del Tessa
S. Leonardo in P./ St. Leonhard i. P.
C 326
S 302
3479
Riobianco/ Weißenbach
Bressanone/ Brixen
Ardez
C 301
Tanai/ Thanai
S 309
Schenna
Campolasta/ Astfeld
Málles V./ Mals i. V.
Val Venosta
C 310
Talvera/ Talfer
Chiusa/ Klausen
Pass dal Fuorn/ Ofenpass
Fürstenbg.
S 305
C 306
Spondigna/ Spondinig
S 308
S 312
Merano/Meran
Reinegg
2149
C 311
Sarentino/ Sarnthein
Ortiséi/ St. Ulrich
Sta. Maria i.M.
C 303+304
Silandro/ Schlanders
C 307
Lana
St. Johann
Umbrailpass 2501
Gomagoi
Ganda di M./Gand
Nálles/Nals
Vilpiano/ Vilpian
S 316
2291
Piscine romane
2758
Pso. d. Stelvio/ Stilfser Joch
Solda/ Sulden
Parco Naz.
1512
Le Palade/Gampenjoch
Runkelstein
Sellajoch
Bórmio
U.l. Frau im Walde
Bg. Festenstn.
Bolzano/ Bozen
S. Cyprian
Isolàccia
M. Cevedale 3764
Ortles
S. Gertrude/ St. Gertraud
Castelfondo
S 314+315
Nova Levante/ Welschnofen
Arnoga
C 313
1741
Revò
Fondo
1363
Pso. d. Méndola/ Mendelp.
Láives/ Leifers
S. Caterina Valf.
d. Stélvio
Bagni di Rabbi
Malè
Cles
Pso. di Costalunga/ Karerpass 1805
Péio
Ora/Auer
2621
Pso. di Gávia
Cógolo
Dimaro
Tuenno
Noce
Egna/ Neumarkt
1097
Cavalese
Predazzo
Cusiano
Pso. di Tonale
Denno
Salorno/ Salurn
Adige
Castello-Molina di F.
Avisio
Ponte di Legno
1883
C. Presanella 3558
1700
Mezzocorona
Sover
2018
Cima d'Asta 2847
Parco Naturale Adamello
Cascata di Nardis
Madonna di Campiglio
Mezzolombardo
Hadernburg
Édolo
Adamello 3554
Sarca
Pinzolo
Andalo
S. Michele all'A.
Brusago
S. Bov
Pso. dell'Aprica
Molveno
Lavis
1616
Pso. di Bro
Trento
Forno Allione
Passo della Morte
Pérgine Val.
Strigno
Incisioni rupestra
Stenico
Vezzano
Persen
Capo di Ponte
Tione di Trento
Sarche
Cast. Toblino
Lévico T.
Borgo
Brenta
Val Camonica
Drena
Mattarello
Caldonazzo
Val Sugana
45 bis
Carbonare di Folg.
Pso. di Vézzena
Chiese
S 225
Dro
1402
Breno
Pieve di Bono
Riva d. Garda
C 200
Gállio
Boario Terme
Castel Condino
Penede
Rovereto
Folgaria
Asiago
Valle Dorizzo
C 226
Mori
Valstagna
Darfo
G. d. Bala
2162
Pte. Cáffaro
Limone sul G.
Tórbole
S 201
1206
Pso. di Bórcola
Pedescala
Arsiero
Cóllio
Bagolino
Storo
C 224
Pasúbio 2235
Pósina
Lusiana
Bóvegno
Anfo
Magasa
Parco Regionale dell'Alto
Avio
C 202
1159
Astico
Piovene-Rocchette
Marόstica
Malcésine
Ala
Pian d. Fugazze
Valli d. P.
Schio
L. d'Idro
Mad. d. Gastello
S 203
Pso. Xon 671
Thiene
Vestone
Idro
2218 M. Baldo
S. Pietro
Bregánze
Gargnano
Lago di Garda
Parco Nat. Bosco Chiesanuova
Recoaro Terme
Gardone V. Tromp.
Barghe
C 223
Toscolano-Maderno
Torri d. Ben.
Peri
Valdagno
Malo
Dueville
Sandrigo
S 204
S 207
Selva di Progno
Motta
C 222
Salò
Garda
S 205+2
Vestenanova
Villa Palladios
Badia
Vicenza
A13
A22
A31

275

278

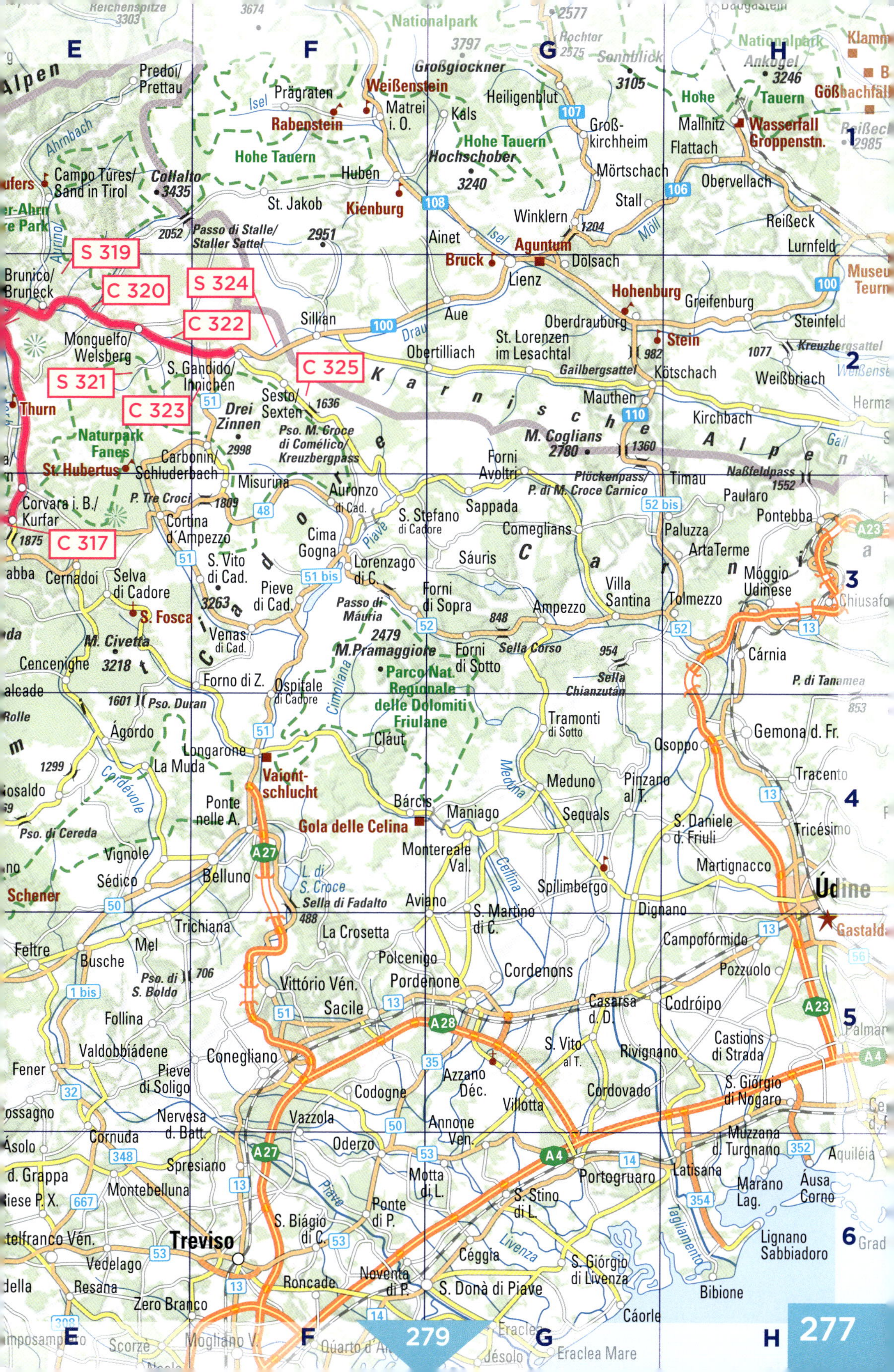
E
F
G
H
1
2
3
4
5
6
Nationalpark
Großglockner
3797
Hochtor
2575
2577
Sonnblick
3105
Nationalpark
Ankogel
3246
Hohe
Tauern
Gößbachfälle
Reißeck
2985
Klamm
Reichenspitze
3303
3674
Alpen
Predoi/
Prettau
Prägraten
Isel
Weißenstein
Matrei
i. O.
Kals
Heiligenblut
107
Groß-
kirchheim
Mallnitz
Wasserfall
Groppenstn.
Flattach
Rabenstein
Ahrnbach
Hohe Tauern
Hochschober
3240
Mörtschach
Obervellach
Campo Túres/
Sand in Tirol
Collalto
3435
Hohe Tauern
Huben
Stall
106
St. Jakob
Kienburg
108
Winklern
1204
Möll
Reißeck
Lurnfeld
2052
Passo di Stalle/
Staller Sattel
2951
Ainet
Isel
Aguntum
Dölsach
S 319
Bruck
Lienz
Brunico/
Bruneck
C 320
S 324
Hohenburg
Greifenburg
100
Museum
Teurn
C 322
Sillian
Aue
Oberdrauburg
Steinfeld
Monguelfo/
Welsberg
100
Drau
St. Lorenzen
im Lesachtal
Stein
Obertilliach
982
1077
Kreuzbergsattel
Weißbriach
Weißensee
C 325
Karnische Alpen
Gailbergsattel
Kötschach
S 321
S. Gandido/
Innichen
Sesto/
Sexten
1636
Mauthen
Hermagor
Thurn
C 323
51
Drei
Zinnen
Pso. M. Croce
di Comélico/
Kreuzbergpass
110
Kirchbach
Naturpark
Fanes
2998
M. Coglians
2780
1360
Gail
St. Hubertus
Carbonin/
Schluderbach
Forni
Avoltri
Timau
Naßfeldpass
1552
Misurina
Auronzo
di Cad.
Plöckenpass/
P. di M. Croce Carnico
Paularo
Corvara i. B./
Kurfar
P. Tre Croci
1809
48
S. Stefano
di Cadore
Sappada
52 bis
Pontebba
A23
Cortina
d'Ampezzo
Cima
Gogna
Piave
Comeglians
Paluzza
C 317
1875
Cadore
Sáuris
ArtaTerme
abba
Cernadoi
51
S. Vito
di Cad.
Lorenzago
di C.
Villa
Santina
Móggio
Udinese
Selva
di Cadore
Pieve
di Cad.
51 bis
Forni
di Sopra
Ampezzo
Tolmezzo
Chiusaforte
3263
Passo di
Máuria
848
S. Fosca
Venas
di Cad.
52
52
13
M. Civetta
2479
Forni
di Sotto
Sella Corso
954
Cárnia
Cencenighe
3218
M.Pramaggiore
Sella
Chianzután
P. di Tanamea
Forno di Z.
Ospitale
di Cadore
Parco Nat.
Regionale
delle Dolomiti
Friulane
alcade
1601
Pso. Duran
Cimoliana
853
Rolle
Tramonti
di Sotto
Ágordo
Gemona d. Fr.
51
Longarone
Cláut
Osoppo
1299
Cordévole
La Muda
Vaiont-
schlucht
Meduna
Tracento
Meduno
Pinzano
al T.
osaldo
Ponte
nelle A.
Bárcis
13
Maniago
Sequals
S. Daniele
d. Friuli
Gola delle Celina
Tricésimo
Pso. di Cereda
A27
Montereale
Val.
Cellina
Vignole
Martignacco
L. di
S. Croce
Spilimbergo
Sédico
Belluno
Údine
Schener
Sella di Fadalto
Aviano
50
488
S. Martino
di C.
Dignano
Trichiana
Gastaldi
La Crosetta
13
Campofórmido
Feltre
Mel
Polcenigo
Busche
706
Cordenons
Pozzuolo
Pso. di
S. Boldo
Vittório Vén.
Pordenone
1 bis
Casarsa
d. D.
Codróipo
Sacile
13
51
A23
Follina
A28
Castions
di Strada
Palmanova
S. Vito
al T.
Valdobbiádene
Rivignano
A4
Conegliano
Pieve
di Soligo
Azzano
Déc.
Fener
35
Cordovado
S. Giórgio
di Nogaro
32
Codogne
Villotta
Cervignano
ossagno
Nervesa
d. Batt.
Vazzola
Annone
Ven.
50
Muzzana
d. Turgnano
352
Cornuda
Aquiléia
Ásolo
348
Oderzo
A27
A4
53
Spresiano
14
Latisana
d. Grappa
Portogruaro
Motta
di L.
Marano
Lag.
Áusa
Corno
13
Piave
Montebelluna
S. Stino
di L.
354
iese P. X.
667
Ponte
di P.
Tagliamento
S. Biágio
di C.
Lignano
Sabbiadoro
Grado
telfranco Vén.
Treviso
53
Livenza
Céggia
53
Vedelago
S. Giórgio
di Livenza
Noventa
di P.
della
13
Roncade
S. Donà di Piave
Bibione
Resana
Zero Branco
14
Cáorle
308
Eraclea
mposampiero
Scorzè
Mogliano V.
Quarto d'Altino
279
Jésolo
Eraclea Mare

276
A
B
C
D
1
2
3
4
5
6
Fóppolo
Valbondione
Schilpário
Piazza Brembana
Pso. Arera
2512
Ponte Nossa
Clusone
S. Giovanni Bianco
Parco dell'Alto Sebino
Gandino
Lóvere
Zogno
Albino
Éndine Gaiano
Dezzo
Pso. d. Presolana
1297
Via Mala Lombarda
Val Camonica
Breno
Boário Terme
Darfo
Valle Dorizzo
G. d. Bala
2162
Pisogne
Cóllio
Bagolino
Bóvegno
Capo di Ponte
Castel Condino
Pte. Cáffaro
Pieve di Bono
Chiese
Storo
Anfo
Magasa
Tione di Trento
Sarche
Drena
Cast. Toblino
Madrello
Dro
Riva d. Garda
Tórbole
Penede
Mori
Rovereto
Limone sul G.
Parco Regionale dell'Alto Garda
Malcésine
Avio
Ala
S. Pietro
Mad. d. Castello
2218 M. Baldo
Parco Nat. Bosco Chiesanuova
Peri
Selva di Progno
Badia Calavena
Grezzana
Parona di Valpol.
S 225
C 200
C 226
S 201
C 224
C 202
S 203
C 223
S 204
S 207
C 222
S 205+206
C 221
C 208+209
C 219
S 218
S 210
S 220
C 211+212
S 217
S 215+216
S 213
C 214
Bérgamo
Seriate
Sárnico
Lago d'Iseo
Mard. d. Ceriola
Sulzano
Iseo
Brozzo
Gardone V. Tromp.
Vestone
Idro
L. d'Idro
Barghe
Sarezzo
Nave
Mella
Gargnano
Toscolano-Maderno
Torri d. Ben.
Lago di Garda
Salò
Garda
Bardolino
Lazise
Sirmione
Lonato
Peschiera d.G.
Verona
S. Giov. L.
Brescia
Rezzato
Gussago
Rovato
Chiari
Palazzolo sull'Oglio
Romano d. Lomb.
Travagliato
Castenédolo
Antegnate
Roccafranca
Bagnolo Mella
Ghedi
Montichiari
Castiglione d. S.
Soncino
Crema
Orzinuovi
Manèrbio
Leno
Carpenédolo
Verolanuova
Quinzano d'O.
Isorella
Volta Mant.
Valéggio s. M.
Villafranca di V.
Guidizzolo
Soresina
Pralboino
Gámbara
Casaloldo
Góito
Roverbella
Ísola d. Scala
Bovolone
Casalbuttano
Pontevico
Ostiano
Ásola
Gazoldo d. Ipp.
Marmirolo
Castelbelforte
Castel d'Ario
Pizzighettone
Vescovato
Oglio
Canneto s. O.
Acquanegra s. Ch.
Santa Maria d. Grazie
Mantova
Nogara
Cremona
Codogno
Monticelli d'Ongina
Piádena
Castellúcchio
Cerese
Bagnolo S.V.
Govérnolo
Sospiro
S. Giovanni in Croce
Bózzolo
Parco del Mincio
Rivarolo M.
Campitello
S. Benedetto Po
Caorso
S. Daniele Po
Zibello
Scandolara R.
Mantua and Sabbioneta
Sabbioneta
Po
Suzzara
S. Giácomo d. S.
S. Giorgio P.
Cortemaggiore
Busseto
Sissa
Casalmaggiore
Gonzaga
Luzzara
Fiorenzuola d'A.
Soragna
Viadana
Guastalla
Móglia
Fontanellato
Colorno
Reggiolo
Concórdia s. S.
Carpaneto P.
Castell'Arquato
Brescello
Gualtieri
Novellara
Novi di M.
Mirándola
Lugagnano V. d'A.
Fidenza
Sórbolo
Castelnovo di S.
Rio Saliceto
Cavezzo
Vernasca
Noceto
Salsomaggiore Terme
S. Ilário d'Enza
Cadelbosco di S.
Bagnolo in Piano
Camposanto
Carpi
Pellegrino Parm.
Medesano
Parma
Corréggio
Sécchia
Sorbara
Collécchio
Montécchio Emília
Cavriago
Campogalliano
Bore
Pso. di Pellizzone
1029
Fornovo di Taro
Réggio nell'Emília
Módena
Cattedrale
Bardi
Varano de'M.
Varsi
Traversétolo
Rubiera
Ceno
Baganza
S. Polo d'Enza
Castelfranco Emília
Calestano
Langhirano
Vezzano s. Cr.
Scandiano
Formígine
Ghiare
Berceto
Enza
Canossa
Sassuolo
Maranello
Spilamberto
1039
Tizzano V. Parma
Tresinaro
Vignola
Bazzano
282
A4
A35
A21
A1
A15
A22
42
510
668
45 bis
415
236
62
10
420
12
434
121 dir
9
343

277
283
E
F
G
H
1
2
3
4
5
6
Feltre
Borgo
Grigno
Arten
Mel
Folllina
Vittório Vén.
Polcenigo
Pordenone
Cordenons
Sacile
Pso. di Vèzzena
Arsiè
Valdobbiàdene
Pieve di Soligo
Conegliano
Gállio
M. Grappa 1775
Fener
Possagno
Codogne
Azzano Déc.
Villotta
Asiago
Valstagna
Romano Alto
Nervesa d. Batt.
Vazzola
Annone Ven.
Arsiero
Lusiana
Ásolo
Cornuda
Oderzo
Spresiano
Motta di L.
Maróstica
Bassano d. Grappa
Montebelluna
Riese P. X.
Ponte di P.
S. Stino di L.
Thiene
Breganze
Rosà
Castelfranco Vén.
Treviso
S. Biágio di C.
Céggia
Livenza
Piave
Vedelago
Sandrigo
Cittadella
Resana
Roncade
Noventa di P.
S. Donà di Piave
Malo
Dueville
Zero Branco
Motta
Villa Palladios
Vicenza
Montecchio Magg.
Piazzola s. Br.
Camposampiero
Scorzè
Mogliano V.
Quarto d'Altino
Eraclea
Jésolo
Torri di Q.
Camisano Vic.
Campo-darsegno
Noale
Mirano
Mestre
Lido di Jésolo
Cavallino
Venézia
P. Sabbioni
Lido di Venézia
Perarolo
Grisignano di Z.
Vigonza
Mestrino
Dolo
Mira
Ponte di Barb.
Padova
Lonigo
Orgiano
Ábano Terme
Alberoni
Parco Regionale dei Colli Euganei
Cologna Ven.
Noventa Vic.
Battáglia Terme
Bovolenta
Piove d. S.
Laguna
V. Pellestrina
Golfo di Venézia
Montagnana
Monsèlice
Conselve
Bacchiglione
Este
Legnago
Bagnoli di Sopra
Pegolotte
Cona
Chióggia
Badia Pol.
Anguillara Ven.
Cavárzere
Rosolina Mare
Ádige
Lendinara
Rovigo
Loreo
Ádria
I. Albarella
Porto Viro
Porto di Lev.
Contarina
Trecenta
Crespino
Po
Taglio di Po
Pila
Bocche d. Po della Pila
Parco Regionale Veneto del Delta del Po
Porto Tolle
Ficarolo
Occhiobello
Polesella
Berra
Ariano nel Pol.
Mésola
Iolanda di Sav.
Copparo
Scardovari
Bondeno
Pontelagoscuro
Goro
Gnocchetto
Vigarano Main.
Ferrara
Tresigallo
Codigoro
Pomposa
Massa Fiscáglia
Lido di Volano
Masi Torello
Póggio Renático
Lido delle Nazioni
S. Pietro in Casale
Portomaggiore
Ostellato
Comacchio
Porto Garibaldi
Malalbergo
Valli di Comácchio
Lido di Spina
Foce d. Reno
Valle di Lido Magnavacca
Minérbio
Molinella
Argenta
Reno
Búdrio
Lavezzola
Mad. d. Bosco
S. Alberto
Porto Corsini
BOLOGNA
Consélice
Medicina
Sillaro
S. Lazzaro di Sáv.
Fusignano
Marina di Ravenna
Ravenna
C 402
S 403
C 401
C 400
S 404
S 405
C 406
S 407
C 408
S 409
S 410
C 411
A4
A13
A27
A28
A31
A57
A8
A14
309

Casteldelfino
Saluzzo
Savigliano
Diano d'Alba
Landscape
Bùbbio
Bistagno
A
B
C
D
Sampeyre
Costigliole Saluzzo
Genola
Narzole
Varaita
Fossano
Cortemilia
Busca
Dogliani
Prazzo
S. Damiano M.
Máira
Centallo
Spigno Monf.
Murazzano
Monesíglio
Piana Crixia
Sassello
Dronero
Mad. d. Olmo
Carrù
Maddalena
Larche
Caráglio
Dego
Campomolino
Céngio
Cáiro Mon.
Cúneo
Mondovì
Ceva
Millesimo
Cárcare
Vinádio
Demonte
Villanova Mond.
Borgo S. Dalmazzo
Chiusa di Pésio
Frabosa Sott.
Bagnasco
C. dei Giovetti
Altare
Stura di Demonte
Bagni Vinádio
Pamparato
Santo di S. Anna
Terme di Valdieri
Entracque
Parco Naturale Alta Valle Pesio
Limone Piemonte
Calizzano
C. d. Lombarda 2351
Parco Naz. delle Alpi Marittime
Bardineto
Garessio
Isola
Tinée
Finale Lígure
Noli
Spotorno
Ormea
Grotte di Toirano
Pietra Lig.
Le Boréon
3143
Cime du Gelas
Loano
St-Sauveur-sur-Tinée
Mont Saccarel 2156
Mónesi
947
C. di Nava
Borghetto S. Spirito
St-Martin-Vésubie
Tende
Albenga
N. D. des Carmes
Roquebillière
Gorges de Berghe
Pieve di Teco
Borghetto d'A.
Villars-sur-Var
Gorges de Saorge
Saorge
Triora
Alássio
Lantosque
Laiguéglia
N. D. des Miracles
Peïra-Cava
1976
Roya
Pigna
Clus du Chaudan
Saut des Français
Breil-sur-Roya
Baiardo
Diano Marina
Gorges de la Vésubie
Airole
M. Bignone 1299
Oneglia
Plan-du-Var
Sospel
Tággia
Imperia
Levens
l'Escarène
Dolceácqua
Arma di Tággia
Coursegoules
Contes
San Remo
Ventimiglia
Bordighera
Nice
Monte Carlo
Beaulieu-s-Mer
Ville-franche-s-Mer
Cap-Ferrat
Antibes
Juan-les-Pins
Cap d'Antibes
Cannes
Îles de Lérins
Mare
S 518
C 517
S 514
S 516
C 515
C 513
S 510
S 509
C 511+512
C 508
S 504
S 506+507
C 500
S 505
S 502
C 501
C 503
A6
A33
A10
A8
D6204
D6202
D6007
231
28
564
20
21
29
1
912
1
2
3
4
5
6

E
F
G
H
1
2
3
4
5
6
Rossiglione
Campo Líg.
Ronco Scrívia
Castello della Pietra
Vobbia
Busalla
Pso. dei Giovi
M. Ántola
1597
Torríglia
Casella
Dória
Pso. d. Scoffera 674
Gattorna
Rezzoáglio
Ottone
Ponteceno
S. Stefano d'Aveto
M. Pelpi 1480
Bedónia
Bardi
Varsi
Ghiare
Bercelo
Borgo V. di Taro
Pso. della Cisa 1039
Taro
Ceno
La Forcella
Pelosa
Pso. di Cento Croci 1055
Cicagna
Na. Sa. di Montallegro
Borgonovo Líg.
S. Pietro Vara
Varese Líg.
Pontrémoli
Bagnone
Villafranca in L.
Aulla
Mad. d. Guardia
Pso. d. Turchino 532
GÉNOVA
C 520
C 521
C 522
C 523
C 524+525
C 526+527
C 629-632
S 528
S 529
S 530
S 531
S 532
S 533
S 534
Nervi
Recco
S. Fruttuoso
S. Margherita L.
Portofino
Rapallo
Chiávari
Carasco
Lavagna
Sestri Levante
Monéglia
Pso. d. Bracco 613
Sesta Godano
Borghetto di Vara
Lévanto
Monterosso al Mare
Cinque Terre
Parco Naz. delle Cinque Terre
La Spézia
Portovénere
Lerici
Montemarcello
Sarzana
Luni
Marina di Massa
Golfo di Genova
Ligure
I. di Gorgona
282

278
281
S 530
S 532
S 534
S 533
C 629-632
C 628
S 627
C 625
S 626
S 624
S 622
S 623
S 621
S 619+620
C 618
C 617
C 616
S 615
C 613
S 610
Reggio nell'Emilia
Modena
Cattedrale
Canossa
Parco Nazionale dell'Appennino
Montecúccoli
Pontrémoli
Pso. della Cisa
Cinque Terre
La Spézia
Portovénere
Lerici
Sarzana
Luni
Carrara
Massa
Parco Nat. d. Alpi Apuane
Garfagnana
Castelnuovo di Garf.
Barga
Bagni di Lucca
Pistoia
Ville e giardini medicei in Toskana
Montecatini Terme
Viareggio
Massarosa
Lucca
Forte dei Marmi
Marina di Pietrasanta
Pietrasanta
Camaiore
Parco Naturale Migliarino-San Rossore-Massaciúccoli
S. Giuliano T.
Piazza del Duomo
Pisa
Certosa di Pisa
Cáscina
Marina di Pisa
S. Piero a. Grado
Tirrénia
Livorno
Pontedera
Empoli
Collesalvetti
I. di Gorgona
Antignano
Gabbro
Rosignano Maritt.
Rosignano Solvay
Vada
Cécina
Marina di Cécina
Volterra
S. Gimignano
Bibbona
Donorático
Colline Metallifere
Larderello
Pomarance
A
B
C
D
1
2
3
4
5
6

279
284
E
F
G
H
1
2
3
4
5
6
BOLOGNA
Ravenna
Forlì
Cesena
Rímini
S. Marino
FIRENZE
Arezzo
Siena
Perúgia
Lido di Spina
Comácchio
Foce d. Reno
Mad. d. Bosco
S. Alberto
Alfonsine
Porto Corsini
Marina di Ravenna
Lido Adriano
S. Apollinare in Classe
Savio
Lido di Classe
Lido di Sávio
Cèrvia
Cesenàtico
Bellaria
Igea Marina
Torre Pedrera
Viserba
Minérbio
Molinella
Búdrio
Lavezzolo
Consélice
Medicina
S. Lazzaro di Sáv.
Fusignano
Lugo
Bagnacavallo
Massa Lombarda
Mad. d. S. Luca
Parco dei Gessi Bolognesi
Castel S. Pietro Terme
Mad. d. Piratello
Imola
Castel Bolognese
Russi
Pianoro
Riolo Terme
Faenza
Ghibullo
Casemurate
Mad. d. Formiche
Monterénzio
Parco Regionale della Vena
Loiano
Monghidoro
Castel d. Rio
Cásola Valsénio
Brisighella
Castrocaro Terme
Forlimpópoli
Bertinoro
Pso. d. Raticosa
Contale
Sant´Eufémia
Modigliana
Palazzuolo s. Senio
Dovádola
Méldola
Predáppio
Firenzuola
Pso. d. Futa
Giogo di Scarperia
Marradi
Tredózio
Rocca San Casciano
Borello
Savignano s. Rub.
Santarcángelo di Rom.
Sogliano al Rub.
Verucchio
Coriano
Scarperia
Cla. di Caságlia
Parco Naz. d. Foreste Casentinesi-Monte Falterona
S. Benedetto in Alpe
Galeata
Mercato Saraceno
S. Sofia
Sársina
Pso. d. Muraglione
S. Piero a S.
Monte Senário
Borgo S. Lorenzo
Vicchio
M. Falterona
C. d. Carnáio
Novaféltria
Mercatino Conca
Dicomano
Campigna
S. Ágata Féltria
Eremo di Camaldoli
Bagno di Romagna
Balze
Pennabilli
Macerata Féltria
Sassocorvaro
Fiésole
Consuma
Stia
Badia Prat.
Pso. d. Mandrioli
Parco Regionale di Sasso Simone
Lunano
Pontassieve
Castel di Romena
Urbino
Bagno a Ripoli
Vallombrosa
Poppi
Badia Ted.
Sestino
Reggello
Bibbiena
Chiusi d. Verna
Pieve S. Stéfano
Pso. di Viamággio
Borgo Pace
Urbánia
Incisa in Val d´Arno
Rássina
S. Ángelo in Vado
Acqualagna
Loro Ciuffenna
Talla
Bocca Trabária
Piobbico
S. Giovanni Valdarno
Terranuova Bracc.
Subbiano
Anghiari
Sansepolcro
Greve
Badia Coltibuono
Montevarchi
Castiglion Fib.
S. Giustino
Bocca Serriola
Monastero Fonte Avellana
le Ville
Lévane
Radda in Chianti
Meleto
Ambra
Monterchi
Città di Castello
Pietralunga
Cast. di Brólio
Pieve al Toppo
Palazzo d. Perro
Pianella
Castelnuovo Berardenga
Monte San Savino
Trestina
Gúbbio
Cast. d. 4 Torri
Castiglion Fiorentino
Niccone
Civitella Ranieri
Rapolano Terme
Lucignano
Umbértide
Foiano d. Chiana
Cortona
Mercatale
Mengara
Monteroni d´Arbia
Asciano
Tuoro sul Tras.
Passignano sul Tras.
Sinalunga
Abb. a M. Oliveto Maggiore
S. Giovanni d´Asso
Petrignano
Magione
Lago Trasimeno
Bosco
S. Lorenzo a Merse
Buonconvento
Toritta di Siena
Pienza
Montepulciano
Castiglione d. L.
Ipogeo d. Volumni
Val di Chiana
Appennino
A13
A14
A14dir
A1
S 409
S 410
C 411
S 412
S 413
S 414
C 415
S 416
C 417
C 421
S 422
S 600
S 601
C 602
C 603
C 604
S 606
C 608

A
B
C
D
1
2
3
4
5
6
Mare Adriático
S 418+419
S 420
C 423
C 424
C 425
S 427
C 426
C 429
C 428
S 430
C 431
S 432
283
Miramare
Riccione
Cattòlica
Pésaro
Gradara
Montecchio
S. Àngelo in Lizzola
Fano
S. Giórgio
Mombaróccio
Marotta
Mondolfo
Senigállia
Marzocca
Falconara Mar.
Ancona
Urbino
Fossombrone
Urbánia
Fermignano
Mondávio
Corinaldo
Acqualagna
Gola d. Furlo
S. Lorenzo in Campo
Ostra
Chiaravalle
S. Maria di Portonovo
Badia di S. Pietro
Pérgola
Bárbara
Ostra Antica
Camerano
Sirolo
Numana
Riserva Naturale Statale Gola del Furlo
Cagli
Jesi
Polverigi
Ósimo
Arcévia
Montecarotto
Monastero di Fonte Avellana
Parco Naturale Regionale Gola
Serra S. Quirico
Cupramontana
Castelfidardo
Porto Recanati
Sassoferrato
Filottrano
Recanati
Loreto
Schéggia
S. Croce
Gr. di Frasassi
Cíngoli
Potenza Pic.
S. Vittore d. Chiuse
Apiro
Marche
Sigillo
Macerata
S. M. a Pie di Chienti
Civitanova Marche
Parco del Monte Cucco
Fabriano
Cerreto d'Esi
Tréia
S. Cláudio al Chienti
Rambona
Porto S. Elpídio
S. Severino Mar.
Sforzacosta
S. Elpídio a Mare
Branca
Matélica
Corridónia
Montegranaro
Gualdo Tadino
Castelraimondo
Tolentino
Abb.a di Fiastra
Porto S. Giórg
Fermo
Montegiórgio
Valfábbrica
Camerino
Rocca di Varano
Caldarola
Pedaso
M. Pennino 1571
Nocera Umbra
Polverina
S. Giusto
Serviglianо
Monterubbiano
Valtopina
Serravalle
Múccia
Sarnano
S. Vittória
Umbro Marchigiano
A14
16
3
76
77
318

LEGENDE

Route 1 – MEDITERRANE ATMOSPHÄRE AN DEN OBERITALIENISCHEN SEEN
Lago Maggiore, Luganer See und Comer See

Route 2 – UM DEN GRÖSSTEN UND BELIEBTESTEN SEE ITALIENS
Gardasee-Rundreise mit Abstecher nach Verona

Route 3 – GRANDIOSE BERGWELT UND FREUNDLICHE DÖRFER
Südtirol mit Vinschgau, Pustertal und Dolomiten

Route 4 – AN DER REIZVOLLEN KÜSTE DER ADRIA ENTLANG
Von Venedig nach Ancona

Route 5 – GENUSSVOLLER BADEURLAUB AN DER ITALIENISCHEN RIVIERA
Zwischen Vertimiglia und Cinque Terre

Route 6 – ERLEBNISREICHE TOUR VON FLORENZ NACH MARINA DI MASSA
Durch die nördliche Toskana

A1 Autobahn mit Anschlussstelle

1 Schnellstraße

71 Fernstraße

Nebenstraße

Sonstige Straße

Fahrweg

Eisenbahn

Fluss

See

Bebauung

Natur-, Nationalpark

Staatsgrenze

C 100 Campingplätze

S 100 Stellplätze

Sehenswürdigkeit – Kultur

Sehenswürdigkeit – Natur

Sehenswürdigkeit

Kirche, Kloster

Schloss, Schlossruine

Museum

Höhle

Leuchtturm

Aussichtspunkt

Wasserfall

Flughafen

HUBER KARTOGRAPHIE

N

0 25 km

1 : 750.000

An Venedig erinnert das Kanalsystem des kleinen Städtchens Chioggia.

IMPRESSUM

Verantwortlich: Kerstin Thiele
Lektorat: Michaela Zelfel, Helga Peterz
Layout: Elke Mader, Rudi Stix
Repro: Cromika
Kartografie: Heidi Schmalfuß und Kartografie Huber, München
Herstellung: Anna Katavic
Printed in Slovenia by Florjancic

★★★★★

Sind Sie mit diesem Titel zufrieden? Dann würden wir uns über Ihre Weiterempfehlung freuen.
Erzählen Sie es im Freundeskreis, berichten Sie Ihrem Buchhändler, oder bewerten Sie bei Onlinekauf. Und wenn Sie Kritik, Korrekturen oder Aktualisierungen haben, freuen wir uns über Ihre Nachricht an den Bruckmann Verlag, Postfach 40 02 09, D-80702 München oder per E-Mail an lektorat@verlagshaus.de.

Unser komplettes Programm finden Sie unter www.bruckmann.de

Bildnachweis: Alle Bilder auf dem Umschlag und im Innenteil stammen von Thomas Kliem außer Seite 76, Anne Kliem.

Umschlagvorderseite: Im Zentrum von Chioggia
Umschlagrückseite: Alassio an der Ligurischen Küste

Die Deutsche Nationalbibliothek verzeichnet diese Publikation in der Deutschen Nationalbibliografie; detaillierte bibliografische Daten sind im Internet über http://dnb.d-nb.de abrufbar.

2. aktualisierte Neuauflage

ISBN 978-3-7343-1838-2